페미니즘과 **기독교 윤리**

모든 인간은 하나님의 형상을 닮은 존엄한 존재입니다. 전 세계의 모든 사람들은 인종, 민족, 피부색, 문화, 언어에 관계없이 존귀합니다. 예영커뮤니케이션은 이러한 정신에 근거해 모든 인간이 존귀한 삶을 사는 데 필요한 지식과 문화를 예수 그리스도의 사랑으로 보급함으로써 우리가 속한 사회에 기여하고자 합니다.

한국기독교윤리학 논총 제 7집 2005

페미니즘과 기독교 윤리

초판 1쇄 찍은 날 · 2005년 10월 14일 | 초판 1쇄 펴낸 날 · 2005년 10월 21일

엮은곳 · 한국기독교윤리학회 | **펴낸이** · 김승태

편집장 · 김은주 | **편집** · 박지영, 권소용 | **디자인** · 김규혜, 이승희
영업본부장 · 오상섭 | **영업** · 변미영, 장완철 | **제작** · 한정수
홍보 · 주진호 | **드림빌더스** · 박지연 | **물류** · 조용환, 정경호

등록번호 · 제2-1349호(1992. 3. 31.) | **펴낸 곳** · 예영커뮤니케이션
주소 · (110-616) 서울 광화문우체국 사서함 1661호 | **홈페이지** www.jeyoung.com
출판유통사업 · T. (02)766-7912 F. (02)766-8934 e-mail: jeyoungsales@chol.com
출판사업부 · T. (02)766-8931 F. (02)766-8934 e-mail: jeyoungedit@chol.com

ISBN 89-8350-375-0 (03230)

값 10,000원

■ 잘못 만들어진 책은 교환해 드립니다.

페미니즘과 기독교 윤리

한국기독교윤리학회

예영커뮤니케이션

인사말

    한국기독교윤리학회가 일곱 번째 논문집을 내게 되었습니다. 이번 논문집은 지난봄에 학술대회에서 페미니즘을 주제로 여러 학자들이 발표한 원고들과 자유기고논문들로 이루어졌습니다. 아마 페미니즘에 관한 논문들을 통해 이제 여성의 문제는 단순히 여성의 문제가 아니라 인간 해방을 위해 누구나 거쳐야 할 길이 되었음을 확인할 수 있으리라 믿습니다.

    인간은 주변의 정치 상황을 떠나 언제든지 영적으로 충만한 자유를 맛볼 수도 있지만, 기독교의 영성은 유독히 정치적인 해방과 밀접하게 연결되어 있는 것 같습니다. 이스라엘 영성의 기반을 형성한 출애굽 사건은 노예들의 해방 사건이었고, 예언자들의 영성 또한 억압하는 이들을 고발한 정치적 상황에서 생겨난 것임을 우리는 잘 알고 있습니다.

    예수님이 당시의 가난하고 눌린 자들에 대해 특별한 관심을 가졌다는 것 또한 성서를 통해 우리는 잘 알고 있습니다. 그처럼 기독교는 그 영성의 기반에 정치 경제적인 억압으로부터의 해방을 깔고 있는 것 같습니다. 말하자면 훌쩍 무소유를 통한 자유를 지향하지 않고, 부당한 소유 관계로부터의 자유를 매우 중요시했다는 것입니다.

    그렇게 볼 때, 만일 여성들이 소유 관계에서 남성들에게 부당하게 눌려 있었다면 기독교는 그 문제를 중심 문제로 다루지 않을 수 없을 것입니다. 이번 논총의 특집은 바로 그런 문제를 다루면서, 우리들에게 어떤 새로운 정신을 주리라고 믿고, 앞으로 여성신학도 우리들의 경험을 반영한 우리 언어로 더욱 발전하리라고 믿습니다. 논총을 만드는데 수고한 여러분들과 중앙성결교회 한기채 목사님께 감사드립니다.

                            2005년 9월 한국기독교윤리학회 회장 양 명 수

차례

인사말

특집 논문

발제1. 몸을 입은 여성의 정체성과 몸신학을 지향하며:
　　　몸에 대한 현대 페미니즘 담론과 여성신학의 대화 / 김은혜 · · · · · · 11
논찬1/ "몸을 입은 여성의 정체성과 몸신학을 지향하며"에 대한 논찬 / 이인경 · · · 45

발제2. 에코페미니즘, 세계화 그리고 윤리적 비전 / 전현식 · · · · · · · · 50
논찬2/ "에코페미니즘, 세계화 그리고 윤리적 비전"에 관한 논찬 / 원경림 · · · · 92

발제3. 울타리 가족을 넘어 생명 가족에로:
　　　호주제 폐지 및 건강가족법 시행에 즈음한
　　　페미니스트 기독교 윤리적 반성 / 구미정 · · · · · · · · · · · · · · 99
논찬3/ "울타리 가족을 넘어 생명 가족에로"에 대한 논찬 / 이재천 · · · · · · 136

자유기고논문

발제1. **배아줄기세포 연구를 어떻게 볼 것인가?** / 양명수 · · · · · · · · · 147

발제2. **생명의 물신화와 한국 교회의 생명윤리적 정체성** / 박충구 · · · · · · · 170

발제3. **타자성의 윤리와 페미니즘** / 오주연 · · · · · · · · · · · · · 199

발제4. **정치적 불법행위와 기독교의 인권운동:**
　　　수주(水洲) 박형규 목사를 중심으로 / 김형민 · · · · · · · · · · 217

발제5. **종교를 넘어서는 신앙: '종교적 인간'의 원초적 욕망과 연관하여** / 정재현　236

발제6. **사형제도 폐지의 당위성에 대한 기독교 윤리학적 논점 모색하기** / 정종훈　· 267

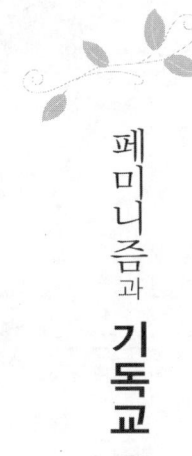

페미니즘과 기독교 윤리

특집논문

몸을 입은 여성의 정체성과 몸신학을 지향하며:
몸에 대한 현대 페미니즘 담론과 여성신학의 대화 / 김은혜

•

에코페미니즘, 세계화 그리고 윤리적 비전 / 전현식

•

울타리 가족을 넘어 생명 가족에로:
호주제 폐지 및 건강가족법 시행에 즈음한 페미니스트 기독교 윤리적 반성 / 구미정

발제 1.

몸을 입은 여성의 정체성과 몸신학을 지향하며
: 몸에 대한 현대 페미니즘 담론과 여성신학의 대화

김 은 혜 (장신대 초빙교수)

들어가는 말

21세기만큼 몸에 대한 관심이 대중적으로 확산된 적은 인류 역사상 없었다. 학문, 예술 분야뿐 아니라 사회문화의 전 영역에서 몸에 대한 관심이 증가되고 있다. 이것은 단순한 문화적 현상이라기보다는 근대의 탈육체적 거대이성이 꿈꾸어 왔던 인간중심적인 유토피아가 그리고 이성에 기초한 문명이 자행하고 있는 삶의 파행적 현장을 목도하면서 지구의 존속과 자연과 인간의 공존을 위해 몸이 21세기의 대안적 담론을 형성할 수 있다는 긴급한 요청이라 생각한다. 왜냐하면 몸에 대한 담론이 서구의 근현대화 과정에 대한 근본적인 비판과 반성을 시도하고 있기 때문이다.

최근 몇 년 동안 몸에 대한 신학적 논의가 시작되면서 무엇이 몸을 구성하는가? 몸을 입었다 혹은 육화된다(embodied)라는 의미는 무엇인가에 질문을 던지기 시작했다. 최근 페미니즘과 여성신학의 영향으로 몸이야말로 개인의 정체성의 핵심적인 자리임을 새롭게 인식하며 모든 종류의 학문적 영역에서 매우 자주 그리고 긴 토론을 주도하는 주제가 되고 있지만 아직도 종교와 신학자는 이러한 토론의 활발한 참여자가 아니다. 그러나 페미니즘과 여성신학의 광범위한 영향과 도전으로 철학, 생태학, 그리고 신학에서도 몸에 대한 관심이 점진적으로 확대되고 있다.[1] 왜냐하면 과거에는 몸에 대한 이슈가 여성신학의 전유물처럼 철저히 소외받아왔지만 최근에는 가부장적이고 비육체적 근대성의 가장 큰 비판자가 되었기 때문이다. 특별히 여성신학은 인간주체의 육화된 본성에 대한 무시가 얼마나 여성들의 억압을 정당화시켜왔는지 직접적인 관심을 보여 왔다. 그러나 이것은 여성주의자들이 몸에 대한 동일한 인식을 소유한다는 의미보다는 몸에 대한 육체적 관심이 인간을 온전히 이해하고 여성의 문제를 인식하는데 반듯이 고려되어야 한다는 전제의 일치를 뜻한다. 따라서 몸에 대한 여성신학적 담론이야말로 사람과 사물이 자연과의 조화 속에서 다시 발견되어야 하는 의지의 표현이고 인류문명을 총체적으로 재검토하는 계기를 제공하기 때문이다.

그러나 일상은 조용히 끈질기게 생명을 담보로 하는 이성적 진보와 남성 중심적 문화 속에 몸을 대상화하여 혹사시키고 있다. 여성의 몸은 생명공학과 아름다움의 이름으로 자본과 욕망의 이름으로 몸에 대한 관심만큼이나 왜곡되어지며 문화적 몸에 대한 현상은 영혼과 육체의 간격만큼이나 몸 신학의 의미로부터 멀어져 있다. 매일 아름다운 몸이 칭송되는 텔레비전의 광고와 매스미디어를 통한 폭발력은 육체의 상품화, 컴퓨터와 사이버스페이스로 상징되는 가상현실과 실재 사이에서 가중되는 정체성의 혼란 등 다양한 몸에 대한 문화적 현상은 탈육체적 이성의 패러다임을 대체할 몸 담론이 대안적 탈근대담론이 될 수 있는지 의문을 제기한다. 이것은 광기에 가까운 몸에 대한 집착과 폭발적인 섹슈얼리티에 대한 관심과 외모지상주의의 지배적 문화 속에서 몸신학이 21세기 신학적 패러다임의 전환을 가능하게 할 것인가에 대한 질문이다.

성서의 몸(Soma)은 인간의 존재의 일부가 아니라 인간 자아와 인격을 나타내는 전체이며 몸과 정신으로 나뉠 수 없는 유기체로서 통합적 인간을 의미한다. 히브리적 개념으로도 '나'라고 하는 분리된 자아가 몸을 소유하는 것이 아니라 몸과 영혼의 통합적 자아로 '내'가 곧 몸인 것이다. 더욱이 기독교 인간이해가 생물학적인 몸을 넘어 영혼을 가진 존재로서의 생명의 충만함을 지향한다고 할 때 신학자들에게도 이제 더 지체할 수 없는 온전한 몸의 회복과 몸의 구원을 위한 진지하고 윤리적인 신학적 응답을 요구받고 있다.

따라서 본 논문은 정신과 분리된 몸과 자아에서 소외된 육체를 되살리기 위해 기독교의 뿌리 깊은 계층적 이원론을 비판적으로 분석하고 몸에서 출발하는 존재론적 전환을 통해 몸을 입은 여성 정체성의 새로운 형태를 발견해 나갈 것이다. 이러한 새로운 여성의 정체성은 뿌리 깊은 정신중심주의 이원론이 어떻게 일상 속에서 여성억압과 차별로 끈질기게 작동하는지에 대한 비판의 관점을 제공한다. 또한 현대 페미니즘의 몸 담론에 대한 연구를 통하여 현대문화를 지배하는 몸에 대한 이미지와 현상은 이러한 뿌리 깊은 이원론의 또 다른 변형임을 지적할 것이다. 이러한 이원론에 대한 비판적인 여성신학의 통전적이고 유기체적 몸의 관점으로 여성의 억압과 차별의 근원을 밝히고 더 나아가 자본주의 문화 속에 지속적으로 재현되는 왜곡된 여성의 몸에 대한 신학적 성찰을 시도한다. 즉 몸을 입은 기독교 여성의 새로운 정체성 위에 재구성되는 여성신학은 몸에 대한 긍정의 신학을 발전시키고 동시에 몸을 숭배하는 현대 자본주의 문화를 철저하게 비판하는 이중 과제를 수행하면서 몸에 대한 존재론적인 변화를 통해 육화된 저항으로 몸의 해방과 구원을 목표로 한다.

1. 몸과 정신은 화해할 수 있는가?

　구체적인 상황 속에 놓인 몸의 작용을 배제하고 "생각하는 정신"을 우위에 놓은 근대적 사유체계는 이성이 철학의 핵심원리요 인간이해의 근원으로 생각하게 했다. 이러한 서구의 지배적 사유방식에서 제외되고 계몽주의 이후에도 철저히 주변화되어 온몸에 대한 새로운 담론은 탈육체적 정신과 논리를 가지고 형성하여 온 추상적인 보편성과 객관성을 구체적으로 비판하면서 하나의 대안적 담론에 중요한 흐름을 형성하고 있다. 서구철학에서 지배적인 몸의 이해는, 몸은 이질적인 것이고 내가 아닌 비자아로 경험되며 플라톤은 몸은 내게 매여 있고 부착되어 있으며 못 박혀 있다라고 묘사했다. 데카르트에게 몸이란 내적, 근원적 자아, 즉 생각하는 자아를 싸고 있는 외피이고 그것은 존재론적으로 내적 자아와 구별되고, 기계처럼 작동하며, 사실상 동물적 존재에 비유된다.[2] 즉 형이상학적 이원론과 성적 이원론에 기초한 그리스 철학이 신학의 패러다임이 된 이후 몸은 신학적 성찰의 대상이 될 수 없을 뿐 아니라 육체 경멸의 이데올로기를 강화시키는 결과를 가져왔다. 이러한 결과는 기독교로 하여금 여성억압을 정당화시키고 그리스도인으로 하여금 육체와 성에 대한 이중적 윤리를 형성시켰다.

　즉 전통적 신학에서의 몸은 제한과 한계의 경험으로 플라톤과 아우구스티누스 그리고 데카르트에서 몸의 이미지들은 '감옥,' '늪,' '새장,' '안개'로 표현되며 영혼, 의지, 그리고 정신은 이것들로부터 자유롭기 위해 노력한다. 아우구스티누스는 '적(육욕의 광기)이 내 의지를 움켜지고서 내게 족쇄를 채웠다' 고 말했다.[3] 아우구스티누스는 더 나아가 몸을 육체의 더러운 욕망의 거처이고 사고의 혼란과 불명료함의 원천이라고 되풀이해서 밝혔다. 따라서 이들에게 몸은 이성의 방해물이므로 궁극적인 목적은 몸의 유혹으로부터 정신적으로 독립해야 하며 그 미혹에 빠지지 않는 것이며 가장 중요한 것은 몸의 열망을 죽이는 것으로 성을 억압하는 기독교 윤리의 핵심적인 사상이 되어 왔다.

　서구철학의 전통을 이어온 영혼·정신주의 신학은 몸의 지각보다 정신에 의한 반성을 진리의 원천으로 본다. 이러한 이원론은 상호 배타적 범주들을 가지고 본질적으로 하나가 또 다른 하나보다 월등하다는 계층적 인식을 심화시켰다.[4] 즉, 영혼과 정신이 육체와 물질 위에 있는 것처럼 남성이 여성 위에 존재하는 위계적 개념이 당연시된다. 여성주의 철학자 수전 보르도는 이분법적 사고방식이 사물의 본질을 양극화하여 파악하려는 경향성을 가진다고 지적하였다. 이러한 위계적 관계는 인간에 대한 이분법적이고 뿌리 깊은 인식으로 몸은 단순히 물질적인 것, 동물적인 것, 유혹하는 것, 부정적인 것으로 나타나며 반면 진정한 자아는 몸에서 분리되어 형성된다고 생각함으로써 심신의 위계적 관계를 나타낸다.[5] 즉 몸은 정신의 자아실현을 방해하는 것으로 개념화되고 이러한 이분법적인 사고는 신학적 개념과 신학적 담론에서 몸을 철저히 소외시키는 결과를 가져왔다. 따라서 최근에 논의되는 몸은 남성 중심적인 관념의 세계의 범주에 뿌리내려온 신학의 중요한 전환을 가져오고 여성의 정체성의 새로운 이해를 가능하게 하는 핵심적인 개념이 된다. 아래에 문화 속에 다양하게 나타나는 그러한 대립적 개념을 정리해보았다.

정신	몸
문화	자연
하나	다수
이성	열정
고정	변화
빛	어둠
선	악
남성	여성

백인	흑인
영혼	육체

　따라서 이원론은 지난 30년간 여성신학으로부터 가장 심각한 도전을 받아온 주제이며 서구철학과 기독교 전통신학이 지배해온 세월의 영향력만큼이나 철저한 비판의 대상이 되었다. 몸·정신 그리고 여성·남성의 평행적 이원론에 대한 다양한 여성신학적 저항은 여성의 정체성에 대한 새로운 이해를 위한 길을 열었다. 이것은 여성신학에 있어서 인간이 하나님의 형상이라는 것을 어떻게 생각하는가를 고려하기 위한 중요한 결과를 낳는다. 여성신학에서 핵심적인 주제로 하나님 형상은 예수를 진정한 하나님 형상의 모델로 고려하면서 성육신의 신학적 주제와 만난다. 그리스도의 성육신은 추상적인 개념이 아니라 구체적인 삶을 의미하며 예수의 몸은 전통적 기독교가 생각하는 죄를 짓는 장소로가 아니라 가장 친밀하게 하나님을 만나는 곳이 된다. 보프는 "인간의 가장 고귀한 목적은 하나님으로 하여금 우리 자신들의 방법으로 실재가 되게 하는 것이다"라고 말했다.[6] 즉 이러한 몸은 우리에게 몸을 포함하는 비이원론적인 정체성을 가능하게 한다. 다시 몸을 입은 존재론적이고 인식론적인 전환은 서구 전통 신학적 이론들의 방향을 재조정하게 할 뿐 아니라 그러한 전환에 기초한 몸신학은 여성의 주체성과 정체성의 형성과 어떠한 관계가 있는지를 다측면적으로 연구하게 한다.

　또한 페미니즘은[7] 이러한 이원론적인 세계관을 해체하기 위해 다양한 몸 담론을 발전시켜왔다. 몸을 상황으로 이해하게 한 보부아르와 몸을 새로운 형태의 주체를 만들어내는 장소로 보게 한 이리가레이, 식수, 크리스테바와 같은 프랑스 페미니즘 그리고 몸이 어떻게 역사적으로 훈육되는가를 보여준 푸코와 몸의 정치의 이론적 기초를 놓은 영미 페미니즘으로 나누어 살펴볼 수 있다. 그러나 필자는 몸이 여성의 주체를 형성하는 중요한 자리라고 생각하는 관점을 중심적으로 연구할 것이다. 여성정체성 형성에 있어서 인식론적 특성은 몸에서 출발하는 것이다. 한편 여성의 정체성에 대한 논의를 심도 깊게 전개해온 현대 페미니즘은 더 이상 여성의 보편성을 기초한 단일한 본질을 규정하거나 공통된 여성억압과 경험을 동질화할 수 없는 새로운 국면을 인식한다. 따라서 현 단계의 페미니즘의 과제는 성적인 주체로서 남성·여성의 이분법을 넘어 계급, 인종, 세대, 성적취향, 그리고 사회문화적 맥락 등이 내재적으로 상호 교차되는 복합적인 '다중적 주체'가 어떻게 남녀사이의 권력관계를 타파하기 위해 분리주의를 넘어서 여러 사회운동들과 연결될 수 있는 새로운 형태의 정체성을 형성하는가 하는 것이다.[8]

이러한 여성주의 관점은 인간을 구체적인 시공간에 놓여 있는 개별적인 몸으로 존재하는 것을 중요하게 인식한다. 한 사람의 지각, 생각, 행동은 바로 그 몸의 체험을 통해서 내 존재와 삶을 형성한다. 오히려 몸은 정체성에 우선한다. 몸이란 성적으로 특수성을 가질 뿐 아니라 사회문화 계급과 인종적으로도 특별한 상황과 반드시 연결되어 있다. 따라서 초역사적이고 보편적인 몸의 삶이란 없는 것이다.[9] 장화열[10]은 그의 육체의 해석학(hermeneutics of body)에 영향을 준 비코의 말대로 "생각하는 나는 정신과 몸이다. 만약 생각이 내 존재의 이유가 된다면 생각은 또한 몸의 이유가 된다. 그러나 생각하지 않는 몸이 존재하기 때문에 몸과 정신의 결합체만이 생각의 이유가 될 것이다. 사실 생각은 기호일 따름이며 내가 정신이 되는 이유가 되지 못한다"고 주장한다.[11] 그는 몸은 이 세계에서 우리가 적극적으로 존재하는 방식이며 몸이 정신과 영혼뿐 아니라 몸 자체에 존재론적인 위치를 부여한다는 점을 강조한다.[12]

이러한 의미에서 장화열은 사회성의 관점에서도 몸은 존재론적으로 정신보다 우월하다고 주장하며 체현된 이성을 통해서만이 윤리적 행위와 실천을 말할 수 있다고 한다. 그는 몸의 정치를 이론화하면서 철학의 탈육체화는 데카르트의 인식론에 기초한 근대의 유산으로 규정한다. 즉 이 인식론은 몸에서 분리된 이성을 무제한 칭송하면서 비육체적 이성의 이원론은 탈육체성, 자아 중심성, 시각 중심성의 특징을 가지고 남성 중심적인 이론화를 발전시켰다고 말한다.[13] 즉 보부아르의 말대로 여성은 육체의 역할에만 적합한 존재로 "육체의 고유한 모든 속성이 여성에게 덧씌워진다."[14]라는 의미를 확인시킨다. 이와 대조적으로 남성은 자신을 '순수이데아, 하나이며 모든 것인 절대정신같은 불가피한 것'으로 상정한다. 따라서 천하고 더러운 육체의 한계가 여성이 되고 반대편에 존재하는 육체를 벗어난 육체를 조망하고자 하는 순수하고 위엄을 갖춘 그가 있다.

프랑스의 여성주의 철학자인 이리가레이(Irigaray)는 여성의 몸을 혐오하는 남성 중심적 재현 체계가 그려내지 못한 여성의 몸을 써내기 위해 여성적인 것의 중요성을 강조한다. 그녀는 이성에서 추방된 여성의 몸이나 육체성을 형상화하기 위해 몸에서 다시 시작하는 정신을 새로 구상해 넣는 신체페미니즘을 이론화하고 그것은 고도의 지적 윤리적 능력이 필요하다고 주장한다.[15] 즉 남성들의 시각 중심은 사물을 거리를 설정하고 객관화하여 지배하려는 것이고 그것을 촉각과 후각, 청각보다 우위에 둠으로 결과적으로 신체적 관계를 빈곤하게 하였다는 것이다.[16] 데카르트의 생각하는 사유의 주체는 그러므로 형이상학적 이원론으로부터 계층적 이원론 그리고 성적 이원론에 이르기까지 아직도 우리의 관념을 지배하고 있는 강력한 괴물이다.

신학적으로는 이러한 물질적 세계로부터의 이성적 정신의 분리의 결과로 하나님을 이성적 정신과 동일시하고 물질적 세계로부터 분리시켰다. 하나님은 추론된 이성적 정신이다. 이성적 정신은 유한하고 신은 무한하다. 그러나 둘 다 탈육체적이다.[17] 이러한 이원론에 대한 많은 도전에도 불구하고 신에 대한 위와 같은 이해는 서구신학에 지속적으로 나타난다. 결과적으로 이러한 관점은 신과 같은 무엇은 육체 분리적이고 이성적이며 몸과, 감정과 물질적 세계 같은 것보다는 확실히 더 좋으며 더욱 바람직하다고 믿는다. 따라서 이러한 이해는 기독교 신학으로 하여금 이성을 찬양하고, 몸을 심각하게 죄를 짓고 타락한 다시 말해서 여성과 관련되는 것으로 몰고갔다. 서구 기독교는 죽어야 할 몸 그래서 덜 가치 있는 죽음을 대항해서 영원한 영혼의 생존을 추구하였다. 이러한 몸에 대한 평가절하는 여성의 삶의 전 영역에 영향을 주었다. 가부장적이고 성차별적인 이원론은 정신과 자아로부터 철저히 몸을 소외시켜 몸을 상징하는 여성의 억압을 정당화시키므로 기독교여성들로 하여금 온전한 정체성을 형성하는 길을 원초적으로 막고 있다. 따라서 여성신학적 과제는 이러한 이원론에 대한 비판을 넘어 몸을 다시 신학의 주제로 회복시키는 것이다. 다음은 이러한 몸담론과는 차별적으로 현대문화를 지배하는 여성의 몸에 대한 집중된 현상은 이원론의 또 다른 변형임을 밝힐 것이다.

2. 문화적 텍스트로서 여성 몸

젠더[18]의 개념을 중요하게 생각하는 현대 여성주의자들에게는 몸은 문화적인 텍스트이다. 몸은 우리가 먹는 것, 입는 옷, 몸을 가꾸는 여러 가지 의식들이 나타나는 문화의 매개자이다. 이 말은 개인들이 자신의 몸에 대한 느낌이나 몸에 대해 부여하는 이미지들이 특정 사회의 문화와 가치관을 반영하고 있다는 의미이다. 그 사회를 설명하는 문화적 텍스트로서의 여성의 몸은 한 사회에서 남성과 여성을 생산해내는 구체적이 시점이 되기도 한다. 이는 여성과 남성의 몸의 이미지에 관한 사회적 합의들이 각각 다르고 개인 여성이나 남성들도 자신의 몸을 그러한 이미지에 맞게 변형시킨다는 것이다. 실제적인 몸은 순전히 물질적이고 생물학적인 존재만을 의미하는 것이 아니라 문화적으로 매개되는 형식이며 사회적 정치적으로 형성되는 따라서 몸의 활동을 해석하고 설명할 수 있다는 것이다.

따라서 한 사회에서 여성의 몸이 언어화되거나 상징화되는 또는 그것이

평가되는 방식을 통해 여성의 몸이 가시화되는 맥락을 살펴보면 그 사회에서 규정하는 여성성과 남성성을 해석할 수 있을 뿐 아니라 이러한 것들이 어떠한 방식으로 여성의 종속을 재생산하고 있는지 이해할 수 있게 한다. 더욱이 가부장제의 몸은 문화의 텍스트일 뿐 아니라 인류학자 피에르 부르디외와 철학자 미셸 푸코가 주장했듯이 사회적인 통제가 직접적으로 실천되는 현장이기도 하다. 여기서의 몸은 플라톤, 아우구스티누스, 프로이드가 말한 욕망으로 들끓는 본능적인 몸이 아니라 부르디외의 주장대로 만들어진 몸이며 푸코의 유순한 몸을 말한다. 푸코는 우리의 몸은 시간과 공간 그리고 일상생활의 규제와 조직에 의해서 훈련되고 형성되며 자아, 욕망, 남성성, 여성성에 대한 지배적인 역사적 형식들이 우리의 몸에 각인된다고 말한다.[19] 이러한 의미에서 몸을 사회구성체로 보는 관점에서도 몸은 자아정체감의 핵심이 되는 것이다.

여성주의의 몸에 대한 입장을 간단히 살펴보면 첫째, 생물학적인 성차(sex)를 고려하는 남성과의 차이를 강조하느냐 혹은 젠더를 고려하면서 여성들 내부의 차이를 더 주목하느냐의 관점이다. 전자의 입장은 여성들 사이의 연대를 가능하게 하는 반면 여성들 간의 차이를 축소하고 후자는 다양한 여성해방적 실천을 가능하게 하지만 일치된 여성들 사이의 연대를 어렵게 한다. 둘째 여성의 몸을 다양한 의미들이 체현되는 장소로서 긍정적으로 재규정할 것인가, 급진적으로 해체할 것인가의 관점이다. 기존의 가부장적인 의미에 도전하는 긍정적인 여성의 몸을 재정립하는 입장과 젠더를 기초로 여성들 사이의 차이를 강조하는 여성성이나 여성의 몸에 대한 긍정적 의미보다는 기존의 몸에 대한 이미지를 비판적으로 검토하고 몸의 다양성을 강조하는 경향이 있다. 전자의 관점에서 월경, 출산, 임신 등 여성성의 긍정적 재개념화가 가능한 반면 여성성의 긍정이 과연 현실적인 힘을 발휘하는가 아니면 여성에 대한 억압적 문화를 강화하는가 하는 문제를 제기할 수 있다. 따라서 문화여성주의(cultural feminism)와 같이 억눌리고 배제된 여성성에 인식론적 우월성을 부여하는 것은 이미 입은 여성의 몸과 사회문화적인 구성으로서의 여성의 몸에 대한 다양성을 말살하고 고유한 특성을 무시한 유형화된 몸이 보편화된 가치를 만들어내고 고정된 성역할과 성정체성을 강요하는 결과를 가져올 수 있음을 주의해야 하는 것이다.

후자는 몸은 사회적으로 구성되었다라는 입장으로 어떤 사회적 환경에 있느냐에 따라 같은 여성의 몸이라도 전혀 다른 의미와 외형이 형성되는 즉 몸을 고정된 것이라기보다는 문화적 산물로 비결정적으로 보는 관점을 제공함으로써 남녀를 나누는 이분법을 넘나들 수 있는 경계선을 [20] 제공한다는 점에서 다르다. 최근에는 긍정적 재규정과 급진적 해체라는 두 가지 흐름의 긴장 안에서 가부장적 몸에 대한 부정적 담론을 향한 대항으로 몸의 긍정적 의미를 숙고하면서 동시에 여성들 사이의 차이를 기초한 여성들이 몸의 다양성을 강조하여 기존의 몸에 대한 의미를 해체하려는 관점을 가지고 문화적 코드를 통해 유형화된 혹은 정치사회적 권력관계 속에 정상화된 몸의 보편화된 가치와 의식에 대한 강력한 문제제기를 하는 것이다. 몸에 대한 다양한 입장들이 있지만 여성의 몸은 여성의 억압과 해방에 어떠한 관계가 있다는 점을 인정한다는 것에서 일치한다.

현대 여성신학은 페미니즘과의 적극적인 대화를 통해 젠더 중심의 일면적인 분석을 극복하기 위해 좀 더 역사주의적이고 정치적 성격을 갖는 후기구조주의와의 결합을 시도하며 발전하였다. 젠더 이론의 편견에 대해 처음으로 비판한 사람들은 문화적으로 역사적으로 주변인인 유색인 여성신학자들이다. 젠더도 계급, 인종, 민족, 나이, 성적성향, 여러 요소들과 지나치게 전체화될 수 있음을 지적하였다. 즉 여성의 정체성은 끊임없이 여러 다른 축들과 상호작용하며 변화되고 형성된다.[21] 최근 여성신학도 성별화된(gendered) 여성의 통일성은 보편적 인간·남성의 통일성처럼 허구임을 비판해왔다. 그럼에도 불구하고 젠더 분석에 기초한 지나친 일반화의 비판은 여성들 사이에 있는 경험의 연속성이나 구조적인 공통의 근거에 대한 분석이나 탐색을 쉽게 포기하는 것을 의미하는가라는 질문이 남는다.

즉, 수잔 보르도는 젠더 이론의 보편화와 재산을 가진 백인 남성 중심의 서구적 전통에서 나온 메타이론 사이에는 큰 차이가 있음을 지적한다. 즉 그녀는 여성의 실재와 도덕에 대한 개념이 등장하고 그들의 시각으로 문화를 읽게 된지 20여년이 조금 넘어서는[22]시점에서 여성주의의 젠더 분석의 틀의 해체는 아직도 역사의 주체로 전면에 서지 못하는 여성의 정치화를 방해하고 여성 이슈를 탈역사화하는 것을 주의해야 한다고 주장한다. 필자 또한 다양한 해석과 의미의 미결정성과 이질성에 대한 포스트모던적인 인식은 텍스트의 차이를 드러내는 새로운 접근 방식을 이야기하고 인간이 자신의 한계를 넘어 객관적 관점을 소유할 수 있다는 근대적 인식론을 비판할 수 있지만 이것은 동시에 페미니즘의 실천적 영역과 정치적 영역에서 이원론적이고 위계적 사회문화의 권력구조를 비판할 수 있는 유용한 관점을 여성들로부터 빼앗는 결과를 초래할 수 있기 때문에 여성신학적 몸 담론은 남성포스트모던 이론과도 차별성을 갖는다고 생각한다.

결과적으로 성(섹스)과 젠더 사이의 대립적 이해는 최근에 다양한 입장들에 의해 비판을 받아왔다. 몸에 대한 대안적 관점은 음식과 환경 그리고 특별한 활동이 다양하게 역사적으로 특수한 욕망과 능력과 형식에 따라 특별한 몸을 만들어 왔다는 것이다. 또한 현대사회에서 머리스타일, 외형적인 몸, 심지어 목소리까지 젠더 차이가 점진적으로 사라진다는 것이다. 성차이를 무엇이 구성하는가 그 자체가 의문시된다. 그리고 대부분의 사람들은 상호 불변하고 배타적인 두 가지 성이 있다고 추측한다. 그러나 여성스럽다와 남성답다의 구별은 자명한 것이 아니다. 즉 성과 젠더의 구별은 아직도 남성을 이성과 합리성으로 여성을 육체성과 관련짓는 문제를 설명하지 않고 있다.

가텐스가 지적한대로 지난 십 여 년간 여성주의 이론가들은 성과 젠더의 구분에 대해 의심의 눈길을 보내고 정신·몸 이원론 안에서 그것이 확실한 공범이었음을 비판하였다. 비슷하게 브래도티(Braidotti)는 버틀러(Butler)와 같이 젠더 이론은 어떤 특정한 속성과 특징을 가진 여성주체를 상정하고 있다는 것이다. 또한 이 특징과 본성은 지배적인 남성담론의 의해서 명하여졌다. 따라서 이러한 이원론에 근거한 젠더의 정의는 차이를 숨기고 이성애적 가부장적 규범을 지향하게 된다는 것이다. 더욱이 브래도티와 가텐스는 성과 젠더의 구분은 영어권에 해당된다고 비판하며 문화화적 고려의 부재에 대해 비판하였다.[23] 한국의 성에 대한 개념도 성과 젠더를 구분하고 있지 않다. 성은 실제로 영어의 섹스, 젠더 섹슈얼리티를 모두 포함한 포괄적 의미를 갖는다.

페미니즘과 여성신학에서 이러한 진지한 논의의 과정이 시사하는 바는 차이가 생물학적이 것이 아니라 훨씬 많은 부분이 문화가 몸에 영향을 주고 사람들이 사는 특수한 조건들에 의해 창조됨을 지적하는 것이다. 생물학적 차원의 몸의 이해와는 반대로 몸은 사회적 구성물이라는 결론 또한 몸을 통해 여성들 사이의 연대를 제한한다. 즉 몸의 추상화를 근간으로 하는 자본주의 상품화의 틀을 공격하기 위해서는 실질적인 몸의 물질성을 포기하지 않으면서 그것을 본질화하지 않고 불연속적인 생성의 순간으로 이해하는 것도 하나의 방법[24]이라고 말하는 이론가들이 있다. 이리가레이의 전략적 본질주의도 이러한 맥락에서 이해할 수 있다.

몸의 문제는 젠더 이론이 변화되는 각 시기마다 밀접한 대화 속에서 발전해왔다. 그리고 이것은 최근에 모던 단계에서 포스트모던 단계로 움직이고 있다.[25] 즉 후기구조주의자인 이리가레이, 후기 식미주의인 가야트리 스피박, 그리고 포스트모더니스트인 헬렌 식수 모두는 섹스·젠더 구분을 거부한다. 이러한 이론가들은 성 차이의 개념을 주장하면서 동시에 본질주의와 낭만주의 여성주의자들의 상호보완성도 거부한다. 그러나 남성성과 여성성 사이의 다름을 인식하면서 몸은 생물학적으로 주어진 것도 아니고 역사와 문화 밖에서 구성된 것도 아니다. 그것은 특수한 역사적 힘의 관계들의 결과로서 특수한 방법으로 표현되고 사용된다.[26] 몸은 성적으로 특수하지만 본질적인 것은 아니다. 오히려 성 차이는 다른 많은 차이들 중에 하나이고 예를 들면 인종과 계급, 이러한 다름은 문화적 구성을 요청한다. 따라서 몸은 순수하게 생물학적이거나 사회적 범주가 아니라 육체적이고 상징적이며 사회적인 것들의 중첩된 자리이다. 즉 이러한 관점으로서 크리스테바는 몸은 형성되는 과정으로 본다. 즉 몸은 분리된 어떤 것도 객관적인 현상도 아니다. 그러한 몸에 대한 조사도 불가능하다. 즉 몸은 중첩된 정체성들의 연속이고 동시에 우리가 자신의 이미지와 이러한 정체성들을 표현하는 길이다.[27]

이러한 몸에 대한 여성주의적 이해를 가지고 현대문화 속에 지배적인 여성의 몸을 살펴보자. 최근 발표에 따르면 날씬하고 잘생긴 외모가 생산성을 향상시키고 돈을 더 많이 번다는 미국의 한 연구소의 발표[28]를 통해 몸에 대한 관심은 아름다움에 대한 욕구를 넘어서는 생존의 문제가 되었다. 이러한 몸에 대한 문화적 현상을 분석함으로써 우리는 어렵지 않게 우리 몸의 생물적 자연스러움을 왜곡하고 구속하고 억압하고 소모하고 심지어 파괴하는 사회적 시스템이 갈수록 기승을 부리고 있음을 주목할 수 있다. 더욱이 날씬한 몸에 대한 갈망이 통제되지 않는 현대의 욕망은 식욕장애를 일으키고 많은 여성들로 하여금 거식증[29]에 시달리면서도 육체의 감옥에서 벗어나는 완벽한 해방을 상상하는 플라톤의 망령이 지금도 여성들의 삶을 통제하고 있다. 대중광고를 기준으로 해서 살펴보면 몸은 70년대 이후로 점점 가늘어져 왔다. 일류 패션모델에게만 요구하던 극단적인 몸매가 이제는 여고생들과 여대생들을 유혹하는 지배적인 이미지가 되었다.[30] 푸코의 시각은 최근에 들끓는 몸에 대한 관심과 외모 가꾸기를 넘어 강박증에 가까운 절망스러운 현실을 만나게 만든다. 여성들은 그 어느 때 보다도 많은 시간을 몸 관리와 훈육에 소모하고 있다. 항상 변하고 포착하기 어려운 획일적인 여성미를 추구함으로써 사소하고 변덕스러운 유행에 끊임없이 관심을 기울임으로써 여성의 몸은 외적인 규제, 종속, 변화, 가꾸기에 길들여진 몸이 된다.

최근 여성의 몸을 통해 벌어지고 있는 실제를 가장 적절하게 표현해 주고 있는 말은 '너의 몸은 전쟁터이다(Your body is a battleground)' 라는 말이다. 여성의 몸에 대한 과도한 사회적 관심과 찬양은 페미니스트를 포함한 많은 여성들이 굶주린다는 사실과 역설적으로 만난다. 날씬한 몸매 만들기, 외모 중심주의, 소비사회에서 여성의 몸의 상품화, 다이어트 산업, 포르노그래피와 매매춘 등은 여성의 몸이 교환가치를 지닌 하나의 상품으로 인식되고 있음을 여실히 보여주고 있다. 그러나 우리 가운데 누가 불필요한 성형수술이며 고통스러운 살빼기 전쟁, 화장품, 다이어트 식품의 과다 선전과 과소비, 외모에 대한 가치관의 획일화 등의 사회현상을 자연스럽다고 하겠는가? 미모에 대한 한국 사회의 수준은 거의 광기에 이른 자신의 삶을 타인의 시선 속에 가두고 외모일 뿐이라며 외면하면서도 내재해 있는 은밀한 욕망과 개인의 삶에 대해 분열하고 마치 돈의 노예처럼 현대인들은 외모와 왜곡된 몸의 아름다움에 종속되어 가고 있다.

역사적으로 예를 들면 로코코 시대의 코르셋을 통한 몸에 대한 조절과 통제를 지나 현대 여성의 날씬한 몸에 대한 기준은 19세기 말 이후로 지속적으로 여성의 삶에 깊숙이 파고들어 다이어트 문화로 귀결되었다. 즉 날씬함의 강박관념은 새로운 코르셋이 되어 여성들의 몸을 통제하여 왔다. 다시 말해서 아름다움을 실현하는 것이 여성에게 최고의 가치이며 의무라는 강박관념이 세월이 흘러도 변함이 없이 여성의 몸을 지배하고 60년대-90년대에 이르면서 조깅, 보디빌딩, 에어로빅과 더불어 다이어트의 세대가 되어 90년대는 도전적인 전사형과 연약한 소녀형이 공존하고 있는 현실을 직시할 필요가 있다. 커리어우먼이 칭송되는 만큼 창백한 여자아이들이 주목을 받는다. 여기서 우리가 주목하는 것은 19세기 후반부터 여성들의 정치적 경제적 자유와 출산의 자유가 추구되던 시기에 동시에 날씬하고 연약한 모습을 요구받은 것은 서로 연관성이 있는 것이다.[31] 이러한 관점에서 역사적으로 히스테리와 거식증이 절정에 이른 것은 남녀의 역할을 재정의하고 재조직하려는 시도에 역행하는 문화적 반동이라는 사실은 의미심장하다.[32]

물론 다이어트, 운동 그리고 다양한 몸 관리가 주는 이점을 모두 부인할 수 없지만 몸도 투쟁의 장이라는 인식은 순응과 젠더 정상화를 위해서가 아니라 젠더의 지배에 저항하는 일상의 실천과 정치화를 위해 애써야함을 말한다. 즉 몸매 가꾸기와 스타일이 자기의 표현과 힘이라는 것은 철저한 문화와 권력관계가 조작하는 환상일 뿐 아니라 사회적으로 순응하고 적응된 유용한 몸이라는 현실을 인식할 필요가 있다. 불행하게도 여성들은 지난 반세기 몸과 외모에 관심을 가지면 가질수록 자신에 대해 부정적인 이미지를 확대시켜왔다. 지난 10여 년 동안 자신의 몸에 대해 불만스럽게 여기는 여성들의 수는 비약적으로 증가하였다. 한국의 많은 여성들과 청소년들이 실제보다 자신을 훨씬 뚱뚱하다고 여긴다. 여성들은 어렸을 때부터 자신의 개성을 가꾸거나 환경을 변화시키는 것보다 몸에 신경을 쓰고 몸매를 만드는 법을 배우며 그녀들에게 몸은 세계의 대체물이고 자신의 욕망과 동경을 불어 넣는 자기도취적 대상이 될 수 있었던 것이다.

여성에게 집중된 미의 이데올로기 즉 아름다움은 여성의 것이고 아름다워지려는 노력도 여성적이라는 역사는 18세기 이후이다.[33] 추한 것은 비여성적이고 아름다움에 무관심한 것도 비여성적이다. '여성은 아름다운 성이다'라는 말에는 여성이 지닐 수 있는 유일한 권력은 아름다움이란 의미가 감추어져 있다. 특별히 아름다움은 날씬한 육체라는 등식이 오늘날처럼 강박적으로 통용된 시대는 일찍이 없었다. '옷이 날개다'라는 속담은 몸이 날개다라고 바뀌고 있다.[34] 아름다움의 기준은 더 이상 옷이 아니라 몸을 기준으로 삼게 되었다. 남들 앞에서 옷을 벗는 것은 더 이상 부끄러운 일이 아니다. 하지만 몸매가 형편없다면 그때부터 수치를 느껴야 한다. 충동과 욕망에 대한 통제력, 자제력으로 뚱뚱한·날씬한 몸을 도덕적으로 그리고 경제적으로 코드화하는 몸매와 체중에 대한 사회적 상징은 역사적 변천의 과정을 지나 그 정점에 이르렀다.

이러한 과도한 미의 추구가 힘의 관계의 결과물임을 문화 권력의 각축장이 되어버린 몸의 현실성이 말하고 있다. 여성의 몸과 몸에 대한 미의 기준이 고정된 것이 아니라 문화가 새겨놓은 학습된 자율성의 메카니즘임을 철저히 분석할 수 있어야 한다. 문화 속에 이미지화되는 여성의 몸은 여성 스스로의 개성과 내적인 자연스러움을 드러내는 육체의 아름다움은 사실은 자연스러운 것이 아님을 구체적으로 드러내는 것이다. 그러나 사회문화적 권력관계를 객관적으로 분석하는 것도 중요하지만 동시에 여성 스스로가 자신을 억압하는 힘들과 공모하기도 하는 메커니즘을 해석할 수 있어야 한다. 즉 여성의 몸은 지배적 문화의 저항을 담기보다는 역설적이게도 그러한 몸을 생산하는 문화적 조건들과 공모하며 저항의 대상을 변화시키기 보다는 재생산하고 있는 역사를 주목할 필요가 있다.

따라서 자율적으로 미의 이데올로기에 복종하도록 만드는 아름다운 성은 여성이다라는 사회적 함의를 해체해야 한다. 즉 아름다운 몸은 여성이라는 오래된 이데올로기를 극복하기 위해 우리 사회에 지배적인 미의 시각을 탈성별화(degendering process)시키는 것이 중요하고 몸이 가진 물질성만을 강조하는 것을.극복하기 위해 몸이 우리의 건전한 정체성이 형성되는 정신과 영혼의 자리임을 회복시켜 몸의 대상화, 상품화, 상업화를 극복하는 것이다. 즉 몸에 대한 이분법적인 사고와 여성에게 집중된 몸에 대한 사회문화적 이데올로기가 문화 권력과 결합하면서 얼마나 파괴적인 힘을 발휘하는지 살펴보았다. 즉 여성의 몸은 가부장적인 사회문화의 관계 속에 종속되어 있으며 동시에 그곳이 자신의 정체성이 형성되는 자리임을 인식하고 자신의 개성을 자연스럽게 드러낼 수 있는 주체적인 몸의 경험과 느낌을 읽어낼 수 있는 훈련을 통하여 문화 속에 지배적인 여성의 몸의 이미지와 재현체계에 저항해야 한다. 이러한 여성들의 저항의 힘으로 새로운 정체성을 생산해내는 행위자로서의 여성들은 그녀들의 삶과 경험을 구성할 수 있어야 한다. 이러한 관점에서 필자는 여성신학이 몸을 정신과 자아와의 통합을 넘어 생명과 영성의 통합을 지향하는 중요한 신학적 성찰을 시도함으로써 몸을 숭배의 대상으로 만들어가는 문화적 현실을 더 근원적으로 저항할 수 있는 길을 제시한다고 생각한다.

3. 육화된 저항으로 몸에서 다시 출발하는 여성신학

긴 논쟁을 통해 살펴본 것처럼 여성신학과 페미니즘의 핵심적인 논제로 존재론적이고 인식론적인 차원에서 새롭게 인식되는 몸은 포스트모던 문화시대를 뒤덮고 있는 이미지로서의 몸, 보여 지는 아름다운 몸, 상업화되고 소비되는 몸과의 차별성 속에서 발전하여 왔다. 이러한 몸에 대한 새로운 인식은 문화적 텍스트로서의 몸을 비판적으로 분석할 수 있는 관점을 제시한다. 몸에 대한 새로운 연구들이 제시하는 중요한 논점은 근대 가부장제가 낳은 온갖 폐해의 기저에 있는 이원론을 극복하는데 몸이 중요한 출발점이자 근원적 자원이 된다는 것이다.[35] 몸신학이 지향하는 새로운 형태의 젠더 관계는 생물학적인 규범들과 남녀의 계층적 이분법에 의해 만들어지는 몸에 대한 비판적 성찰을 통해 남녀의 성차를 인식하면서 계층적이지 않은 관계를 창조적으로 모색한다.

이러한 여성신학[36]의 이론적 성과는 궁극적으로 이성과 중립적 판단의 인식론적 객관성과 보편적 근거라는 이상이 환상이었음을 인식하며 이러한 설명을 가능하게 했던 이성, 진리, 역사, 전통이 누구의 이성, 누구의 진리, 누구의 전통인가를 고찰하면서 이성과 진리의 언어는 신이나 자연의 윤리 담론이 아니라 남성성이라는 특별한 이데올로기적 상부구조임을 밝혔다. 기독교의 전통적 신학은 육체 부정의 정신 중심주의로 일관하여 온 역사다. 류터를 비롯하여 많은 여성신학자들은 영육 이원론이 어떻게 성차별적인 신학적 이데올로기를 형성시켜왔는지를 다양하게 밝혀 왔다.[37] 이것은 기독교 신학적 토대와 기독교문화 속에 뿌리 깊이 스며 있는 육체 부정적 정신주의를 낳고 이것이 남성에 대한 여성의 열등성을 정당화시키는 기제들과 모호하고 복잡한 관계를 가지고 유지 강화되었다.

류터는 신-영혼-남성-여성-자연-물질이라는 존재의 질서에서는 "구원의 방향이 육체와 물질로서 객관화되어 있는 정신의 물질적 지탱체계로부터 정신이 소외되어 간 궤적을 따라가는 것이다"라고 말한다.[38] 전통신학에도 여성을 몸과 관련하여 정의하였지만 그 경우는 몸을 죄와 악의 근원으로 이해하면서 이성과 영혼의 담지자인 남성에 의해 통제받아야 한다는 성차별적 신학이 여성에 대한 남성의 지배를 합리화시켰다.[39] 더욱이 교부신학자들로부터 시작하여 중세와 근대에 이르기까지 대부분의 모든 신학자들이 이해하는 여성에 대한 보편적 견해는 여성혐오사상(misogyny)으로 축약할 수 있다. 여성은 남성에게 종속된 것으로 혼자서는 독립할 수 없으며 악을 분별할 능력이 부족하여 남성에게 의존하여야 구원에 이를 수 있다는 것이다.

따라서 현대에도 여성은 모든 악의 근원이며 구원의 가장 큰 장애로 간주하여 여자란 위험한 존재이고 경계해야 할 대상이라는 의식이 21세기에도 믿어지지 않을 만큼 목회자들에게도 뿌리 깊다. 아직도 많은 목회자들이 성공하는 목회에 조심해야 할 것으로 돈과 여자를 공공연히 이야기하고 있는 현실이다. 오히려 남성의 잘못된 인식과 왜곡된 섹슈얼리티를 조심해야 한다. 이러한 몸과 정신을 분리해온 서구철학의 역사와 가부장적 기독교의 결합은 여성을 상징하는 몸에 대한 대상화와 물질화와 몸에 대한 폭력과 착취를 정당화시키고 강화시키는 역할을 해왔다. 이러한 신학적 상징과 신학적 체계는 문화적 형태로 때론 제도적으로 교회와 사회 속에서 광범위하게 뿌리내리고 재생산되고 있다. 이러한 한국 교회 현실은 더 이상 논의가 진행되지 않아도 될 만큼의 신학적 동의가 이루어진 이원론에 대한 비판이 있어 왔음에도 불구하고 우리는 그것을 극복하였는가에 대한 질문에 회의할 수밖에 없는 현실이 교회 여성들의 삶을 지배한다. 즉 이원론적인 현상은 시대에 따라 여러 가지 변형을 겪으며 우리의 신학적 사유뿐 아니라 가치의 형태로 실제적 신앙생활을 지배하고 있다.

더욱이 이러한 이분법적인 시각은 여성들 사이의 갈등을 부추기며 문제의 본질을 은폐시킨다. 아우구스티누스는 성모마리아의 동정을 단순히 그리스도의 동정을 위한 논리적 전제라고 생각하지만 성 제롬은 순결한 마리아와 타락한 이브의 상징으로 여성들을 분리시킨다. 즉, 죽음은 이브에게서 오지만 삶은 성모마리아에게서 온다고 하면서 성모마리아와 이브는 삶과 죽음의 대립관계를 보여준다고 설명한다.[40] 따라서 여성의 기독교 문화적 이미지는 성녀와 창녀, 어머니와 유혹하는 여성, 성모마리아와 타락한 이브라는 이분법적인 관점을 가지고 성에 대한 이중적 윤리를 형성한다. 이러한 이분법은 남성의 이중적 윤리를 가능하게 하는 철저한 남성 중심적인 분리인 것이다. 우리는 이성을 가진 정신이라는 존재와 욕망으로 대변되는 원죄적 신체라는 존재의 이원론이 어떻게 여성의 몸에 대한 대상화를 고착시켜왔으며 어떻게 여성을 신학적으로 이차적 존재로 규정하였는지를 살펴보았다.

그러나 여성주의가 지향하는 몸신학은 이제 지금 여기 이순간의 삶의 육체성이 하나님과 더불어 살아가는 영원과 절대성을 경험하지 않은 채 더 이상 형이상학적 절대성과 영원성을 이야기하는 것은 무의미함을 말한다. 몸은 바로 하나님이 오셔서 우리를 만나는 장소이고 인간을 구원하시고 높이시는 곳이다. 우리는 이 계시를 우리가 그것을 만날 수 있는 감각적 경험을 통해서 알 수 있다. 성육신 안에서 하나님은 자신을 몸속에 완전히 쏟으시고 우리의 앎의 도구가 되셨다. 성례전을 통하여 그리스도는 우리 각각의 몸으로 들어오시고 그러므로 그로부터 아무것도 우리의 몸을 분리시키지 못하며 우리의 눈은 하나님을 보고 우리의 귀는 그의 소리를 듣고 인간과 신의 만남을 가능하게 하는 지각과 감각이 근원적 경험으로 나아가야 한다.[41] 몸은 이제 핵심적인 신학의 언어로 자리매김하고 하나님의 경험과 은혜의 일상적인 근원으로서 재평가되어야 한다.

또한 몸신학은 몸에 대한 긍정의 신학이다. 여성 스스로 몸에 대한 부정적 경험들을 긍정적으로 재의미화하는 과정은 새로운 여성의 자아정체성 형성에 매우 중요하다. 몸에 대한 긍정은 곧 몸이 지닌 욕망에 대한 긍정을 의미한다. 몸의 욕구를 억누르는 것이 아니라 오히려 깊이 성찰함으로써 영혼과 정신의 깊은 체험을 가능하게 하는 것이다. 또한 몸에 대한 긍정은 여성에 대한 긍정을 의미한다. 몸 부정의 신학은 철저하게 신학적 전통에서 여성을 제외시켜왔기 때문이다. 몸의 욕망이 긍정되고 여성의 가치가 재정립될 때 우리는 비로소 성에 대한 건전하고 조화로운 윤리를 가능하게 한다. 여성신학자들 중에 멕페이그(Sallie Mcfague)는 하나님 몸으로서의 지구의 은유를 사용하여 은유 신학이라는 독특한 신학적 방법론을 발전시켰고 일본2세 미국인인 부락(Rita Nakashima Burock)은 "성애력(erotic power)"을 중요한 신학적 은유로 그녀의 기독론을 발전시킴으로써 몸을 긍정하는 여성 신학적 모델을 시도하였다. 왜냐하면 하나님이 인간을 육체로 창조하셨기 때문이다.

더욱이, 하나님은 하나님을 알기 위한 방법으로 하나님의 현존 안에 존재하는 방법으로 육체를 창조하셨다. 육체는 존재론적으로 시간과 영원을 가로질러 위치하는 중대함을 가진다. 육체적 경험과 육체적 표현은 마치 우리가 하나님과의 관계를 추구하는 것처럼 존재의 양쪽 영역에서 인식론적인 기초적인 도구가 되었다. 즉 그들이 전달하는 지식은 어떠한 다른 방법으로도 획득할 수 없는 지식이다. 여기에 육체의 목적이 있다. 즉 그것은 지금 그리고 다가오는 삶 안에서 어떻게 무엇을 우리가 하나님에 대하여 알 수 있고 알 것인가에 대한 배경을 제공한다.[42] 다시 말해서 몸은 기독인들이 하나님의 영광을 성찰하고 인식할 수 있는 유일한 장소이다. 기독교는 기도와 찬양의 장소로서 몸을 예배학적으로 구성한다.[43] 예를 들면 고대 시리아 기독교는 심오한 육체적 감수성을 예배학적으로 나타냈다. 그리고 육체적 행위는 그 실재에 적절한 응답이 되는 것으로 보여졌다. 분명한 눈과 투명한 마음이 경험과 행위 안에 포함되어진 진리를 인식하는데 필수적이다. 초기시리아 기독교의 핵심에는 육체와 영혼의 하나 됨 즉 인간의 하나 됨의 (oneness)명백한 이해가 놓여있다. 하나님과의 관계 안에서 육체적인 것과 영적인 것이 서로서로에게 본질적인 것이 된다. 왜냐하면 다른 하나가 없으면 의미가 없기 때문이다.[44] 우리는 제아무리 성스러운 영혼의 것을 추구한다 해도 그것은 몸으로부터 시작하고 몸을 통해 가능하다는 것을 재인식하는 것이 중요하다. 영혼이 깃든 몸과 체현된 인간의 영혼이 정신과 영혼의 성장에 장애가 되는 것이 아니라 그 길만이 예수의 성육신을 고백할 수 있는 육화된 삶을 가능하게 하는 유일한 길이다.

또한 몸이 있기 때문에 인간의 윤리가 가능하다. 내 주체성은 세계 안에 오직 하나 뿐인 내 몸으로 드러나고 내 정체성은 몸에 있는 모든 지각하는 기관을 통해 뇌에 축척된 정보를 통해 인식하며 내가 나임이 가능할 때는 나를 둘러싸고 있는 타자의 몸(인간 자연 우주)과의 관계 속에서만 가능하다. 몸에서 일어나는 욕망과 감정 그리고 자각이 있은 후에 우리는 몸에 대한 신학적 담론을 구성할 수 있고 이러한 몸신학적 관점은 다시 자본주의 문화 속에 각인된 통제되고 훈육된 몸에 대한 비판을 제공한다. 즉 몸에서 다시 출발하는 존재론적인 전환을 통해 여성의 존재론적이고 인식론적인 특성에서 생산될 수 있는 창조적이고 건설적인 정체성에 기초한 다양한 형태의 몸 신학이 나올 수 있기를 바란다. 따라서 여성주의적 몸신학은 전통적 탈육체적 신학의 재구성을 위한 끼어들기와 몸의 느낌과 경험과 감각을 중요하게 고려하는 몸을 입은 신학의 새로짜기의 긴장과 갈등을 적극적으로 수용하여 성과 인종과 계급, 성정향성, 문화 등의 차이의 이슈들이 자유롭게 넘나들 수 있는 공간을 만들어나갈 수 있을 것이다. 이 공간이야말로 여성의 정체성을 새롭게 발견하는 자리인 동시에 타자의 존재를 경험하는 타자적 몸신학을 지향하는 자리가 되는 것이다.

몸의 존재로 인해 가능한 정체성을 더 깊이 이해하기 위해 자아를 존재케 하는 타자에 대한 새로운 관점을 제시한 레비나스는 "타자를 향한 책임성은 현존하는 자아의 자유로운 선택이고 자아에 앞서 존재하는 타자의 그 요청은 반응을 불러일으키며 마침내 자아를 존재케 하는 것이다. 나를 나로 만들어 주는 것의 발견이란 '한 주체가 남에게 베푸는 가슴, 감수성, 그리고 손'이 되는 바로 그 순간에 발생하는 그 무엇이라는 곳이다. 나를 참된 인간으로 만들어 주는 것은 내 이웃에 대한 내 사랑이다"라고 했다.[45] 즉 장화열의 비판대로 자아 중심적이고 정신 중심적인 세계관은 타자를 참다운 주체로 여길 수 있는 길을 원천적으로 봉쇄하기 때문에[46] 몸신학은 몸에서 몸으로 연결되어진 상호 신체적 인간 이해를 바탕으로 자아 중심적 자율적 자아에 대한 한계를 넘어 기독교 신학적 인간학의 핵심인 대화적이고 관계적인 인간 이해와 만난다. 예수의 삶은 타인들과의 관계 속에서 이해할 수 있기 때문에 그리스도의 몸 또한 타인과 분리되어 존재할 수 없다. 성육신의 몸을 입은 하나님은 지금도 성례전을 통하여 우리들과 몸을 나누시며 몸이 말씀이 되는 존재의 변화를 보여준다. 즉 몸은 자아를 형성하는 자리이고 그 자리는 타자와의 관계를 통해서 더욱 참된 자아를 발견하는 곳이다.

이러한 몸에 대한 이해를 신학적으로 성찰하면서 몸에 대한 여성 신학적 관점이 주는 중요한 공헌은 정신주의적 관점이 인간을 영혼과 동일시하는 오류를 범했다면 현재 자본주의가 소비문화 상업문화 외래 문화가 보여주는 감각주의적이고 물질주의적인 관점은 인간을 육체와 동일시하는 오류를 범하고 있는 현실을 보게 하는 것이다. 몸을 입은 영성은(embodied spirituality) 이처럼 상업주의 문화가 인간 존재를 육체적인 차원으로 해소하려는 자세를 거부한다. 그러나 한 여성주의 잡지에서조차 "성형수술은 자기 인생을 자기 손으로 결정할 수 있는 최초의 그리고 최고의 것"이라고 옹호하고 있다.[47] 사회와 문화는 온통 여성들이 몸매에 대해 비상한 관심을 보이고 여성의 몸은 여성 자신의 것이라고 말하지만 사회문화적 코드를 통해 마르고 야윈 몸이 아름답다는 미의 정상화가 집중적으로 여성들을 향하여 있다.

이러한 정상화의 과정은 여성미에 집착한 결과라기보다는 여성의 복종을 노린 일이고 특히 날씬함에 대한 집착 뒤에는 이와 맞물려 가는 문화 권력의 존재를 인식하는 것이 필요하다. 우리는 온통 살을 빼고 몸을 만들어 주는 광고에 파묻혀 살아가고 있다. 우리 사회가 예찬하는 여성의 미는 건강한 노동에서 철저히 멀어지는 기력이 쇠약한 몸을 훈육하고 통제하는 이데올로기이다. 여성주의 몸신학은 현대 자본주의 문화는 육체에 도움이 되고 기쁨이 되는 것은 선하고 어떤 식으로든 육체를 억제하거나 그 본능을 반대하는 것은 악한 것이다라는 이데올로기를 확대하며 억제되어온 육체의 욕망과 충동을 숭상하는 육체의 숭배의 우상을 육화된 영성으로 저항한다. 이러한 저항은 여성주의적 몸신학이 여성의 삶에서 구체성을 획득하며 일상의 삶 속에서 체현된 경험을 통하여 남성의 욕구에 의해서 만들어진 몸에서 자유로울 수 있는 여성의 육화된 정체성을 만들어가도록 돕는다.

따라서 여성신학은 육체는 영혼의 생명적 육화로 영적 차원이란 영혼이 육체로부터 분리되어 육체 바깥에서 구현되는 것이 아니라 인간은 육체 속에 온전히 삽입되어 오직 육체를 통해서만 표현되며 교통하는 것을 신학적으로 발전시키는 몸신학을 지향한다. 우리는 육체에 기초해서 어떤 사람의 선함과 악함 그리고 기쁨과 평온함, 게으름과 탐욕 등을 읽게 된다. 육체는 영혼의 표현과 육체는 영혼의 상징일 뿐 아니라 신의 상징이다. 신이 현현하는 인간은 하나님의 형상[48]이 되는 것이다. 더욱이 육체의 신적인 상징화는 예수 그리스도에서 그 절정을 이룬다. 말씀인 자신의 육체성은 구원의 도구이고 그것을 통해서만 죽기까지 사랑할 수 있고 육체의 부활을 통해

성스러운 육체성을 볼 수 있다. 그리스도의 상징인 인간의 몸은 자연히 그분을 향해서 끌리고 기독교의 육체성은 육체가 상징하는 풍부함을 인정하는 사람만이 진정한 육체성을 재발견한다. 무엇보다도 인간이 단지 육체뿐이 아니고 육화된 정신이고 체현된 영혼이라는 조화로운 감각을 기반한 신학이 몸신학이다.[49] 몸에서 분리된 자아는 감각세계와의 대단한 불균형으로 인해 인간은 더욱 불안하고 폭력적이며 흉포해진 영성과 정신의 불균형을 초래하는 현실을 목도하고 몸신학적 관점에서 자아와 이성은 다시 몸과 화해하고 하나됨을 추구해야 한다. 특별히 최근 여성신학은 몸에 대한 신학으로부터 몸에서 다시 출발하는 신학으로의 전환을 시도한다. 즉 몸신학적 관점으로 이미 우리에게 익숙한 것을 해체하고 낯선 길을 찾아간다는 것은 쉬운 일이 아니지만 타인의 시선에 갇힌 몸의 해방을 위하여 무한한 가능성과 대안적 가치를 만들어낼 수 있는 창조적 결단이 요구된다.

4. 페미니즘의 몸 담론과 여성주의 몸신학은 어떻게 만나야 하는가?

우리는 탈육체적 신학의 오랜 전통으로 감각과 경험과 느낌에 대해 무력해진 능력을 다시 일깨우기 위해 몸에 대한 성찰에 깊이 신학적으로 참여해야 한다. 이것은 여성 신학적 관점에서 해방에 대한 중요한 열쇠를 제공한다. 여성의 삶을 억압하는 힘으로 작용하는 몸에 대한 이분법적 사고의 해체와 창조적 구성을 위한 새로운 21세계 신학의 패러다임을 몸신학이 제공할 수 있다는 것이다. 그러나 몸신학은 여성신학의 특화된 고유한 주제로 인식할 만큼 중요한 영역이지만 그것이 너무 쉽게 소비적이고 지배적인 문화적 코드에 의해 만들어지는 몸으로 개인의 몰개성을 정상화의 관점을 통해 몸에 대한 광적인 집착을 하도록 만드는 매스미디어어의 힘에 의해 그 의미가 충분히 논의되지 못하고 사라진다. 따라서 여성주의 몸신학은 여성의 몸을 비하하는 성차별적 이분법과 육체를 숭배하는 자본주의 문화 그리고 그것이 가지고 있는 남성 중심성을 동시에 비판하고 진정한 몸의 존중과 구원을 향한다.

　어느 누구도 날씬하기 위해 다이어트에 집착하는 여성에게 비정상이라고 말하지 않는다. 여성의 몸은 평가의 대상이기 때문에 이러한 몸에 대한 사회문화적 코드는 남자보다 훨씬 더 깊게, 그리고 역사적으로 훨씬 더 광범위하게 여성에게 집중되어 있다. 그러한 통제에 종속되어 있는 여성들에게 우리시대의 날씬함에 대한 이미지와 아름다움에 대한 광적인 추구는 왜곡된 욕망의 끝없는 추구처럼 보인다. 따라서 몸의 아름다움에 대한 중요한 가치를 권력 관계와 자본의 이해 관계로부터 해방시키기 위해 페미니즘의 몸 담론은 사회문화적으로 구성되어진 몸에 대한 철저한 분석을 시도한다. 여성신학은 이러한 분석과의 대화를 통해 여성의 정체성과 주체적 관점을 재정립하고 다시 몸을 회복시키는 것이다.

　몸신학은 페미니즘의 몸담론과의 대화를 통해서 남성의 필요에 의해 만들어지지 않는 여성의 몸의 가능성을 발전시키고 여성의 몸은 신체적 목적을 가질 뿐 아니라 상징적 해석을 위한 풍부한 신학적 자원이 된다는 것을 적극적으로 수용한다. 따라서 이러한 몸신학적 시도는 통합된 단일한 방식이 아니라 각자의 몸경험과 느낌에서 모색하는 여러 가지 실험적인 방식들을 통해 다양한 여성 주체들의 대화와 소통을 활성화시키는 것이다. 단일한 대표체로서의 여성성의 추상적 차원을 지향하기 보다는 다양한 몸과 경험을 아우르는 '따로 또같이'의 역동적 관계 안에서 남성 중심적 시각과 권력으로 규정된 여성의 몸과 이미지를 넘어서는 다양한 차이들을 창조적으로 끊임없이 만들어 가는 것이다.[50] 이와 동시에 기억해야 할 것은 포스트모더니즘에서 말하는 차이와 다름의 진정한 의미와 실제를 만나기 위해서는 개인적이고 자율적인 선택으로 제시되고 있는 몸에 대한 이미지와 미에 대한 이데올로기가 문화적으로 사회적으로 공유되고 기획된 것임을 밝히는 것이 중요하다. 또한 이러한 다양한 여성의 정체성 등장과 다양한 몸

신학의 시도들이 여성의 정치화를 도모한 것이라기보다는 상호관계의 발전을 위해 한층 활성화되는 여성들 간의 대화와 연대의 장이 모색되어야 한다.

그 속에서 우리는 젠더라는 지배적 상황에 저항하는 방향으로 매일의 실천을 조직해야 하며 니체의 말대로 얼굴이 피부 한 겹의 허상에 불과한지 몰라도 그 이면엔 남녀 불평등, 문화 불평들, 현대 자본주의의 상업적 이데올로기와 권력 관계의 다양한 힘들이 작용하는 텍스트로서의 몸을 본다. 모두 육체의 아름다움과 외모에 몰두하면서 그것이 주는 이익에 온통 정신을 쏟을 때 이 외모의 아름다움은 미의 기준을 넘어 폭력적 규정처럼 개인의 주체성을 상실케하고 사회적인 억압의 기제로 효율적으로 작용하고 있다. 여성주의 몸신학은 견고한 일상의 관성이 얼마나 우리의 가치를 지배하고 있는지 인식하고 일상의 틈새를 비집고 새롭게 발견되는 체현된 이성과 영혼을 새로운 신학적 사유의 토대가 되게 하는 일이다. 따라서 여성신학적 몸 담론은 추상적 이론의 한계를 넘어서는 여성들의 삶에 천착하는 구체성을 띄기 위해 페미니즘과의 대화는 중요하다.

따라서 현대자본주의가 여성들의 몸에 제공하는 자율성과 가부장 문화 위에 제기되는 삶의 자유로움과 해방의 방식임을 의심해야 한다. 또한 이미지와 실제 그리고 그 모순을 인식해야 하는데 문화가 우리의 몸으로 하여금 성별을 재생산하는데 공모하도록 하는 메커나즘을 분석하기 위해 여성주의 몸의 정치학은 이론적인 추상성을 넘어 실생활의 과정에 초점을 맞추어야한다. 생활 세계야말로 우리의 몸이 직접 부딪치면서 이루어지는 세계이고 공간이라는 근본 개념의 기초에는 인간의 몸이 있으며 우리가 세계를 지각하고 경험하는 것도 몸을 통해서만이 가능하기 때문이다. 이러한 의미에서 여성 신학적 몸 담론의 출발은 다시 몸이어야 하는 것이다.

나가는 말

여성신학이 지향하는 몸신학은 몸을 입은 기독교 여성의 새로운 정체성을 재정립하여 몸에 대한 긍정의 신학을 발전시키고 동시에 몸을 숭배하는 현대자본주의 문화를 철저하게 비판하는 이중적 과제를 갖는다. 가부장적이고 성차별적인 이원론이 몸을 정신과 자아로부터 소외시킴으로 몸을 상징하는 여성의 억압을 정당화시킨 기독교신학을 가능하게 했다. 이러한 전통적 기독교 신학 속에서 형성되어온 탈 육화된 여성의 정체성을 재구성하기 위해 몸신학은 몸에 대한 존재론적이고 인식론적인 변화를 통해 육화된 저항으로 몸의 해방과 구원을 목표로 한다. 이러한 저항은 여성주의적 몸신학이 여성의 삶에서 구체성을 획득하며 일상의 삶 속에서 체현된 경험을 통하여 남성의 욕구에 의해서 만들어진 몸에서 자유로울 수 있는 여성의 육화된 정체성을 가능하게 한다. 즉 몸신학은 이성과 자아에서 추방된 여성의 몸이나 육체성을 재형상화하기 위해 육화된 정신(embodied mind)과 영혼(embodied spirit)이 새롭게 신학적 사유의 내용이 되게 하는 것이다. 따라서 몸에서 다시 출발하는 존재론적인 전환을 통해 창조적이고 건설적인 정체성에 기초한 여성의 존재론적이고 인식론적인 특성에서 생산될 수 있는 다양한 형태의 몸신학이 나올 수 있기를 바란다. 이러한 관점에서 필자는 여성신학이 정신과 자아와의 화해를 넘어 생명과 영성의 통합을 시도하는 몸신학을 지향하므로 이미 몸을 숭배의 대상으로 만들어가는 문화적 현실을 더 근원적으로 저항할 수 있는 길을 제시한다고 생각한다. 왜냐하면 몸은 하나님의 영광을 지각하고 하나님을 만나는 가장 친밀한 곳으로 몸이 가진 거룩함은 자본주의 문화 속에 나타나는 몸의 상품화와 상업화와는 근본적으로 양립이 불가능하기 때문이다. 따라서 몸신학은 여성스스로 몸에 대한 부정적 경험들을 긍정적으로 재의미화하는 신학적 재구성이며 가장 세속적인 문화 속에 나타난 여성의 몸의 영성과 정신성을 상징화하기 위해 말씀이 여성의 몸을 입게 하는 것이다. 이러한 노력은 몸이 이제 핵심적인 신학의 언어로 재인식되며 하나님의 경험과 은혜의 일상적인 근원으로서 재평가되어야 함을 의미한다.

1) 대화 아카데미에서 2002-2003년도에 "새울림 신학포럼"을 열어 "몸의 신학"을 주제로 1년간 연속 세미나를 개최하였다. 발표된 논문들은 채홍식, "구약성서와 고대 근동에서 인간의 몸 이해". 박태식, "예수의 부활, 우리의 부활: 성서의 몸과 마음 이해". 이정희, "인간학에서 몸학으로 : 상승인가, 추락인가 – 문화신학적 관점에서 본 몸". 이정구, "기괴망측한 몸의 이미지". 정재현, "죽음으로부터의 시비: 몸에 연관된 신학적 담론의 자리 잡기를 위하여". 송순재, "몸 공부에 관한 교육학적 단상 모음". 안선희, "예배와 몸 – 몸의 재발견과 예배의 창조적 구성". 구미정, "벗어도 부끄럽지 않더라: 여성신학적 관점에서 본 몸". 최인식, "새로운 몸 이해 – 사이보그 존재론" 등이다.

2) 수전 보르도, 『참을 수 없는 몸의 무거움』 박오복 옮김, 또하나의문화, 2003.

3) Ibid.

4) R. R. 류터, 안상님 옮김, 『성차별과 신학』, 대한기독교출판사. (류터는 4장 인간학에서 위계 체제적 기독교의 가부장적 인간론을 자세히 설명하고 있다)

5) Ibid. 『참을 수없는 몸의 무거움』, 또하나의 문화, 몸.

6) Janet Trisk, "Embodied Subject" in *Journal of Theology for South Africa*, 117(Nov. 2003).

7) 현대 페미니즘은 보편적이고 일면적이라기보다 다양하고 다원론적인 기획이다. 최근 페미니즘 서술이 환원론적이고 전체화되는 경향이 있으며 때론 적절하지 않게 젠더의 차이를 확대해석하고 무의식적으로 인종주의와 자민족 중심주의 혹은 엘리트주의에 기초할 수 있음을 비판적으로 성찰하며 젠더를 일면적 부석의 틀로서 사용하는 것을 비판하고 있다.

8) 태혜숙, 『탈식민주의 페미니즘』, 도서출판 여이연, 2001.

9) Ibid.
10) 장화열은 미국 모라비안 대학의 정치철학자이며 후설과 하이데거의 현상학에 접목해서 '정치현상학'이라는 새로운 분야를 개척하였고 한국에는 그의 논문집인 몸의 정치가 번역되어 있다.
11) 장화열, "비코와 몸의 정체의 비평적 계보," 「몸 또는 욕망의 사다리」, 이거룡 외, 한길사, 2001.
12) Ibid.
13) 장화열, 「몸의 정치」, 민음사, 1999.
14) 수잔 보드로, 「참을 수 없는 몸의 무거움」.
15) 태혜숙, 「탈식민주의 페미니즘」.
16) 정화열, 「몸의 정치」
17) Janet Trisk, "Embodied Subject" in *Journal of Theology for South Africa*, 117(Nov. 2003).
18) 성(Sex)는 생물학적인 성을 의미하는 것으로 본질론적 관점에서 보는 성을 말한다. 성별(gender)이란 성적으로 구성되는 남녀의 정체성을 의미하는 것이다. 섹슈얼리티(sexuality)란 성적인 욕망들, 성적인 정체성 및 성적 실천을 의미하는 것으로 성적인 감정과 성적으로 맺게 되는 관계들을 모두 포괄하는 개념이다. (한국성폭력살담소엮음, 「섹슈얼리티 강의」, 동녘, 1999
19) 수잔 보르도, 「참을 수 없는 몸의 무거움」
20) 박선영, "여성의 몸, 우리가 말한다.: 1990년대 중반 이후 전개된 여성문화운동," 《여성과 사회》 한국여성연구소. 제 15호 2004.
21) 수잔 보르도, 「참을 수 없는 몸의 무거움」
22) 수잔 보르도, 「참을 수 없는 몸의 무거움」, 276-7
23) Ibid.
24) 한국여성연구소, 《여성과 사회》, 15호 2004, 69. 1세대 페미니스트들은 여성 억압의 원인을 주로 생물학적 특성에서 찾고 여성을 자연과 가까운 대상으로 보는

몸을 초월의 대상으로 보는 남성의 타자로 보고 여성은 제2의 성으로 이해 2세대 페미니스트들은 생물학적 환원론에서 벗어나기 위해 차이의 정치학을 발전시키며 1세대 페미니스트들이 성차를 간과함으로 남성을 하나의 보편적인 성으로 만들었다고 비판하며 남성은 우월하고 능동적이며 여성은 수동적이고 열등하다는 식의 위계화된 남성지배의 가부장적 이데올로기를 해체하기 위해 사회문화적 구성으로서의 젠더에 주목해야 하며 생물학적인 몸은 물질적 하부이며 이 몸 위에 있는 사회문화적인 이데올로기로서의 젠더에 집중했다. 2세대 포스트모던 페미니스트들은 생물학적인 섹스(몸)를 실제적 토대로 보는 본질주의를 해체하고 섹스 젠더 이분법을 해체하면서 본질로 주어진 생물학적인 몸도 구성된 젠더로 이해하는 이분법의 경계를 허물어뜨리는 방향으로 진행하고 있다.

25) Susan Frank Parson, *The Ethic of Gender*, Blackwell, 2002.

26) Trisk, "embodied Subject".

27) Ibid.

28) 한국에서도 외모지상주의는 아름다움의 욕망을 넘어 취업과 생존의 문제가 되었다. 영국의 BBC방송은 최근 한국 젊은이들의 절반이 넘는 53%가 성형을 하고 싶어한다고 보고하고 수입의 30%를 미용에 사용한다고 보고했다.

29) 미국의 거식증 환자의 90%가 여성이다. 따라서 현대사회의 날씬한 몸에 대한 폭력적인 이데올로기는 젠더와 무관하지 않다. 많은 청소녀와 젊은 여성들이 사실보다 자신이 '너무 뚱뚱하다'고 생각한다.

30) 한국의 섭식장애(eating disorder)즉 폭식증과 거식증(4%) 정도는 남자보다 여자가 10배에서 20배 또한 더 많다. 중요한 페미니스트의 분석은 거식증과 폭식증의 장애를 겪는 여성과 정상 여성 사이의 확고한 경계가 없음을 밝히고 우리 문화의 이

데올로기적이며 제도적인 요소가 젠더구성에 결정적인 영향을 끼친다는 사실과 여성이 모두 같은 문화환경에 처해 있는 것은 아니지만 여성성과 여성의 미를 동질화하고 정상화하는 이미지와 이데올로기가 심각한 문제라고 말한다.

31) 발트라우슈 포슈, 조원규 옮김,『몸 숭배와 광기』, 여성신문사, 2001.
32) 수잔 보르도,『참을 수 없는 몸의 무거움』.
33) 포슈는 그의 책『몸 숭배와 광기』에서 아름다움은 여성의 것이고 아름다워지려는 노력도 여성의 것이라는 신화가 확정된 것은 18세기로 상대적으로 역사가 짧고 그 전에는 남성들도 육체를 꾸미고 장식하였다고 보고 있다.
34) 포슈,『몸의 숭배와 광기』.
35) 태혜숙,『탈 시민주의 페미니즘』.
36) 여성신학은 여성 해방을 위해 여성들 사이의 일치와 연대에 기초하여 일치단결하여 가부장적인 억압의 사회적 구조들에 저항했던 70년대와 80년대를 지나 여성들 간의 경험의 동질화와 여성성에 대한 단일한 이해는 또 다른 억압이 될 수 있다는 것을 발견한다. 1990년대 여성신학의 특징은 자신의 일상을 들여다보고 자아에 대한 성찰과 자기개발을 위한 문제제기를 하는 방식의 전환을 가져오면서 여성신학적 관심 분야는 급속도로 확대되고 탈식민주의, 후기구조주의, 포스트모더니즘의 이론과 만나면서 여성들 사이의 차이와 다양함의 의미를 숙고하기 시작했다.
37)『성차별과 신학』, 제 3장 여성, "육체 및 자연"을 참조하라.
38) R. R. 류터,『성차별과 신학』, 대한기독교서회 1985.
39) 손승희,『신학과 페미니즘』.
40) "크리스테바: 어머니의 이름으로,"『성, 사랑 욕망에 대한 철학적 성찰』
41) Susan A, Harvey, "Embodiment in Time and Eternity: A Syric

Perspective," ed. Eugene F. Roger. Jr. Blackwell, 2002, *Theology and Sexuality*.

42) Ibid.

43) Susan A, Harvey, "Embodiment in Time and Eternity: A Syric Perspective".

44) Ibid.

45) 마크 A. 매킨토쉬, 전연복 옮김, 『신비주의 신학』, 다산글방.

46) 조광제, "타자론적 몸철학의 길," 『몸 또는 욕망의 사다리』.

47) 수잔 보르도, 『참을 수 없는 몸의 무거운』

48) 바티스타 몬딘 지음, 이재룡 옮김 『전환기의 새로운 문화 모색』, 가톨 출판사, 2003.

49) 포슈 『몸 숭배와 광기』.

50) Mary Evans, *Introducing Contemporary Feminist Thought*, Polity Press, 1997.

논찬 1.

"몸을 입은 여성의 정체성과 몸신학을 지향하며"에 대한 논찬

이 인 경(계명대학교 초빙교수)

1. 들어가는 말

"몸으로 느껴져요!" 어느 스포츠음료 광고카피였던 이 문구는, 몸에 대한 우리의 논제를 단적으로 표현해준다. 몸으로 느끼고 배운 것은 여간해서는 잊어버리지 않는다는 것을 우리는 경험을 통해 안다. 그런 점에서 몸은 정직하며, 나를 있는 그대로 드러내어 준다. 나와 몸이 둘이 아니라 하나이다. 그러나 정신을 우위에 놓는 소위 전통적인 철학과 신학은 이러한 몸의 경험을 무시하고 부정해 왔다. 뿐만 아니라 몸을 여성과 연결시켜서 여성차별과 억압을 정당화하였다. 한편, 현대 일상의 삶에서 몸은 과도한 관심의 주제로 떠올랐다고 해도 과언이 아니다. '몸짱/ 얼짱'으로 대변되는 외모지상주의, 섹슈얼리티에 대한 폭발적인 관심, 그리고 건강한 몸에 대한 왜곡된 열망 등이 만연한 현실에서, 우리는-특히 여성은 더-건강하고 섹시한 몸이 되도록 강요당하고 있다.

2. 발제의 논지

발제자는 이중의 과제를 수행하고 있다. 첫째, 몸을 입은 기독교 여성의 새로운 정체성에 근거한 몸 긍정의 신학을 전개한다. 이를 위해 영육 이원론과 성차별적 이원론에 기초한 소위 전통신학의 부정적 몸 이해를 여성신학의 통전적이고 유기체적인 몸 이해의 관점에서 비판적으로 분석한다. 둘째, 현대문화 속에 지속적으로 재현되는 왜곡된 여성의 몸에 대한 신학적 성찰을 시도한다. 이를 위해 현대문화를 지배하는 몸 이미지와 현상이 뿌리 깊은 이원론의 또 다른 변형이라는 것을 현대 페미니즘의 몸 담론을 통해 보여준다. 발제자는 두 가지 과제를 수행함으로써, 몸에 대한 존재론적인 변화와 이 변화에 기초한 육화된 저항의 영성을 제시하여 몸의 해방과 구원을 목표로 한다.

형이상학적 이원론과 성적 이원론에 기초한 그리스 철학이 신학의 패러다임이 된 이후 몸은 신학적 성찰의 대상이 될 수 없었을 뿐 아니라 육체경멸의 이데올로기가 강화되었으며, 이로 인해 기독교의 여성억압이 정당화되고 육체와 성에 대한 이중적 윤리가 형성되었다고 발제자는 주장한다. 발제자는 이러한 이원론에 대한 여성신학과 페미니즘의 문제제기를 통해 몸과 정신의 화해를 시도한다. 먼저, 발제자는 예수를 진정한 하나님의 형상의 모델로 간주하는 여성신학의 논의를 통해, 그리스도의 성육신이 추상적인 개념이 아니라 구체적인 삶을 의미하며, 예수의 몸은 죄를 짓는 장소가 아니라 가장 친밀하게 하나님을 만나는 곳이라고 주장한다. 다음으로, 발제자는 페미니즘의 다양한 몸 담론을 통해, 인간이 구체적인 시공간에 놓여있는 개별적인 몸으로 존재하며 몸이 성적으로 특수성을 가질 뿐만 아니라 사회 · 문화 · 계급 · 인종적으로도 특별한 상황과 연결되어 있다는 점을 밝힌다.

발제자는 페미니즘 몸 이해의 관점에서, 현대문화를 지배하는 여성의 몸에 대한 집중된 현상이 이원론의 또 다른 변형임을 규명한다. 현대 여성주의자들에 의하면, 몸은 개인들이 자신의 몸에 대한 느낌이나 몸에 대해 부여하는 이미지들이 특정 사회의 문화와 가치관을 반영하고 있다는 의미에서 문화적 텍스트라고 한다. 따라서 몸은 순수하게 생물학적이거나 사회적 범주가 아니라, 육체적이고 상징적이며 사회적인 것들의 중첩된 자리이다. 발제자는 이러한 몸 이해에 근거해서 볼 때, 여성의 몸과 몸에 대한 미의 기준은 고정된 것이 아니라 문화가 새겨놓은 학습된 자율성의 메카니즘이라고 주장한다. 그러므로 여성의 몸은 가부장적인 사회문화의 관계 속에 종속되어 있지만('너의 몸은 전쟁터이다') 그와 동시에 그곳은 여성의 정체성이 형성되는 자리('몸도 투쟁의 장')라고 발제자는 주장한다.

발제자는 여성신학적 몸 이해를 통해, 인간을 영혼과 동일시한 소위 전통적인 신학의 오류와 인간을 육체와 동일시한 현대 자본주의 문화의 몸 숭배의 오류를 지적한다. 발제자가 제시하는 몸에 대한 여성신학적 이해를 요약하면 다음과 같다. 첫째, 몸은 하나님이 오셔서 인간을 만나는 장소이며 인간을 구원하고 높이시는 곳이다. 둘째, 여성신학적 몸 신학은 몸의 욕망을 긍정하고 여성을 긍정하는 몸 긍정의 신학이다. 셋째, 몸은 기독교인들이 하나님의 영광을 성찰하고 인식할 수 있는 유일한 장소이다. 넷째, 몸이 있기 때문에 인간의 윤리가 가능하다.

여성신학적 몸 신학은 육체가 영혼의 표현이고 영혼의 상징일 뿐만 아니라 신의 상징이라고 주장한다. 또한 여성신학적 몸 신학에 의하면, 인간은 단지 육체일 뿐만 아니라 육화된 정신이고 체현된 영혼이다. 발제자는 이러한 여성신학적 몸 신학 속에서, 현대 자본주의 문화의 몸 숭배에 저항할 수 있는 '육화된 영성'을 발견한다. 또한 발제자는 이러한 저항이 여성신학적 몸 신학으로 하여금 여성의 자유로운 정체성을 형성하도록 돕는다고 주장한다.

3. 발전적 논의를 위한 제언

논찬자는 발제자의 논지에 기본적으로 동의하며, 발전적 논의를 위한 몇 가지 제언을 하고자 한다.

첫째, 발제자는 몸에 대한 여성주의의 입장들 중 어느 입장에 서 있는지가 분명하게 드러나지 않는다. 특히 포스트모던 페미니즘에 대한 발제자의 입장이 명확하지 않다. 발제자는 포스트모던 페미니즘이 페미니즘의 실천적 영역과 정치적 영역에서 이원론적이고 위계적인 사회문화의 권력 구조를 비판할 수 있는 유용한 관점을 여성들로부터 빼앗는 한계가 있다고 지적한다. 그러나 발제자는 몸이 순수하게 생물학적이거나 사회적 범주가 아니라 육체적이고 상징적이며 사회적인 것들의 중첩된 자리라는 포스트모던 페미니즘의 몸 이해에 기초하여 논지를 전개하고 있다. 발제자가 기초하고 있는 논거를 상쇄할 만큼 그 논거의 한계를 지적함으로써 발제자의 논지가 약화될 우려가 있다고 생각한다.

논찬자는 발제자가 포스트모던 페미니즘의 한계로 지적한 바로 그 점이 오히려 여성/몸의 해방에 기여할 수 있다고 본다. 포스트모던 페미니즘을 포함한 포스트 페미니즘의 '포스트'(post)라는 말은 두 가지 의미를 가지고 있다. 하나는, 연속성을 강조하는 '후기'의 의미와, 다른 하나는, 불연속성을 강조하는 '탈'의 의미이다. 포스트 페미니즘의 '포스트'는 둘 다 함축한다. 포스트 페미니즘이 단일 범주로서의 여성 개념을 해체하여 여성들 간의 차이를 말한다는 점에서는 '탈'의 의미를 함축한다. 휴머니즘적 페미니즘과 여성 중심적 페미니즘이 여성을 어떤 기준으로든 하나의 범주로 가정한 반면, 포스트 페미니즘은 인종, 민족, 계층, 종교, 연령, 성성

(sexuality) 등에 따른 여성의 차이를 강조한다. 여성을 하나의 계급으로 보는 페미니즘의 대전제가 포스트 페미니즘에서는 해체되고 있다. 바로 이러한 점 때문에 포스트 페미니즘의 '포스트'는 '탈'의 의미를 갖는다고 할 수 있다. 그러나 포스트 페미니즘이 여성들 간의 차이를 말한다고 해서 여성의 억압 현실을 부정하는 것은 아니다. 오히려 여성들이 처한 현실을 구체적으로 드러냄으로써, 즉 인종, 민족, 계층, 종교, 연령, 성성 등의 차이에 따라 여성 억압이 다양한 형태로 나타난다는 것을 보여줌으로써, 추상적 또는 허위 자매애(sisterhood)가 아닌 구체적 또는 진정한 자매애의 가능성을 제시하고 있다. 이러한 점을 고려해 볼 때, 포스트 페미니즘은 페미니즘의 기획을 저해하는 것이 아니라 오히려 구체화시키고 완성하고 있다고 볼 수 있다. 따라서 포스트 페미니즘의 '포스트'는 연속성의 의미인 '후기'를 함축한다.

둘째, 현대 자본주의 문화의 몸 숭배를 저항하는 '육화된 영성'에 대한 논의가 좀 더 심도 있고 분명하게 전개되었으면 하는 생각이다. 물론 발제자는 여성신학적 몸 이해를 언급함으로써 '육화된 영성'과 연관시키고 있기는 하지만, 발제자의 논지를 구성하는 중요한 주제임에 비해 논의가 미진한 감이 없지 않다.

셋째, 발제자는 여성신학이 '몸에 대한 신학' 으로부터 '몸에서 다시 출발하는 신학' 으로 전환해야 한다고 주장한다. 그러면서 여성들의 삶에 천착하는 구체성을 띠기 위해 페미니즘의 몸 담론과의 대화를 강조한다. 발제자의 이러한 주장에 논찬자는 전적으로 동의한다. 그러나 그러한 주장이 구체적으로 전개되지 않은 점이 아쉬움으로 남는다. 이 논문은 그런 점에서 아직은 '몸에 대한 신학' 에 머물러 있다고 하겠다. 앞으로 '몸에서 출발하는 신학' 을 다룬 연구를 기대해 본다.

▼ 발제 2.

에코페미니즘, 세계화 그리고 윤리적 비전

전 현 식 (연세대)

I. 들어가는 말

지구 온난화와 세계화에서 드러나는 환경 문제와 사회 문제의 복합적 현상은 우리 인류가 직면한 지구적 위기를 가속화시키고 있다. 지금까지 지구온난화 현상에 대한 반응은 다양하게 전개되어왔다. 이 현상이 문제가 되기 시작한 1970년대 초국적 기업들은 지구 온난화 현상을 부정하거나 그 규모 및 위급성을 축소시키거나, 또는 자연현상으로 설명하면서 이런 문명적 위기에 대해 부정직하며 부적절한 해결책을 제시해왔다. 2001년 유엔 산하 "기후 변화에 관한 정부간 패널"(IPCC)은 5년간의 연구 결과를 발표하면서 지구 온난화는 자연 현상이 아닌 인재임을 분명히 했다. 앞으로 기존 에너지 정책의 변화와 인간 의식 및 삶의 회개가 없다면 온난화 현상은 해수면 상승, 태풍, 홍수와 가뭄, 기근을 포함하는 기후 변화를 일으켜 이로 인한 질병의 만연, 멸종, 환경 난민, 전쟁, 인류 문명의 종언 등 상상할 수 없는 재난을 초래할 것이다.[1] 이 발표는 지구온난화란 인간이 만들어낸 지구적 재난임을 과학적으로 입증하면서 지구 생명공동체의 암울한 미래와 이에 대한 인간의 윤리적 책임성을 강하게 부각시켰다. 이런 지구온난화의 교훈은 기업 세계화가 약속하는 무한한 성장의 허구성과 이런 경제적 신화를 실현하려는 인간 중심적인 비윤리적 가치와 삶에 대한 경종이다. 지구 생명공동체의 실제적 종말의 어두운 운명을 예고하는 생태계 위기 앞에서 에코페미니즘은 어떤 역할과 비전을 줄 수 있는가?

생태계 위기는 지구 온난화로 대표되는 환경 문제와 이런 환경 재앙을 가속화시키는 신자유주의 세계경제지배체제와 서로 얽혀 있다면 자연 파괴와 인간 억압의 상호 연결을 분석하는 비판 담론과 이에 기초하여 지구 공동체의 희망적 대안을 제시하는 윤리적 비전이 필요하다. 필자는 에코페미니즘이 생태계 위기의 근원을 잘 분석하는 비판적 해석학적 도구인 동시에 지배 착취 관계를 상호 관계로 회복시킬 수 있는 윤리적 비전을 제시해 줄 수 있다고 생각한다.[2]

제 2장에서 환경에 대한 관심이 고조됨에도 불구하고 환경 위기가 급증하는 이유를 지구적 위기의 성격에서 발견하면서, 생태계 위기란 인간 의식과 삶의 방식의 적극적 변혁의 문제임을 확인한다. 제 3장에서 에코페미니즘이 지구적 위기의 근원을 파악하는 비판 이론인 동시에 생명 공동체의 대안을 제시하는 실천 윤리임을 밝히기 위해 에코페미니즘의 기원 및 형성 과정을 살펴본다. 제4장에서는 자연과 여성의 연합이 여성과 자연의 해방에 도움이 되는지 아니면 억압적인지를 살펴보면서, 에코페미니즘이란 자연과 여성의 연합, 그리고 자연 착취와 여성 억압에 대한 심리적, 문화적, 사회적인 패턴을 통전적으로 검토하는 비판 담론임을 확인한다. 제 5장은 비판담론인 에코페미니즘의 관점에서 기업 세계화가 종교 이데올로기와

연합하여 어떻게 여성과 자연 그리고 약자들을 조직적으로 지배 착취하는지를 실제적으로 진단해 보고 끝으로 제 6장에서 앞에서 살펴본 내용을 기초로 생명공동체에 대한 에코페미니즘의 윤리적 전망을 제시해본다.

II. 지구적 위기의 성격

환경 파괴와 불공평한 사회 구조에 대한 관심과 의식은 증대하지만 지구적인 생태계 위기는 계속 증가하고 있다. 이런 둘 사이의 모순은 생태계 위기의 성격에 있다. 샐리 멕페이그(Sallie McFague)는 생태계 위기의 성격을 환경파괴의 미묘성(subtleness), 부정의(injustice)와 복합성(complexity)으로 설명한다.[3] 생태계 위기의 세 가지 성격은 환경 위기가 단지 개혁의 문제가 아니라 인간 의식과 사회 체제의 총체적인 변혁의 문제라는 사실을 지적해 준다. 이제 환경 이론 및 운동이 실제적으로 환경 위기를 어떻게 이해하고 해결책을 제시해 왔는지 간략하게 살펴본다. 현대 환경 운동은 생태계 위기의 본질을 참여의 위기, 생존의 위기 그리고 문화의 위기로 본다.

첫째, 1960년대 사회주의, 사회민주주의, 자유주의 복지 이론가들은 환경 문제를 참여 및 분배의 위기로 보면서, 과학의 발달과 개선된 환경 정책, 그리고 환경 이익과 오염의 공평한 분배를 통하여 환경 위기를 극복할 수 있다고 보았다.[4] 이런 관점은 인간의 해방을 위한 경제 개발과 기술 사용, 그리고 분배의 문제에 대한 민주적인 합의에 관심을 집중하지만, 자연에 대한 인간 중심적 태도와 가치를 여전히 지니고 있다. 시민의 민주적 참여와 사회정의는 생태계 위기를 극복하는데 필요조건이지만 충분조건이 되지 못한다.[5]

둘째, 1970년대 초 로마크럽의 『성장의 한계』와 『생존을 위한 청사진』[6]이 출간되고, 지구를 우주선으로 보는 은유를 통하여 환경 위기를 생존의 위기로 보는 환경 정치학이 주목을 받기 시작했다. 두 보고서의 출간은 자원 소비와 인구의 지수적 증가가 지구 수용 능력에 심각한 위협[7]이 된다는 사실을 깨닫게 하여 환경 위기를 인간 생존의 위기로 받아들이는데 도움을 주었다. 생존학파는 이런 생존의 위기를 자원의 배급, 정부의 간섭, 그리고 집중화와 인구 통제를 통하여 해결하고자 하였다. 이들은 인간 본성을 이기적으로 보며, 환경 위기를 너무 비관적으로 보고, 사회 정의의 관점이 결여되어 있다는 비판을 받지만, 환경파괴의 지구적 차원과 인간과 자연의 공동 운명의 인식, 그리고 인간의 가치와 제도, 특히 소유적 개인주의, 사유재산권, 제한된 정부와 시장 자유와 같은 자유주의적 가치의 한계와 이에 대한 획기적 변화의 필요성을 깨닫게 해주었다.[8]

셋째, 1970년대 말과 1980년 초에 등장한 문화학파는 생태계 위기를 문화의 위기인 동시에 이런 위기로부터의 해방의 기회로 보았다. 이들은 환경 위기의 심각성을 비관적으로 보는 생존 위기 학파들의 위기 의식 안에서 새로운 문화와 영성을 건설할 수 있는 기회를 보게 되었다. 산업자본주의 비판 안에서 새로운 생태학적 문화와 사회를 건설할 수 있는 해방적 잠재력을 보았고, 참여위기 학파들이 주장하는 인간자율과 자기결정이라는 현대의 해방적 이념을 재평가하게 되었다.[9] 이들은 생태계 위기를 참여(낙관적 견해)와 생존(비관적 견해)의 위기로 보는 것이 아니라, 우리의 사회적 행위를 결정짓는 인간의 개념, 지식, 신념과 가치의 체계, 즉 문명의 패러다임의 위기로 본다. 이들은 서로 연결되어 있는 세 가지 차원, 즉 인간의 필요(human need), 기술과 자기 이미지(self-image)의 재평가를 통하여 기존의 환경 정치 담론을 비판 재구성한다.[10] 필자는 문화 위기 학파가 참여위기(정의 문제에 중점)와 생존 위기(환경 문제에 중점)의 두 관점을 역동적으로 종합하여 환경 문제를 사회 문제와 연결시켜, 다양한 형태의 지배 관계를 사랑과 정의에 기초한 상호 관계로 치유할 수 있는 생태학적 의식과 윤리를 제시할 수 있다고 본다.

Ⅲ. 에코페미니즘의 기원 및 형성

필자는 에코페미니즘이 문화학파의 이념과 비전을 이어받아 지구적 위기를 현대문명의 위기로 정확하게 분석하는 동시에 해방적 대안을 제시할 수 있다고 본다. 이제 에코페미니즘의 기원 및 형성 과정을 알아본다. 에코페미니즘은 1960년대와 1970년대 사회 변화 운동에 뿌리를 둔 현대 진보 운동들의 중의 하나이다. 1960년대 초 생태학적 의식과 사회 제도의 변혁의 필요성을 일깨워준 레이첼 카슨의 기념비적 저서인 『침묵의 봄』을 시작으로 여러 학문 분야(철학, 신학 및 사회분석)에서 환경 문제에 대한 여성의 관심이 집중되기 시작하면서 1980년대에 이르러 에코페미니즘의 이론 및 운동이 꽃을 피우게 된다.[11] 에코페미니즘(Ecofeminism, 생태여성학)은 생태학(Ecology)과 여성학(Feminism)을 연결시키면서 주류 환경이론 및 운동이 여성학의 통찰력을 수용하지 못하는 한계가 있음을 지적한다. 즉 에코페미니즘은 여성 억압과 자연 파괴의 상호연관성을 찾아내어 두 이론 및 운동을 하나로 통합시키는 비판 이론인 동시에 생태학적 실천 운동이다.[12] 생태여성학이 생태학과 여성학의 종합이라면 우선 에코페미니즘의 형성에 공헌한 생태학과 여성학을 간략히 살펴본다.

1. 생태학

생태학이란 지구가족(household)을 의미하는 희랍어인 oikos로부터 온 말로 지구가족에 대해 연구하는 학문을 일컫는다. 가족 개념을 지구적으로 확장시킨 생태학은 인간과 자연을 포함하는 지구 공동체의 모든 구성원들을 한 가족으로 보면서 이 구성원들의 상호관계를 연구한다. 유기체와 환경 사이의 상호 관계, 패턴, 네트워크, 균형 및 사이클을 연구하는 학문인 생태학은 인간의 자연에 대한 간섭 및 착취가 어떻게 생태계의 균형을 파괴하는지를 연구하면서 자연을 인간의 간섭으로부터 해방시켜 인간과 자연이 조화롭게 살아가는 방법을 다룬다.[13]

노르웨이 철학자인 아느 네스(Arne Naess)는 1973년 「표피적(shallow)이며 심층적(deep)인 포괄적 생태운동」이란 글에서 생태학을 표층생태학과 심층생태학으로 구분하면서 자연에 대한 담론을 인간중심적 환경주의(1960년대)에서 생태 중심주의(70년대 이후)로 전환시키는데 결정적 공헌을 했다. 표층생태학과 대조적으로 심층생태학은 인간의 자연지배에 대한 상징적, 심리적, 윤리적 패턴들을 서구문화 안에서 찾아내어 인간의 자연에 대한 파괴적 관계를 극복하기 위하여 생태학적 문화와 영성을 추구한다.[14] 심층생태학의 중심적 개념은 "생명의 망," "확장된 자아(the Extended Self)," "내재적 가치," "생물권 평등주의 (Biospherical Egalitarianism)," "다양성과 공생의 원리"를 포함한다.[15]

에코페미니즘은 환경 파괴의 근본 원인을 문화와 의식의 파괴적 패턴(인간중심주의, 과학적 환원주의 및 도구주의, 경쟁적 이기주의 및 계급적 위계주의)안에서 찾는 심층 생태학에 동의한다. 하지만 에코페미니즘은 심층 생태학이 생태계 위기의 근본 원인을 인간중심주의(Anthropocentrism)에 두는 것보다 더 깊은 근원을 추적하여, 그 뿌리를 남성중심주의(Androcentrism)에서 찾는다. 또한 에코페미니즘은 심층생태학이 인간경험의 동일성이라는 추상적 이념에 기초하여 계급차별, 성차별, 인종차별, 신식민주의 등 다양한 억압 형태의 상호연관성에 대한 정치사회적 분석이 결여되어 있다고 비판한다.[16]

2. 여성학

1890년대 남녀평등이론 및 여성권리운동으로부터 시작된 페미니즘은 남녀평등의 신념에 기초하여 남성과 동등한 여성권리를 주장하는 이론 및 운동을 말한다. 여성학은 가부장제 하에서 여성억압을 직시하면서 남성지배로부터 여성의 해방을 추구하여 여성뿐만 아니라 남성의 온전한 인간성의 회복을 목표로 한다.[17] 필자는 여성억압이 세계의 거의 모든 문화들 안에서 나타나는 보편적 현상이며, 성차별은 우리 모두가 극복해야만 하는 악이라고 믿는다. 그러므로 여성 종속은 여성만의 문제가 아니라, 인간 모두, 특히 가부장 사회 안에서 여성과 자연의 착취를 대가로 혜택을 누리는 지배적 남성의 의식과 삶의 변화의 문제이다. 여기서 필자의 관심은 사회적 지배, 특히 성차별과 자연파괴가 문화 이데올로기와 사회 구조 안에서 어떻게 상호 연관되어 나타났는지를 살펴보는 것이다. 에코페미니즘 철학과 정치학에서 폭넓게 논의되는 세 가지 형태의 여성학 (자유주의 여성학, 사회주의 여성학 그리고 급진주의 여성학)을 인간 본성, 인간과 자연의 관계성, 특별히 여성과 자연의 연관성에 중점을 두어 검토하고, 이들의 에코페미니즘에 대한 공헌을 알아본다.

(1) 자유주의 여성학

자유주의 여성학은 성불균형의 원인을 기회의 불균등으로 보기 때문에 정치, 경제, 교육 및 법의 영역에서 남녀의 기회 균등을 통해 남성과 동일한 여성의 권리를 확보하고자 한다.[18] 자유주의 여성학은 인간을 자기이익의 극대화를 추구하는 개인적, 자율적, 합리적 존재로 보는 자기 중심적인 자유주의적 인간 이해에 기초해 있다. 자유주의적 인간본성 이해는 자본주의를 자기 성취와 인간 발전을 위한 최선의 경제 구조로 보게 된다. 합리적 존재인 인간은 공동의 인간 본성을 소유하므로, 자유주의 여성주의자들은 성의 차이(gender difference)를 인정하려고 하지 않는다. 남성과 여성의 능력은 동일하기 때문에, 성 불균형은 교육, 경제 및 정치의 영역에서 기회의 불균형(사회적 부정의)에 의해서 야기된다. 그러므로 이들은 전통적인 남성의 공적 영역에서 기회의 균등을 통해 그리고 여성이 합리적인 능력을 남

성의 수준으로 향상시킴으로서 여성 종속을 해결할 수 있다고 본다.[19]

자유주의 여성학자들은 환경 문제를 자연 자원의 지나친 개발과 환경 오염을 통제하지 못한 것에 있다고 본다. 자원 부족과 환경 오염과 같은 환경 문제는 여성이 자신의 생물학적 결점을 초월하여, 남성과 함께 더 좋은 기술 과학, 자원 보존과 환경 규제를 통하여 해결될 수 있다는 것이다.[20] 이런 의미에서 자유주의 여성학은 환경 훼손을 새로운 환경법과 환경 규제를 통하여 처리하고자 하는 개혁 환경론을 지지한다.

자유주의 여성학이 전통적인 남성의 공적 영역에서 여성의 권리를 남성의 수준으로 확장시키는데 공헌했음에도 불구하고, 이런 이념과 실천은 인간 본성을 이해하는데 있어 남성 중심적 편견을 가지고 있으며, 자기 계급 안에서 남성의 역할을 추구한다는 비판을 받는다. 여성들이 자신들의 계급 안에서 남성과 평등하게 되려는 일차적인 노력 안에서, 계급과 인종 문제가 간과되기 쉽다.[21] 결국, 자유주의 여성학의 이원론적, 기계적, 인간 중심적인 이념과 실천은 사회적으로 구성되는 성의 불균형과 미묘하고, 부정의하고 복합적인 생태계 위기를 극복하는데 한계가 있다.

(2) 사회주의 여성학

사회주의 여성학은 여성 종속의 근원을 자본주의 가부장제(Capitalist Patriarchy)로 보고, 성 평등의 가능성을 자본주의 가부장제(여성이 필연적으로 계급모순에 직면)안에서 이루어지는 생산과 재생산 수단의 변형에서 찾는다. 자본주의 사회 안에서는 노동의 구분(남성의 생산 역할과 여성의 재생산 역할)뿐만 아니라, 여성의 이중 노동(여성의 임금노동과 가사노동의 모순)이 발생한다. 따라서 사회주의 여성학자들은 여성 해방의 열쇠를 자유주의 페미니스트들이 추구하는 시민권뿐만 아니라, 가사 노동의 사회화를 통하여 작업장이나 가정에서 여성이 남성과 동등한 파트너로서 일할 수 있는 경제적인 자율 (여성의 경제적 독립)에 둔다.[22]

이들은 자유주의 여성학이 여성의 재생산, 정치경제 그리고 계급에 대한 분석이 결여되어 있다고 비판한다. 가부장제 안에서 재생산과 여성을 지배하며 자본주의체제 안에서 생산과 자연을 지배하는 계급은 남성이기 때문에, 여성과 자연에 대한 남성지배가 자본주의 가부장제 안에 내재되어있다. 환경문제의 근원은 무한한 성장을 추구하는 가부장적 산업자본주의이다. 경쟁, 지배 및 힘의 패러다임에 기초해있는 자본주의 논리는 필연적으로 인간과 자연의 지속가능한 관계(sustainable relations)를 훼손하여 생태계 파괴를 불러온다.

반면에, 인간의 필요와 생태학적 조화에 기초한 사회주의는 인간과 자연의 생태학적 관계를 인식하고 자본주의가 생산에 치우치는 약점을 비판하면서 생산과 재생산, 생산과 생태학의 변증법적 상호관계를 중시한다. 따라서 사회주의 여성학이 주장하는 인간과 자연, 생산과 재생산의 변증법적 관계와 성의 사회적 구성은 에코페미니즘에 많은 공헌을 한다.[23] 그럼에도 불구하고 사회주의 여성학의 관점은 가정의 역할의 감소와 남성 중심적 편견으로 인하여 비판을 받는다. 사회주의 여성주의자들이 성에 기초한 계급구조의 근원으로 보는 여성의 가사노동의 사회화는 사적인 가정 영역의 폐기로 인하여 인간 삶의 소외라는 근본적인 문제에 직면한다는 것이다.

사회주의 여성학은 자유주의 여성학과 마찬가지로 여성은 남성과 다르지 않고 같다는 것을 보여주려고 함으로써 성의 차이(gender-differentiation)를 인정하지 않으려 한다. 두 여성학은 동등한 권리의 필요조건으로서 시민권(civil rights) 혹은 경제적 독립(economic independence)의 확보를 통한 여성해방을 여성을 남성의 영역으로 통합시키는데서 찾는다. 이것은 남성과 남성의 역할, 경험 및 가치를 규범적이라고 보는 남성 중심적 전제 및 편견[24]에 기초해 있다고 비판을 받는다.

(3) 급진주의 여성학

급진주의 여성학(radical feminism)은 자유주의와 사회주의 여성학의 남성 중심적 편견을 근본적으로 비판하면서, 가부장 사회 안에서 남성 지배를 유지하고 정당화하는 문화와 의식의 패턴들을 검토한다. 남성과 여성의 같음보다는 상대적 차이에 관심을 가지면서 성의 차이(sex/gender differentiation)를 인정한다. 이런 성 관계(sex/gender relations)는 여성과 남성에게 서로 다른 힘의 토대(power bases)를 제공하기 때문에, 개인적인 것은 정치적이 된다. 자유주의 여성학과 사회주의 여성학은 법적 권리와 경제적 능력을 통하여 남성의 공적 영역으로 진입하여 성 평등을 추구하기 위해서는 여성의 생물학적 오점을 초월해야 한다고 주장하지만, 급진주의 여성학은 인간 본성의 남성 중심적 인식을 전도시켜, 오히려 여성의 재생산과 본성 그리고 여성과 자연의 연합을 여성에게 힘을 부여하고 남성지배로부터 여성을 벗어나게 하는 여성해방의 근원으로 긍정적으로 찬양한다.[25]

이들에 의하면, 여성 억압이 모든 억압 형태의 원형이며, 여성 억압의 근원은 여성의 몸에 대한 남성 지배에 있다. 그래서 모든 여성학적 이론과 운동이 가부장제의 근본 뿌리인 여성 자신의 몸에 대한 남성의 통제와 소유권을 파헤치지 않는 한, 그 이론과 운동은 불충분하다. 그러므로 여성해방의 핵심 문제는 여성이 자신의 몸, 성성(sexuality)과 재생산에 대한 남성의 통제와 지배로부터 해방되는데 있다.[26] 즉, 가부장제의 뿌리는 여성의 몸에 대한 남성의 지배에 있으므로, 남성 중심적 성 관계(Androcentric gender relations)와 자연 착취 사이의 연합을 찾아내는 정치 분석이 필요하다.

급진주의 여성주의자들이 주장하듯이, 여성이 자신의 인간성을 확인하고, 자신의 몸을 자기 것으로 주장하며, 여성의 본성을 찬양하고, 여성의 문화를 만들어내는 것은 남성 지배로부터 충분히 해방되기 위하여 필요한 것이다. 그러나 이들은 여성 해방을 남성 지배로부터의 해방뿐만 아니라,

남성의 인간성, 남성의 본성과 문화와 의식으로부터의 해방을 주장하면서, 여성성과 남성성을 분리시키고, 쉽게 여성성을 선으로 남성성을 악으로 동일시하게 된다는 문제점을 지닌다. 이런 급진적인 분리주의적 관점은 남성위계주의(male hierarchicalism)의 전도된 형태[27]가 되며, 이것은 돌봄, 상호성, 관계성 및 평등주의의 여성문화를 지향하는 에코페미니즘의 전인적인 비전과도 상충된다.

자유주의 여성학이 개인의 동일한 권리와 자율이라는 자유주의적 가치의 중요성을 일깨워주었지만, 자본주의적 가부장제 안에 뿌리 박혀 있는 여성 억압의 뿌리를 간과했다. 사회주의 여성학은 여성의 종속을 산업자본주의의 가부장적 사회-경제구조 안에서 발생하는 여성의 이중노동 안에서 보았고, 인간과 자연, 생산과 재생산의 변증법적 관계를 지적하는 공헌을 했다. 그러나 자유주의 여성학과 사회주의 여성학은 남성 중심적 전제와 편견 때문에 여성과 자연의 연결을 분리 혹은 경시하는 경향을 지니고 있다. 반면 급진주의 여성학은 분리주의(본질주의)적 한계에도 불구하고, 남성지배의 근원 및 여성 해방의 잠재력을 여성과 자연의 연관성 안에서 파악하는 통찰력을 보여준다.

IV. 여성과 자연의 연합은 해방적인가 억압적인가?

필자는 여성 억압과 자연 착취의 상호 관계성을 더욱 검토하고, 여성과 자연의 연결이 여성 해방과 자연 해방에 도움이 되는지 아니면 여성과 자연에 대한 기존의 가부장적 지배를 고착화하는지 알아본다. 급진적 여성주의자들은 오래된 성 체계(sex/gender system)는 현대 환경 문제에 많은 영향을 주었다고 주장한다. 그들에 의하면, 가부장제가 모든 지배 형태의 원형이며, 특히 여성과 자연의 연합은 여성과 자연에 대한 남성의 조직적인 지배를 정당화하는 가부장적 이데올로기로 사용되어왔다. 이런 연합은 두 형태의 억압사이에 깊은 관계성이 있음을 보여준다.

여성 인류학자인 쉐리 오트너(Sherry Ortner)는 그녀의 영향력 있는 논문, "여성과 남성의 관계는 자연과 문화의 관계인가?"라는 글에서 여성 종속이 여성과 자연에 대한 상징적인 연결을 통하여 거의 모든 문화 안에서 발생하는 보편적인 현상으로 설명하고 있다. 여성-자연 그리고 남성-문화의 연결은 인간관계 안에서 나타난 가장 오래되고 가장 널리 퍼져있기 때문에, 여성 종속은 보편적이고 교차 문화적인 억압의 형태라고 주장한다.[28]

그녀는 이런 성적 불균형을 생물학적 차이에서가 아니라 문화적 이념과 상징들 안에서 찾아내고 있다. 각 문화는 여성을 문화보다 덜 가치가 있다고 보는 "어떤 것," 즉 "자연"과 연합시켜서, 여성을 평가절하한다. 자연을 통제하는 문화의 이미지 안에서 남성은 문화와 동일시되는 반면에 여성은 자연과 동일시되어, 남성이 자연과 여성을 통제하고 지배하는 것이 정당화된다.[29] 오트너는 실제로 여성이 남성보다 자연에 더 가깝지 않다고 주장한다. 여성과 자연의 연합은 생물학적 차이에 있는 것이 아니라, 여성을 자연에 더 가까운 것으로 만들고 여성의 역할과 정신을 남성보다 열등한 것으로 만드는 문화적인 이데올로기와 상징에 있다는 것이다.[30]

필자는 여기서 페미니스트들 사이에서 논쟁이 되는 문제, 즉 여성과 자연의 연결이 여성 해방에 도움이 되는가 아니면 여성 억압을 지속시키는가를 알아본다. 이네스트라 킹(Ynestra King)은 이 문제에 대한 합리주의적 접근과 문화적인 접근을 구별한다.[31] 급진적 합리주의 여성주의자(radical rationalist feminists)들은 여성과 자연의 결합을 여성의 억압을 강화시킨다고 봄으로써 이런 연합을 거부한다. 그들은 인간을 합리적인 존재로 봄으로 남성과 여성의 같음을 주장한다. 이들에 의하면 여성 해방은 "여성과 자연의 원초적인 영역"으로부터 해방이기 때문에, 여성과 자연의 결합은 성의 차이와 성적인 고정관념을 강화시킨다. 따라서 여성학과 생태학의 결합은 여성의 전통적인 신분과 역할로 퇴보하는 것을 의미한다.[32] 급진적 합리주의적 여성학은 여성의 영역을 여성 종속의 근원으로 보면서, 여성의 영역을 극복하고 남성의 합리성의 영역으로 진입함으로써 남성과 동등한 권리와 자유를 성취하려고 한다.

반면에 급진적 문화주의 여성주의자(radical cultural feminists)들은 여성 경험을 여성 해방에 힘을 주는 한 근원으로 보면서, 여성과 자연의 결합은 잠재적으로 해방적이라고 믿는다. 이들은 자연과 여성의 연합이 상징적 문화적 구성이라기보다는 생물학적 심리적 경험의 산물이라고 본다. 근원적 문제는 여성이 남성보다 더 자연에 가까운데 있는 것이 아니라 여성과 자연의 영역을 연합시켜 무시 착취하는 가부장 문화에 있다. 따라서 이들은 남성의 문화로 진입하는 대신에 남성 문화에 도전함으로써, 여성의 문화와 영성을 창조하여 이를 찬양한다. 또한 이들은 합리적이고 초월적인 존재가 되어 남성의 세계를 성취하려고 하기보다는 여성을 몸을 지닌 이 땅에 살아 있는 존재(embodied and earthly living beings)로 인식함으로써 여성과 자연, 여성학과 생태학의 결합을 지지한다. 이런 연합은 여성과 자연을 모든 형태의 억압의 뿌리인 가부장제로부터의 해방뿐만 아니라 동시에 남성을 지배체제로부터 해방시키는 힘의 토대가 된다고 본다. 급진적 문화주의 여성학은 에코페미니즘에 좋은 이론적 실천적 기초를 제공한다.[33]

그러나 급진적 문화주의 여성학의 분리주의적 본질주의의 한계[34]를 지적하면서, 사회적 여성학과 사회주의 여성학은 성의 사회적 구성을 강조한다. 위에서 살펴본 오트너의 여성/자연, 남성/문화의 상징적 이원론은 항상 문화 교차적인 것은 아니며, 동시에 성(gender)의 문화적 구성은 성의 사회적 구성과 분리되어서는 충분히 설명될 수 없다. 그녀가 주장하듯이, 성의 문화적 평가가 남성과 여성의 사회적 역할을 제한한다면, 성의 사회적 구성을 충분히 분석해야 할 것이다. 왜냐하면 성의 문화적 인식은 사회-경제-정치 영역에서의 사회관계와 불가피하게 상호 연결되어 있기 때문이다.[35]

V. 기업 세계화, 지구적 가난 그리고 여성 억압

위에서 살펴본 대로 사회 지배, 특히 여성 억압과 자연 착취가 문화 의식과 사회 구조 안에서 상호 연결되어 있다면, 자연과 여성의 연합에 대한 합리주의, 문화주의, 사회주의적 견해를 역동적으로 종합하여 다양한 지배관계들의 문화적 사회적 패턴을 찾아내는 통전적 접근이 필요하다. 필자는 로즈마리 류터로부터 에코페미니즘의 통전적 비전을 발견한다. 류터는 에코페미니즘을 여성 억압과 자연 착취 사이의 문화적 사회적 관계를 찾아내어 지배관계를 상호관계로 치유하는 윤리이론 및 사회실천운동으로 정의한다.[36] 생태학과 여성학의 통찰력과 한계를 역동적으로 종합하는 생태여성학은 일반 환경이론들이 환경문제와 사회문제, 즉 자연파괴와 여성억압의 상호연결을 보지 못하는 남성 중심적 편견을 지적하면서 가부장체제 안에서 이런 쌍둥이 억압에 대한 문화적 그리고 사회경제적 분석 및 비판으로부터 출발한다.[37] 에코페미니스트들은 여성과 자연에 대한 가부장적 지배의 발생을 종교적, 인류학적, 은유적, 심리적, 과학적, 경제적 관점에서 다양하게 설명한다.[38] 필자는 여기서 여성과 자연에 대한 가부장적 지배의 최근 형태인 기업세계화를 에코페미니즘의 시각에서 검토하면서 자연파괴와 여성억압이 어떻게 강화되는지 살펴본다.

1. 기업 세계화, 서구 식민주의 그리고 브레톤 우주체제

기업 세계화는 경제 세계화라고도 불리는 신자유주의 경제제체로 미국의 군사력에 의해 유지되는 세계 경제 지배체제를 말한다. 이 지배체제는 환경파괴를 가속화하고 참된 민주주의, 문화적 다양성, 사회적 통합을 와해시켜 지구적 가난을 심화시킨다. 지구 생명공동체의 구성원인 인간뿐만 아니라 모든 생명을 파괴시키는 기업 세계화의 확장은 특별히 어떻게 자연, 여성 및 약자들의 삶을 더 궁핍하게 만드는지를 살펴본다.

우선 세계화란 무엇을 의미하는가? 세계화(globalization)란 대륙간, 국가간, 지역간의 상호작용 및 이런 상호작용 안에서 부와 권력의 흐름을 발생시키는 사회-문화, 정치-경제적 관계를 형성하는 과정으로 이해된다.[39] 즉 세계화란 세계에 사는 사람들을 함께 연결시키는 다양한 현상들을 일컫는 말로서, 문화와 인종의 혼합을 통합 지구적 전달(global communication) 그리고 보다 정의로운 세계 질서를 추구하는 진보적 정치 운동을 의미한다.[40] 위에서 정의한 대로 지구적 상호 연결이라는 세계화의 긍정적 측면이 있지만, 필자는 신자유주의 경제 이데올로기와 군사력에 의해 유지 강화되는 "중앙집권적 하향식 세계화"인 기업 세계화를 비판한다.[41]

우선 기업 세계화를 서구 식민주의의 맥락에서 이해하는 로즈마리 류터의 에코페미니즘적 관점에 기초해 생각해 본다. 그녀는 세계화를 "서구 식민지 제국주의의 최근의 발전 단계"로 보면서 세계화 안에 내재된 세계(미국) 엘리트의 부와 권력의 집중 그리고 군사적 폭력을 지적한다.[42] 미국의 신식민주의적 주도권을 지구적으로 확장하기 위해 만들어진 경제지배체제가 바로 브레톤우주 체제(The Bretton Woods Institutions)[43]이다. 브레톤 우주체제는 유럽재건 후 제3세계 발전에 눈을 돌리게 되는데 이로 인하여 서구세계는 제3세계의 경제 통제를 강화하게 된다. 제3세계 개발 프로젝트의 혜택은 다국적 기업 및 국가 엘리트에 돌아갔고 차관에 대한 점증하는 빚은 국제간의 부채 위기를 야기시켰다. 이런 부채위기에 대한 세계은행과 IMF의 대응이 바로 제3세계의 내적발전을 통하여 빚을 갚게 하는 이른바 구조조종 프로그램이다. 이 프로그램은 성장지향(trickle down)정책으로 구조조정이 일시적 고통을 주지만 결국 경제구조가 조정되어 국가 전체가 번영하게 된다고 주장했지만 사실 이런 장밋빛 예측은 가난, 기아, 실직, 지방 산업 및 농업의 도산, 자원의 약탈 등 지구적 가난을 심화시켰다. 그리고 세계화로 인한 빈부격차는 국가간의 민족갈등을 야기시킨다.[44]

2. 기업세계화, 여성 그리고 자연

신자유주의 세계경제체제가 얼마나 여성의 삶을 악화시키며 자연착취를 가속화시키는지 알아본다. 유엔 국민회계체제(The United Nations System of National Accounts)에 의하면 자연의 생산이나 파괴, 여성의 일들이 화폐경제로 전환되기 이전에는 이 회계 계정에 포함되지 않는다. 남성 일의 대부분은 수입으로 계산되지만, 대부분의 여성의 일(물 기르기, 장작 모으기, 농사일, 양육 및 음식준비)은 사적인 가정의 영역에서 발생한다는 이유로 국민총생산(GNP)에 포함되지 않는다.[45] 신자본주의 경제구조 안에서 여성의 일과 자연의 산물이 화폐경제로 들어가기 전에는 가치로 간주되지 않지만, 이런 경제지배구조에 의해 야기된 빚을 지불하기 위하여 여성과 자연이 착취된다. 신식민지 경제는 제3세계 국가들의 소규모 자급자족 농업을 수출용 환금작물로 대체시켰다. 국가부채를 갚기 위해 여성은 남성보다 더 힘들게 일하지만(아프리카 여성의 경우 식량생산의 60-80% 담당) 보상은 받지 못하며, 수출용 환금작물은 제3세계 자연자원을 황폐화시킨다.[46]

지구적으로 여성이 세계 식량 공급의 80%를 생산하기 때문에, 식량, 연료의 부족, 물 오염으로 인해 가장 직접적으로 영향을 받는 자들은 여성이다. 세계기아 현상은 기업세계화 안에서 발생하는 식량 생산과 분배의 불공평에 기인하며 동시에 제 1세계의 육식과 소비의 급격한 팽창에 있다. 수출을 위한 육축의 대량 생산은 산림 파괴로 인한 사막화, 물 오염 및 부족, 세계 기아의 주요 원인이 된다.[47] 또한 농업에 대한 생물학적 조작과 생명공학의 급속한 팽창은 여성과 동물의 몸을 지배하며 그리고 제3세계에 대한 경제적 착취를 가속화시킨다.[48] 여성의 몸과 여성의 삶에 대한 과학적 간섭은 여성의 재생산 권리에 대한 지식의 통제를 의미한다.

3. 신자유주의, 재생산 권리 그리고 종교 근본주의

여성의 재생산의 통제와 종교 근본주의의 연합이 어떻게 여성 종속을 강화시키는지 알아본다. 여기서 첨예한 논쟁은 인구 팽창이다. 인구 팽창이 생태계 위기를 악화시키는 주요 요소임에는 분명하나 인구 문제에 대한 서구적 관심은 젠더의 차원을 무시한다. 제1세계의 인구 조절 정책은 제3세계의 인구폭발을 제3세계의 제반 사회 및 환경 문제(기아, 산림벌채, 경제-정치적 불안정)의 근원으로 돌린다. 그러나 환경 파괴와 가난과 기아의 근원을 제3세계 인구의 문제로 돌리는 것은 인종 차별과 성 차별의 또 다른 형태이며 희생자들을 비난하는 또 다른 제국적 문화의 전형이다. 사실 생태계 위기와 지구적 가난을 심화시키는 근원은 지구의 부, 자원 그리고 힘의 불공평한 분배이며 제1세계의 과도한 소비에 있다.[49]

가난한 여성에게 피임법만을 장려하는 인구 조절 정책은 여성의 종속된 삶의 문제를 은폐시키고 과잉 인구의 문제를 여성의 책임으로 돌린다. 아이의 출산과 양육의 대부분이 여성의 일과 관련되어 있다면, 여성의 신분이 인구 조절에 결정적인 문제이다. 인구 정책은 여성의 교육, 사회적 권한 부여, 가족 및 공동체의 건강, 영양 및 적절한 고용 등 종합적 방법이 고려되어야 한다.[50] 1994년 카이로에서 열린 "인구와 개발에 대한 유엔국제회의"는 여성의 생식 건강과 사회적 발전을 여성의 본질적 인권으로 강조함으로써 인구 정책에 대한 종합적 접근 방법을 보여주었다. 카이로 협약은 누구나 자기 자녀수를 자유롭게 결정할 권리와 이를 위한 정보와 수단에 접근할 수 있는 권리를 선언했다.[51]

그러나 기독교 우파의 여성의 재생산 권리에 대한 무시는 여러 가지 형태로 표현되었다. 예를 들어, 이런 무시는 임신중절을 반대하는(anti-choice) 미국 기독교 보수파에서 잘 드러난다. 이들은 임신 9주 이후 태아(the fetus)를 인간으로 정의함으로써 임신의 순간부터 법적 인간으로 대우해야 한다고 주장하는 반면, 여성의 건강(특히 임신한 여성의 복지와 사회적 고통)에 대해서는 별로 관심을 기울이지 않는다. 이와 같은 여성과 여성의 몸의 권리에 대한 무시는 종교 근본주의의 부흥과 관계가 있다. 현대세속주의 거부, 교회와 국가의 일치를 통한 국가 종교의 강조, 그리고 타종교에 대한 관용의 거부를 특징으로 하는 종교 근본주의는 특히 여성 신분을 약화시키는데 결정적 역할을 해왔다.[52] 근본주의는 현대 세속주의에 대한 반발로 특히 가부장체제와 여성 종속의 이데올로기를 하나님의 명령 내지는 창조의 질서로 본다.[53]

종교 근본주의자들은 성 평등의 여성학적 이해와 성 차이의 종교적 이해를 구별한다. 이들은 문화적 상대주의와 차이에 대한 존경이라는 포스트모더니즘적 언어를 사용하여 남녀관계에 대한 다양한 문화 전통과 이로 인한 차이를 존중해야 한다고 역설한다. 다시 말해, 한 문화 전통 안에서 남녀차별은 다양한 문화의 한 부분으로 인정되어야 한다는 것이다. 따라서 종교 근본주의는 성 평등의 보편적 기준을 적용하려는 모든 노력을 "서구 문화 제국주의"로 특히 페미니즘을 "서구 문화 제국주의자"로 규정한다.[54] 페미니즘에 대한 종교 근본주의자들의 반발은 여성 신분과 역할을 약화 내지 악화시키며, 기업세계화는 여성의 낮은 신분을 착취하고, 이 둘의 연합은 여성 종속을 강화한다.

4. 세계화, 신자유주의 이데올로기와 종교 이데올로기

이제 세계화를 정당화하는 경제 이데올로기와 종교 이데올로기를 알아본다. 신자유주의 경제 이데올로기는 인간 본성에 대한 자유주의적 이해를 더 축소시켜 인간을 경제 동물(homo economicus)로 정의하는 유물론적 공리적 인간학에 기초해 있다. 유물론적 공리적 인간학에 의하면, 인간은 개별적 독립적 자율적 존재로 자기의 경제적 이익을 극대화하기 위해 행동하는 합리적 주체적 인간이다. 이런 경제적 이익의 극대화가 바로 인간의 행복을 결정하며 개인 이익의 극대화는 지구 자원의 무한성을 전제한다. 그러나 자기이익을 극대화하려는 개인의 본능적 욕구는 스스로 조절되는데, 왜냐하면 개인의 자기이익 욕구는 동시에 타인의 욕구와 만남으로 결국 아담 스미스의 보이지 않는 손에 의해 만인의 복지의 조화, 즉 공동의 선이 이뤄진다.[55]

신자유주의 이데올로기에는 세 가지 시장 신조(신화)가 있다. 3가지 경제 신조는 경제 성장의 공평한 혜택, 시장자유와 인간 자유의 동일시, 신자유주의의 불가피성이다. 그러나 세 가지 시장 신화들은 사실과 다르다. 첫번째 시장신조는 파괴적 경제 활동(기름 유출 사고나 산림파괴)도 성장으로 간주하며 부와 수입의 분배를 고려하지 않는다. 따라서 빈부격차가 심화되어도 전체 부는 증가하는 것으로 본다. 두번째 신조는 개인의 경제적 이익의 극대화가 인간의 행복을 결정하기 때문에, 시장 자유(투자해서 돈 버는 자유)는 바로 인간의 자유와 행복과 동일하게 된다고 본다. 하지만 이 신화는 초국적 기업과 소규모 지역 생산자들 사이의 불균형을 무시하므로 지구적 경제 지배 체제 하에서 지역 생산자들이 도산될 때, 이들의 복지는 고려되지 않으며, 지역 농부들이 그들의 농업 방식을 결정할 자유가 없음에도 불구하고, 이들의 자유의 박탈은 고려되지 않는다. 신자유주의 경제체제에서 보장되는 유일한 자유는 시장 자유뿐이다. 세번째 시장 신조는 신자유주의 경제체제가 자연적, 규범적이며 따라서 불가피하다는 것이다. 이 신화는 신자유주의 시장 원리는 자연의 본성과 신에 의해 주어진 창조의 질서를 따른 것으로 규범적인 것으로 간주한다. 사실 이런 시장 신화는 기업세계화가 창조 세계의 보존 및 복지를 위협하는 비 생태학적이며 인간 문화의 산물이라는 사실을 부정한다. 자연법과 하나님의 법에 호소하는 시장 신화는 신자유주의의 불가피성을 강화시키면서, TINA(There is no alternative) 신드롬을 야기시킨다.[56] 이런 경제 신화들은 인간의 무한한 발전을 의미하는 세속적 구원을 약속한다.

로즈마리 류터는 신자유주의 세속적 세계관 안에서 신학적 구조를 발견하면서, 기업 세계화를 인간학, 목적론과 구원론의 신학적 구조를 지닌 세속 종교로 정의한다. 기업 세계화는 세속 종교의 한 형태로 미국 엘리트가 신봉하는 시민 종교로 발전되었다. 한 세속적 종교 형태로서 신자유주의는 "가부장적 성적 근본주의"와 "메시아적 국가주의"라는 종교적 수사와 결합되어 세 가지 경제 신화들을 강화시킨다.[57] 미국이 세계의 한 모델로서 하나님으로부터 선택된 나라라는 메시아적 국가주의는 9/11테러 이후 테러와의 전쟁이라는 수사 안에 두드러지게 나타났다. 메시아적 국가주의의 종교적 언어는 헤브루의 묵시 종말론적 비전으로부터 기인한다.[58] 테러와의 전쟁은 선악의 묵시 종말론적 드라마 안에서 미국은 절대 악인 사탄의 세력을 물리치고 하나님의 절대 선을 이룩하기 위하여 하나님께서 선택하신 메시아적 국가이다. 미국은 마지막 때에 사탄의 세력으로부터 세계를 구하여 미국의 민주주의를 확립하기 위하여 테러에 대한 묵시 종말론적 전쟁을 이끈다. 악의 세력에 대한 미국의 군사적 정복은 세계에 하나님의 정의를 이루기 위한 정당한 수단이다. 따라서 적의 대학살을 야기시키는 힘 있는 자들의 폭력은 하나님의 정의의 도구가 되며, 힘 없는 자들의 자기방어의 항거는 하나님의 정의를 파괴시키는 악한자들의 폭력이 된다. 약한 자들의 자기방어를 악의 폭력으로 강한 자들의 군사적 폭력을 정의의 도구로 미화시키는 전쟁이데올로기는 사랑과 동정의 근원을 차단시켜 적에 대한 적개심을 고취시킨다.

이상에서 본대로 시민종교의 한 형태로 발전된 신자유주의 경제 지배체제 안에는 민주주의를 대표하는 시장 자유, 가부장적 성적 근본주의, 메시아적 국가주의의 이데올로기가 서로 얽혀있다. 미국식 민주주의를 대표하는 시장 자유는 대다수 약자의 자유와 복지가 감소됨에도 불구하고 보장되는 유일한 자유이다. 시장 자유의 세속적 언어는 가부장적 근본주의와 메시아적 국가주의의 종교적 언어와 서로 결합되어 기업 세계화를 정당화시킨다. 가부장적 근본주의는 여성신분을 약화시키며 메시아적 국가주의는 미국식 민주주의(시장 자유)를 세계에 이식하려는 메시아적 임무를 방해하는 모든 악의 세력을 군사적 힘으로 정복하는 것을 정당화한다. 필자는 지금까지 세계경제지배체제 안에서 발생하는 제3세계 부채, 식량 생산과 분배, 여성의 재생산 권리, 종교 근본주의 및 군사주의에 대한 에코페미니즘적 분석을 통해 여성 억압과 자연 착취의 상호 관계를 살펴보면서 기업 세계화가 종교적 수사와 결합되어 어떻게 여성과 자연 그리고 약자를 함께 착취하는지를 살펴보았다.

Ⅵ. 에코페미니즘의 윤리적 비전

지금까지 지구적 위기의 성격을 살펴보면서 생태계 위기는 인간 의식과 사회 체제의 총체적 변혁의 문제임을 확인하였다. 그리고 에코페미니즘의 정의, 기원 및 형성 과정을 검토하면서, 에코페미니즘이란 자연, 여성 및 타자에 대한 남성 지배의 문화적 사회적 패턴을 추적하는 비판 담론인 동시에 생명 공동체의 희망과 비전을 제시하는 실천 윤리 운동이라는 사실을 알아보았다. 이제 필자는 이를 기초해서 에코페미니즘의 윤리적 방향 및 전망을 세 가지로 제시해 본다.

첫째, 에코페미니즘은 현재 인류가 당면한 지구적 위기를 현대 문명의 패러다임의 위기로 진단한다. 지구적 위기의 성격에서 살펴본 대로, 환경 파괴의 세 가지 차원(미묘성, 부정의 및 복합성)은 생태계 위기는 과학 기술의 개선 및 환경 정책의 입안을 통해 해결될 수 있는 단순한 문제가 아니라 인간, 자연 및 신의 관계성을 결정짓는 인간 의식, 신념 및 가치, 즉 현대 문명(문화, 영성 및 윤리)의 위기이다. 이 위기를 한마디로 집약하면 인식의 위기이다. 레오나르도 보프가 지적한대로 "사물과 모든 것 위에(above things and above everything)" 서서 바라보는 우리의 자세 및 태도에 있다.[59] 지금 우리에게 시급한 것은 인간 이익을 확장하기 위하여 최소한의 자원으로 최대한의 재화를 생산해내는 과학적 지식이 아니라 우리의 욕망과 욕구를 지구공동체의 생명의 질서에 통합시키는 생태학적 전망이다. 이것은 지구적 재앙의 근원인 우리 자신의 회개(meatanoia), 즉 우리 의식과 가치 변화의 문제이다.[60]

둘째, 에코페미니즘은 가부장제 안에서 발생하는 자연착취와 여성억압의 연관성에 대해 검토하는 비판 담론이다. 기업 세계화 안에서 여성, 자연과 약자를 지배 착취하는 경제 및 종교 이데올로기를 검토하였듯이, 에코페미니즘 윤리는 가부장제 안에서 여성, 자연, 몸 그리고 약자를 착취하는 기본 심리 내지는 정신 구조를 비판한다. 이런 지배 착취의 정신 구조는 남성-문화, 여성-자연의 상징적 연결에 대한 쉐리 오트너의 설명과 모든 지배적 개념의 뿌리를 초월적 이원론으로 보는 로즈마리 류터의 해석 안에서 잘 드러난다.[61]

초월적 이원론에 기초한 가부장적 담론은 자연과 여성을 타자로 이미지화하여 야수, 수동적인 물질이나 기계로 보아 지배와 정복을 정당화한다. 가부장적 지배 담론은 자연, 여성과 몸에 대한 지배와 정복의 윤리로 인간(특히 남성)을 자연(여성)의 지배자 및 정복자로 본다.[62] 에코페미니즘은 환경 윤리도 여전히 남성 중심적 편견이 있다고 비판한다. 환경 윤리는 자연을 인간 중심적 지배와 착취로부터 지키는 보호의 윤리로 인간을 자연의 보호자 및 가치의 소유자로 본다. 즉 자연의 어떤 존재에 내재적 가치를 부여하여 주체의 영역에 포함시킴으로써 인간 남용으로부터 이들을 보호하기 위하여 환경 윤리는 추상적 보편적 이론 및 규칙을 논하는 가치 이론에 집중해 왔다.[63] 보호 윤리는 정복 윤리에서 인간이 자연을 죽은 물질이나 기계로 보아 이를 정복하는데 사용했던 이성을 이제는 자연을 보호하는데 이용한다. 이런 보호 윤리는 자연에 대한 인간의 공격적 이미지를 그대로 유지하여, 윤리의 목적은 인간의 공격적 본능을 제약하는 것이다. 여기서 윤리는 인간의 공격적 본능을 제거하거나 줄이기보다는 제약한다. 환경윤리가 가부장적 정복의 이미지에서 보호의 이미지로 바뀌었지만 정복과 보호의 이미지는 자연과 여성을 여전히 타자로 객관화시키는 가부장적 편견을 가지고 있다.[64]

셋째, 에코페미니즘은 지배착취 관계를 사랑과 정의의 상호관계로 회복시키는 관심 및 돌봄의 윤리를 제시한다. 에코페미니즘 윤리는 윤리적 딜레마에 대한 합리적 선택이 아니라 도덕적 선택 이전에 모든 생명에 대한 사랑과 관심을 강조한다.[65] 가부장적 담론은 윤리적 딜레마를 만들어내고 경쟁적 가치를 야기시켜 이에 대한 합리적 선택을 요구한다. 예를 들어 "우리가 물에 빠진 딸과 강아지 사이에서 누구를 구해야 한다면 둘 중 누구를 선택해야 하는가? 라는 질문은 전형적인 가부장적 담론의 윤리이다. 이런 윤리적 질문은 한 생명의 희생에 의해 한 생명이 구원된다는 윤리적 시나리오를 전제한다. 우리는 이런 가부장적인 윤리적 질문에 추상적 이론과 규칙을 동원하여 고상하게 대답하는 것을 거부하고 이런 이원론적 질문을 가능케 하는 가부장적 문화와 사회 체제에 도전하는 비판 담론이 필요하다.[66]

이런 비판 담론 안에 이미 생명에 대한 사랑과 비전이 들어있다. 에코페미니즘의 윤리는 전체 맥락 안에서 발생하는 우리의 사랑, 공감과 연민의 본능적 감정으로부터 시작한다.[67] 돌봄과 관심의 윤리는 의무, 권리 및 책임에 호소하면서 우리가 어떻게 우리의 본능적인 공격적 행위를 통제하여 자연이나 여성을 보호할 것이냐의 문제가 아니다. 오히려 가부장적 담론 안에서 허용되는 공격적 행위(예들 들어, 전쟁이나 동물 실험에서 허용되는 제도화된 폭력 등)를 줄이거나 금지하는 문화와 영성을 배양하기 위하여 가부장적 의식과 사회구조를 변혁하는 것이다. 돌봄과 공감의 윤리적 비전은 우리가 어떻게 왜 도덕적으로 행동해야 하는가에 문제라기 보다, 가부장적 담론이 왜 어떻게 여성과 자연과 약자를 착취해 왔으며 그래서 우리의 사랑과 공감의 감정을 차단하고 경쟁을 부추겨 왔는지 검토하면서, 사랑과 협동의 문화와 세계를 건설하는 것이다. 우리가 생명(특히 자연, 여성과 약자)에 대한 사랑, 관심과 연민을 실천하는 곳에서, 에코페미니즘의 돌봄의 윤리는 더 이상 추상적인 이상이 아니라 실천적 운동임을 확인하게 될 것이다.

VII. 나가는 말

필자는 본 논문에서 지구적 위기의 성격과 본질을 설명하면서 생태계 위기는 인간 의식과 사회 체제의 변혁을 요구하는 현대 문명의 위기임을 알아보았고, 에코페미니즘의 기원 및 발생 과정을 살피면서 에코페미니즘이 지구적 위기의 근원을 잘 파악하는 비판 담론이며 지구공동체의 통전적 비전을 제시해 줄 수 있는 윤리 담론임을 확인하였다. 또한 여성과 자연의 연합이 지배 관계를 상호 관계로 치유하는데 도움이 되는지에 대한 에코페미니스트들의 논쟁을 검토하면서 둘 사이의 연합은 심리적, 문화적, 사회적 구성임을 발견하였다. 그리고 필자는 자연 파괴와 여성 억압의 문화적 사회적 패턴을 찾아내어 생명 공동체의 대안적 전망을 제시하는 에코페미니즘의 통전적 비전을 로즈마리 류터로부터 발견하였다. 그리고 기업 세계화에 대한 로즈마리 류터의 생태 여성학적 비판적 분석을 통해 기업 세계화가 경제, 종교 이데올로기와 연합하여 어떻게 여성, 자연 및 약자들을 실제적으로 착취하고 소수의 엘리트들의 이익을 극대화하는 반면 지구적 가난을 심화시키는지 살펴보았다. 끝으로 가부장적 지배 관계를 사랑과 정의의 상호관계로 치유하는 에코페미니즘의 윤리적 비전을 인식의 위기, 비판 담론 그리고 돌봄과 공감의 감정 안에서 찾아보았다.

가부장제도 안에서 여성과 자연의 평가절하와 지배 착취는 여성만의 문제가 아니라, 인간 모두 특히 가부장 사회 안에서 소외된 인간 및 자연을 지배하여 그 대가로 특권을 누리는 지배 엘리트(남성)의 의식과 삶의 변화(회개), 그리고 이런 지배적 의식과 삶이 실행되는 가부장 사회체제 변혁의 문제이다. 필자는 에코페미니즘의 윤리적 비전을 여성뿐만 아니라 남성을 포함한 모든 생명이 구원되는 새 하늘과 새 땅의 성서적 비전 안에서 발견한다.

"보라 내가 새 하늘과 새 땅을 창조하리니 이전 것은 기억되거나 마음에 생각나지 아니할 것이라… 내가 예루살렘을 즐거워하며 나의 백성을 기뻐하리니 우는 소리와 부르짖는 소리가 그 가운데에서 다시는 들리지 아니할 것이며… 그들이 건축한 데에 타인이 살지 아니할 것이며 그들이 심은 것을 타인이 먹지 아니하리니 이는 내 백성의 수한이 나무의 수한과 같겠고 내가 택한 자가 그 손으로 일한 것을 길이 누릴 것이며… 이리와 어린양이 함께 먹을 것이며 사자가 소처럼 짚을 먹을 것이며, 뱀은 흙으로 식물을 삼을 것이니 나의 성산에서는 해함도 없겠고 상함도 없으리라 여호와의 말이니라." (이사야 65:17-25)

1) 지구 온난화란 대기 중에 증가된 온실가스가 지구표면의 열을 가두어 둠으로써 지구온도가 상승(온실효과)하는 것을 말한다. 인간이 만들어내는 온실가스 (주로 이산화탄소)의 약 3/4은 화석연료의 연소, 나머지는 주로 열대 다우림의 파괴로부터 기인한다. 지난 20세기에 지구 평균 온도가 화씨 1도(섭씨 0.6도. 한국은 1.6도 상승) 상승했는데 인간 삶의 획기적 변화가 없다면 앞으로 100년 안에 지구평균 온도가 약 화씨 10.4도(섭씨 5.8도)가 올라 해수면이 34인치(86cm) 정도 상승할 것으로 예측하고 있다. 서울은 해수면이 65cm 정도 상승하면 침수될 정도로 한반도는 지구온난화로 인한 환경재앙을 일차적으로 받는 국가들 중의 하나이다. 다음을 참조하라. Ross Gelbspan, *Boiling Points:* How Politicians, Big Oil and Coal, Journalists, and Activists Have Fueled the Climate Crisis--and What We Can Do to Avert Disaster (New York: Basic Books, 2004); James Gustave Speth, *Red Sky at Morning* (New Haven: Yale University Press, 2004); 온난화의 저주 1부(지구의 반격, 기상이변), 2부 (보이지 않은 공포, 오존) (KBS 1 TV 방영, 2004년 8월 7-8일).

2) 본 논문은 에코페미니즘이 현재 지구적 위기를 잘 진단하는 비판담론인 동시에 생명공동체의 비전을 제시하는 윤리적 담론임을 밝히는데 중점을 두므로, 여기서 에코페미니즘의 구체적인 기독교적 실천적 적용은 다루지 않는다.

3) Sallie McFague, *The Body of God*: An Ecological Theology (Minneapolis: Fortress Press, 1993). 첫째, 생태계 파괴의 미묘한 특성은 환경 파괴는 포착할 수 없을 정도로 천천히 일어나지만, 그 결과는 파국적이다는 사실에 있다. 알코올 중독으로 비유되는 환경 파괴의 이런 성격은 각종 환경 오염에 중독 되어 살아가는 현대인의 비 생태학적인 삶의 모습과 생태학적 무관심을 잘 보여준다. 둘째, 생

태계 파괴의 부정의한 측면은 환경오염에 가장 책임 있는 개인이나 집단이 환경오염으로부터 오는 피해를 가장 적게 입으며 오히려, 책임이 가장 덜한 자들이 가장 많은 피해를 본다는 사실에 있다. 환경으로부터 오는 혜택과 비용의 불공평한 분배는 환경문제란 사회문제와 연결되어 있다는 생태정의(ecojustice)의 필요성을 깨닫게 해준다. 셋째, 생태계 위기의 복합적 특성은 지구적 위기의 원인, 책임 그리고 그 해결책들이 너무나 복잡하다는 사실에서 드러난다. 우리가 생태학적 재난을 피해야 된다는 것에는 대부분이 동의하지만, 환경파괴의 원인(기술 및 환경정책의 부족, 인구팽창, 가난, 군사주의, 현대 산업물질문명, 이원론적 가치관 및 세계관) 및 해결책에 대한 이해가 서로 다르다. 생태계 위기의 세 성격은 생명의 본질인 상호관계성은 우리가 인식할 수 없을 정도로 깊고 복잡해서 생태계 위기는 개선된 과학기술 및 환경정책에 의해 쉽게 해결될 수 있는 문제가 아니라 인간의 자연에 대한 태도 및 관계를 결정짓는 현대문명의 위기임을 깨닫게 해준다.

4) 예를 들어, 허버트 마르쿠제(Hebert Marcuse)와 위르겐 하버마스(Jurgen Harbermas)와 같은 신 좌파들은 산업사회와 환경의 문제를 도구적, 기술 관료적 합리성의 지배 안에서 찾는다. 다음을 보라. Herbert Marcuse, One Dimensional Man (London: Routledge and Kegan Paul. Reprint. London: Abacus, 1972) and Jürgen Habermas, Toward a Rational Society: Student Protest, Science and Politics, trans. Jeremy J. Shapiro (London: Heinemann Educational Books, 1971)

5) Robyn Eckersley, *Environmentalism and Political Theory*: Toward an Ecocentric Approach, Albany: State University of New York, 1992.

6) Donella H. Meadows, Dennis L. Meadows, Jorgen Randers, and William

W. Behrens III., *The Limits to Growth*: A Report for the Club of Rome's Project on the Predicament of Mankind (New York: Universe, 1972) and Edward Goldsmith et al., *Blueprint for Survival* (Boston: Houghton Mifflin, 1972; repinted ed., Harmondsworth, U.K.: Penguin, 1972)

7) 세계 기아 프로젝트에 의하면, 식량의 공정한 분배의 가정 하에 세계인구가 채식을 위주로 할 경우 현재 지구생태계는 55억 정도의 인구(92년에 이미 55억 초과)를 부양할 수 있다. 사람들이 북아메리카와 같이 칼로리의 25%를 동물의 단백질로부터 섭취할 때, 지구생태계가 부양할 수 있는 적정인구는 28억에 지나지 않는다. 그러므로 인구팽창은 지구적 가난과 기아(하루에 4만명의 어린이가 기아로 죽는다)의 문제를 야기시킬 수 밖에 없다. 다음을 참조하라. Ruth A. Eblen, et. al., *Encyclopedia of the Environment* (Boston: Houghton Mifflin Company, 1994).

8) 자유(개인과 공동체의 자율), 시민의 민주적 참여 및 분배정의를 통하여 좋은 삶(the good life)을 추구하려는 참여 학파와는 달리, 구명선 윤리(lifeboat ethics)를 주장하는 생존학파의 주요학자인 게렛 하딘(Garrett Hardin)은 도덕적 윤리보다는 급박한 위기에 대처하는 행동원리를 강조하면서, 인간의 자유와 경제적 합리성의 비극적 힘과 구조를 경고했다. 따라서 생존 학파는 이런 지구적 재난을 피할 수 있는 방법은 "좋은 삶"을 추구하는데 있는 것이 아니라, 자연의 생명 질서에 맞는 "최소한의 삶"의 방법을 찾는데 있다고 주장한다. Robyn Eckersley, Ibid.

9) 문화위기 학파를 대표하는 환경정치 이론가들로는 William Leiss, Murray Bookchin, Bill Devall and George Sessons을 들 수 있다. William Leiss, *The Domination of Nature* (Boston: Beacon, 1974); Murray Bookchin, The Ecology of Freedom: The Emergence and Dissolution of Hierarchy (Palo

Alto, Cali.: Cheshire, 1982), *The Philosophy of Social Ecology*: Essays on Dialectical Naturalism (Montreal: Black Rose, 1990); Bill Devall and George Sessions, *Deep Ecology*: Living as if Nature Mattered (Layton, Utah: Gibbs M. Smith, 1985).

10) Robyn Eckersley, Ibid.

11) 에코페미니즘이란 용어는 드본느가 처음 사용했다. 1972년 드본느(Francoise d'Eaubonne)는 "자연 파괴는 남성 권력에 내재 되어있는 이윤동기에 기인한다"고 주장했고 그 후 2년 뒤 1974년 그녀의 책 『페미니즘이냐 죽음이냐』에서 여성이 생태학적 혁명의 중심에 서야 됨을 역설하면서 최초로 사용한 용어이다. 에코페미니즘에 기초를 놓았던 저서들은 다음과 같다. Rachel Carson, *Silent Spring* (New York: Houghton Mifflin Company, 1962); Rosemary Ruether, *New Women/New Earth*: Sexist Ideologies and Human Liberation (New York: Seabury, 1975); Mary Daly, *Gyn/Ecology* (Boston:Beacon Press, 1978); Susan Griffin, *Woman and Nature*; The Roaring Inside Her (San Francisco: Harper & Row, 1978); Elizabeth Dodson Gray, *Green Paradise Lost* (Wellesley: Roundtable Press, 1981); Carolyn Merchant, *The Death of Nature*: Women, Ecology and the Scientific Revolution (New York: Harper & Row, 1980)

12) 에코페미니즘의 최근의 발전에 대한 논의를 보려면 다음 자료를 참조하라. Vandana Shiva, *Staying Alive*: Women, Ecology and Development (London: Zed Books, 1988); Judith Plant, ed., *Healing the Wounds*: The Promise of Ecofeminism (Philadelphia: New Society, 1989); Irene

Diamond & Gloria Feman Orestein, eds., *Reweaving the World*: The Emergence of Ecofeminism (San Francisco: Sierra Club Books, 1990); Greta Gaard, ed., *Ecofeminism*: Women, Animals, Nature (Philadelphia: Temple University Press, 1993)

13) 독일 생물학자인 에른스트 헤켈(Ernst Haeckel)이 1866년 생태학이란 단어를 처음 사용했다. 그는 생물학의 한 분과로부터 시작된 생태학을 "유기체와 그 유기체를 둘러싼 외부세계 사이의 관계"에 대한 학문으로 정의했다. 환경(Umwelt)이란 용어는 1909년 생물학자 웩켈(Jakob von Uexküll)이 처음 사용했다. 다음을 보라. 프리초프 카프라, 『생명의 그물』, 김용정 옮김, 범양사, 2001.

14) 로즈마리 류터, 『가이아와 하느님: 지구 치유를 위한 생태 여성신학』, 전현식 옮김, 이대 출판사, 2003.

15) 인간중심적 생태학인 표층생태학은 자연을 도구적, 실용적 공리적 관점에서 바라본다. 인간은 환경과 구별되어 그 중심에 있으며 환경보다 우월한 존재로서 모든 가치의 근원인 반면, 환경은 인간 필요와 이익의 도구적 사용적 가치만을 지닌다. 따라서 환경은 그 자체를 위해 존재하는 것이 아니라 인간의 필요와 이익을 위해 도구 및 수단으로 존재한다. 반면에 심층생태학은 세계를 분리되고 고립된 개체들의 단순한 총합으로 보지 않고 모든 생명들이 하나로 통합되어 있는 상호의존적인 연결망으로 본다, 인간은 생명의 망의 한 구성원으로 결국 인간과 자연의 일치를 주장하는 확장된 자아의 개념으로 발전된다. 또 모든 생명은 본질적으로 스스로 가치(내재적 가치)를 지니며 따라서 모든 생명의 동일한 살 권리를 인정하는 생물권 평등주의가 나타난다. 다양성과 공생의 원리 안에서 생존경쟁과 적자생존은 무한한 경쟁을 통한 착취와 억압의 능력이 아니라 공존과 협력의 능

력을 의미한다. 다음을 참조하라. 문순홍, 『생태학의 담론』(솔, 1999) ; Bill Devall and George Sessions, *Deep Ecology: Living as if Nature Mattered* (Salt Lake City: Peregrine Smith Books, 1985).

16) 심층 생태학이 주장하듯이, 생태계를 파괴하는 것은 인간이지만, 그 중에서도 가부장체제 안에서 문화와 권력을 독점하는 남성이 자연을 더 많이 착취 파괴한다는 사실을 지적하면서, 에코페미니즘은 여성을 자연과 연합시켜 이 둘 모두를 함께 무시하고 착취하는 가부장적 지배 이데올로기를 검토한다. 그래서 에코페미니즘을 "Deeper than Deep Ecology"라고도 한다. 또한 에코페미니즘은 신자유주의 경제체제하에서 성, 인종, 계급, 국가 및 민족에 따라 세계를 다르게 경험한다는 사실을 지적하면서 인간 및 인간경험의 동일성이라는 심층생태학의 추상적 개념을 비판한다. Irene Diamond and Gloria Feman Orenstein, eds., *Reweaving the World*: The Emergence of Ecofeminism.

17) 페미니즘(여성학)은 여성이 별도의 종이 아니라 인간 종에 속한다는 단순한 주장이다. 여성이 인간이라는 페미니즘의 기본적인 주장이 실현될 때 남성뿐만 아니라 여성 인식의 근본적 변화와 가부장체제의 변혁을 수반하는 급진적인 결과를 수반할 것이다. 필자는 여기서 정치적 함의를 갖는 사회적 비전으로서의 페미니즘(가부장적 문화비판)과 학문적 방법으로서의 페미니즘인 여성학(남성중심주의 비판)은 상호 의존적이라고 보기에 별도로 구분하지 않고 사용한다. 다음을 보라. Rita M. Gross, *Feminism and Religion* (Boston: Beacon Press, 1996).

18) Rosemary Ruether, *Sexism and God-Talk*: Toward a Feminist Theology (Boston: Beacon Press, 1983).

19) Alison Jaggar, *Feminist Politics and Human Nature* (Totawa, N.J:

Rutgers University Press, 1983).
20) Carol Merchant, "Ecofeminism and Feminist Theory," in Irene Diamond and Gloria Feman Orenstein, ed., *Reweaving the World*.
21) Ruether, *Sexism and God-Talk*.
22) Ruether, *Sexism and God-Talk*.
23) 사회주의 여성학은 산업자본주의 안에서 생물학적-사회적 재생산이 생산에 종속되어 있음을 비판하면서, 생산과 재생산, 인간과 자연의 변증법적 관계를 강조한다. 이들은 인간과 자연을 역사적이며 사회적인 구성으로 본다. 즉 인간본성은 인간과 자연사이의 역사적으로 사회적으로 변하는 상호관계로부터 나온다. 따라서 여성과 자연의 해방은 개인적, 사회-정치적 차원에서 발생하는 힘의 관계의 분석을 필요로 한다. 사회주의 여성학은 인간과 자연의 관계를 역동적, 상호 관계적, 그리고 변증법적으로 봄으로써, 자연을 역동적이고 살아있는 실재로 본다. 그러므로 자연은 착취되는 수동적 대상이 아니라, 인간과 변증법적 관계성을 지니는 활동적인 주체가 된다. 이것은 인간은 자연과 생태학적으로 유지될 수 있는 관계를 가져야만 하다는 사실을 의미한다. Carolyn Merchant, *Radical Ecology: The Search for a Livable World* (New York: Routledge, 1992), 다음을 보라. Engels, Dialectics of Nature, ed. Clemens Dutt (New York: International Publishers, 1940).
24) 다음을 보라. Janis Birkeland, "Ecofeminism: Linking Theory and Practice," Gaard, ed., Ecofeminism: Women, Animals, Nature).
25) Carol Merchant, "Ecofeminism and Feminist Theory".
26) Ruether, *Sexism and God-Talk*.

27) 로즈마리 류터는 급진주의 여성학의 3가지 형태--즉 레즈비언 분리주의자 (Lesbian separatism), 여신종교(Goddess religion)와 여성 공동체(Women's work collectives)--를 설명하면서 이들의 분리주의적 관점의 한계를 지적한다. Ruether, *Sexisam and God-Talk*.

28) Sherry Ortner, "Is Female to Male as Nature is to Culture?" in Michelle Zimbalist Rosaldo and Louise Lamphere, eds., *Women, Culture and Society* (Stanford, CA: Stanford University Press, 1974). 그녀는 대부분의 문화 안에서 공통적으로 나타나는 성적 불균형의 세 가지 현상들--첫째, 여성의 임무와 역할을 덜 가치 있게 여기는 문화적 이데올로기, 둘째, 여성의 생물학적 재생산 때문에 여성을 불순하고 더러운 존재로 봄, 셋째, 공적 영역에서 여성의 배제--을 밝히고 있다.

29) 자연을 통제하는 문화의 이미지는 동양 종교인 불교, 도교와 동학에서는 낯선 개념이다. 헤브루 창조이야기에서도 자연에 대한 문화의 통제는 분명하게 나타나지는 않는다. 남성 지배, 자연 지배 그리고 계급 지배는 상당히 모호하게 나타난다. 로즈마리 류터,『가이아와 하느님』, 29-49를 보라.

30) Sherry Ortner. 그러면 무엇이 여성들을 남성보다 자연에 더 가깝게 보이도록 하는가? 오트너는 여성과 자연의 문화적 연합을 3가지 차원--여성의 생리 현상, 사회적 역할 그리고 정신--에서 설명한다. 첫째로, 여성의 생리 현상과 재생산 기능이 자연의 재생산 기능과 유사하다면, 남성의 생산은 문화의 창조적 힘에 가깝다. 둘째로, 여성의 재생산적 역할은 여성의 사회적 역할을 사적인 가사 영역에 제한시킨다. 셋째로, 자신들의 생리 현상에 기초한 여성의 사회적 역할은 여성에게 남성과 다른 정신 구조를 부여한다.

31) 급진주의 여성학의 정의와 범위는 여성해방론자들이 여성과 자연의 연합을 여성해방의 한 근원으로 보느냐 안 보느냐에 따라 다를 수 있다. 여기서 킹은 급진주의 여성학을 문화적이며 합리주의적인 관점을 포함하는 포괄적인 방법으로 정의를 한다면, 류터와 머천트는 급진주의 여성학을 킹이 사용하는 급진적 문화적 여성학으로 제한적으로 사용한다.

32) Ynestra King, "Healing the Wounds: Feminism, Ecology and the Nature/Culture Dualism," in Alison M. Jaggar and Susan R. Bordo (eds.), *Gender/Body/Knowledge/Feminist Reconstruction of Being and Knowledge* (New Brunswick, NJ: Rutgers University Press, 1989). 현대 여성학의 어머니인 시몬느 드 보부아르가 급진적 합리주의 여성학을 대표하는데, 그녀는 여성과 자연의 연합을 여성을 남성과 동일한 인간이 되지 못하게 하며 남성과 동일한 권리를 확보하려는 여성의 투쟁을 약화시키는 성 차별적인 음모라고 강하게 비판한다. 쉐리 오트너도 여성과 자연의 상징적 연합을 강조함으로써 여성이 실제로 남성보다 자연에 더 가깝지 않다는 것을 보여주려고 하기 때문에 여성과 자연의 연합을 여성 해방의 한 근원으로 보려는 어떤 여성주의적 시도를 거부한다. 그러나 여성의 자연(재생산)의 영역을 여성 종속의 근원으로 보는 드 보브와르와는 달리 오트너는 여성과 남성 모두 문화적이며 자연적이라는 사실을 확인하려고 한다. 다음을 보라. 이소영 외, 『자연, 여성, 환경: 에코페미니즘의 이론과 실제』(한신문화사, 2000); 김은혜, "자연과 여성사이의 연관성에 대한 생태여성주의와 여성신학의 대화," 한국기독교 신학논총 vol. 30 (2003. 10).

33) 자연과 여성의 연합을 해방적으로 보며 강조하는 급진적 문화주의에 속하는 생

태여성학자로는 메리 데일리(Mary Daly), 수잔 그리핀(Susan Griffin), 스타호크 (Starhawk), 스프레트낙(Charlene Spretnak)을 들 수 있다. 다음을 보라. 이소영 외, 『자연, 여성, 환경』. 제 3장에서 설명한 급진주의 여성학은 급진적 문화주의 여성학을 의미한다.

34) 본질주의(essentialism)란 여성은 남성과 달리 생물학적 혹은 영적으로 자연과 밀접하게 연결되어 있는 본질적 본성을 소유하고 있다는 주장이다. 대부분의 에코페미니스트들은 이런 견해는 모든 생명의 상호 연결이라는 에코페미니즘의 통전적 비전에 맞지 않는다고 주장한다. Greta Gaard, ed., Ecofeminism.

35) 성의 사회적 구성을 위해서는 다음을 보라. Henrietta L. Moore, *Feminism and Anthropology* (Minneapolis: University of Minnesota Press, 1988). 사회 여성학과 사회주의 여성학은 성의 사회적 구성을 강조한다. 이들은 여성 착취와 자연 파괴의 상호 연결을 직시하지만, 사회적으로 구성되고 이데올로기적으로 강화되는 자연과 여성의 연합의 지나친 강조는 오히려 여성 해방에 방해가 될 수 있다고 봄으로서 이 연결을 경시한다. 이들은 여성과 남성은 성역할(사적 영역과 공적 영역)의 재균형을 통해 자연적이며 동시에 문화적이어야 한다고 주장한다. 성의 사회적 구성을 강조하는 에코 페미니스트들로는 도로시 디너스타인(Dorothy Dinnerstein), 카렌 워렌(Karen Warren), 마리아 미즈(Maria Mies)와 반다나 쉬바(Vandana Shiva)가 있다. 다음을 보라. 이소영 편역, 『자연, 여성, 환경: 에코페미니즘의 이론과 실제』, 한신문화사, 2000. 제3장에서 설명한 사회주의 여성학을 참조하라.

36) Rosemary Ruether, "Ecofeminism: Symbolic and Social Connection of the Oppression of Women and the Domination of Nature," in Ecofeminism

and the Sacred, ed., *Carol J. Adams* (New York: Continuum, 1993). 로즈마리 튜터는 사회 문제와 환경 문제의 깊은 연관성을 통찰하고 특히 신학의 분야에서 에코페미니즘의 영역을 개척 발전시켜왔다. 이 분야에 대한 그녀의 최초의 논문을 보라. Rosemary Ruether, "Mother Earth and the Megamachine," *Christianity and Crisis*, 13 December, 1971. 그녀에 의하면, 두 억압의 상호연결은 문화 상징적 차원과 사회경제적인 두 차원이 서로 결합되어 있으며 전자의 지배 종속의 이데올로기는 후자의 사회 지배 체제를 정당화하는 상부 구조로 작용하며 동시에 지배착취 이데올로기는 사회지배체제에 의해 강화된다. Rosemary Ruether, "Ecofeminism: The Challenge to Theology," Eds., Dieter T. Hessel and Rosemary Ruether, *Christianity and Ecology: Seeking the Well-Being of Earth and Humans* (Cambridge: Harvard Press, 2000).

37) 다음을 보라. Carol P. Christ & Judith Plaskow, eds., Womenspirit Rising: A Feminist Reader in Religion (New York: HarperCollins Publishers, 1992) ; *Weaving the Visions*: New Patterns in Feminist Spirituality (New York: HarperCollins Publishers, 1989).

38) 다음을 보라. Andrew Light and Holmes Rolston III, *Environmental Ethics: An Anthology* (Malden: Blackwell Publishing, 2003).

39) McGrew Held, et. al., Global Transformations-Politics, *Economics and Culture* (Cambridge: Polity Press, 1999).

40) Rosemary Ruether, Integrating Ecofeminism, *Globalization and World Religions* (Lanham: Rowman & Littlefield Publishers, Inc., 2005).

41) 기업 세계화는 신자유주의 및 경제 세계화와 같은 의미로 사용되며, 그 특징은 초고속 성장을 통한 무제한적인 지구 자원 착취, 공동 서비스, 세계 및 지역 공동 자산의 사유화 및 상품화, 세계 문화 및 세계 경제의 동질화, 수출 주도의 무역과 투자, 기업 규제 완화 및 폐지, 자유로운 국가간 자본 이동, 기업 집중의 증가, 보건, 사회 및 환경프로그램의 해체, 초국적 기업 엘리트들의 권력 집중 등을 들 수 있다. 다음을 보라. 세계화 국제포럼, 『더 나은 세계는 가능하다: 세계화, 비판을 넘어 대안으로』, 서울: 필맥, 2004.

42) 류터는 식민주의를 세 단계(1단계: 15세기-19세기 초, 2단계: 19세기 중엽-1950년대, 3단계: 1950년대 이후 신식민지 시대)로 나눈다. 1단계는 유럽 국가들의 아메리카 신대륙에 대한 식민지 개척으로 시작하여 미국의 독립이 이뤄지는 시기이며 2단계는 유럽 국가들이 아시아, 중동국가 그리고 아프리카를 직접 분할 통치했던 시기이다. 제 3단계는 제2차 세계대전이후 식민지 국가들이 정치적으로 독립이 되지만 외교 정책과 경제적 부를 백인 정착민이 통제함으로써 대중의 가난과 착취가 계속되는 신식민주의의 시대를 말한다. Ruether, Integrating Ecofeminism, *Globalization and World Religion.*

43) 브레톤 우주체제는 세계은행, 국제통화기금(IMF) 그리고 세계 무역기구(WTO, 1995년 설립)를 말한다. 전후 유럽의 재건을 위해 세계 주요 지도자들이 1944년 브레톤우주(미국 뉴햄프셔주)에 모였는데 이 회의를 시작으로 세계은행과 국제통화기금이 설립(1944-47년)되었고 그 회원국인 G-8(서방선진 8개국) (미국, 영국, 프랑스, 독일, 일본, 이태리, 캐나다, 러시아 -1997년 합세) 이 기금을 독점하고 결정을 통제한다.

44) 다음을 보라. Ruether, ibid. 세계 인구의 20%가 지구 자원의 85%을 독점하고, 세계 최고 부자 3명의 부가 가난한 48개국의 부를 능가하며, 세계 인구의 절반은

하루 2달러로, 세계 인구의 20%인 12억은 하루 1달로 연명하며 살아간다. 수잔 조지, 〈외채 부메랑: 제3세계 외채는 어떻게 우리 모두를 해치는가〉(당대, 1999). 세계화로 인한 민족 갈등을 보려면 다음의 책을 보라. 에이미 추아, 『불타는 세계, 부광, 2004.

45) 예를 들어, 수도관을 통해 전달되는 물은 화폐 가치가 있지만, 여성들이 우물로부터 자기 집으로 직접 나르는 물은 화폐 가치가 없다. 신선한 물의 원천인 깨끗한 호수는 이 회계 체제 안에서 가치가 없지만, 오염된 호수의 청소 활동은 수입으로 계산된다. 식량 및 연료를 공급하는 살아있는 숲은 벌목되어 상품으로 가공될 때까지 가치로 계산되지 않는다. 다음을 보라. Andrew Light and Holmes Rolston III, Environmental Ethics: An Anthology (Malden: Blackwell Publishing, 2003). 그래서 존 캅은 GNP 대신 지속 가능한 경제적 복지 지수(ISEW, Index of Sustainable Economic Welfare)를 제시한다. 이 지수는 가계 내의 용역(예, 가정주부의 기여)이 포함되며, 방어적 비용(예, 경제성장에서 수반되는 사회적 변화(도시화)에서 발생되는 비용)은 공제된다. 경제적 성장과 사회 복지 사이의 분리는 다음과 같은 사실에서 드러난다. 미국에서 1971년에서 1990년까지 1인당 GNP가 43% 증가(5405달러에서 7756달러)했지만, 오히려 1인당 ISEW는 5% (3425달러에서 3253달러) 감소했다. GNP 증가는 복지증가를 의미하는 것이 아님이 드러난다. 다음을 보라. Andrew Light, Environmental Ethics, 365; C. W. Cobb and J. B Cobb, *The Green National Product*: A proposed index of sustainable economic welfare (Lanham, MD: University Press of America, 1994).

46) 예를 들어, 인디아의 열대 숲에 비 토착적인 환금작물이 대체되면서 수반되는 산림벌채와 물 부족 현상은 여성들의 일(물 기르기와 땔감 구하기 등)을 가중시켰다. 여

성들은 개발 프로젝트 하에서 불공평한 부담을 져야한다. 제1세계의 풍요는 제3세계의 자연자원과 노동(특히 여성노동)의 착취에 기초해 있으며, 부채와 자연자원 그리고 (여성)노동의 교환은 기업세계화라는 부정의한 경제지배체제 하에서 발생하는 구조적 악이다. 다음을 보라. 반다나 시바, 『살아남기: 여성, 생태학, 개발』, 서울: 솔, 1998, 유엔사회개발연구소, 『벌거벗은 나라들: 세계화가 남긴 것』(한송, 1996).

47) Andrew Light, *Environmental Ethics*, 다음을 보라. 레제미 리프킨, 『육식의 종말, 시공사, 2002.

48) 다음을 보라. 반다나 시바, 『자연과 지식의 약탈자들, 당대: 2000.

49) 제1세계는 제3세계보다 육류는 52배, 종이는 115배, 에너지는 35배를 더 사용한다. 세계인구의 5%인 미국이 재생 불가능한 세계 에너지의 1/3을, 지구자원의 1/4을 독점하고, 미국인은 제3세계보다 에너지를 300배 더 사용한다. Andrew Light, *Environmental Ethics*.

50) 한국 여성의 출산율 저하와 제3세계의 인구팽창의 심각한 사회적 문제는 여성의 본질적인권의 문제(여성의 재생산 권리와 여성의 사회적 신분)로부터 발생한 반대적 현상이다.

51) Ruether, Integrating Ecofeminism, *Globalization and World Religions*.

52) Ibid. 다음을 보라. Martin Marty, ed., Fundamentalisms and Society: Reclaiming the Sciences, *the Family and Education* (Chicago: University of Chicago Press, 1994).

53) 다음을 보라. 로즈마리 류터, 『성 차별과 신학』, 안상님 옮김, 대한기독교 출판사, 1985.

54) Ruether, Integrating Ecofeminism, Globalization and World Religions.
55) Ruether, ibid.; Cynthia Moe-Lobeda, *Globalization and God*: Healing a Broken World (Minneapolis: Fortress Press, 2002).
56) 다음을 보라. Ruether, ibid.; Cynthia Moe-Lobeda, Ibid. Vandana Shiva, *Monocultures of the Mind*: Perspectives on Biodiversity and Biotechnology (London: Zed Books Ltd., 1993). 반다나 시바는 TINA 신드롬의 정신적 근원을 다양성을 배제하여 다른 대안을 생각하지 못하게 하는 획일화된 정신 문화 안에서 찾는다.
57) Ruether, ibid. 가부장적 성적 근본주의에 대해서는 위에서 종교 근본주의가 여성의 재생산 권리를 무시하고 악화시키는 것 안에서 이미 알아보았다.
58) Ruether, *Gaia and God*: An Ecofeminist Theology of Earth Healing (San Francisco: HarperCollins, 1992); *The Radical Kingdom*: The Western Experience of Messianic Hope (New York: Paulist Press, 1970). 헤브루 묵시 종말 사고의 핵심은 하나님이 의로운 자를 옹호하시고 악한 자를 징계하여 하나님의 정의를 실현하는 예언자적 정신이다. 예언자적 전통으로부터 유래한 묵시적 비전이 사회적 불의에 대항하는 용기와 힘을 제공해주었으나 동시에 절대선(하나님)과 동일시되는 우리 집단은 구원을 받지만 절대악(사탄)과 동일시되는 타자 집단은 심판받는다는 선악이원론으로 변질되는 위험이 있다. 묵시 종말론적 드라마 안에 나타나는 예언자적 비전과 이원론적 경향은 기독교 묵시론의 여러 형태인 요한계시록, 어거스틴, 청교도, 19세기 미국개신교, 냉전과 핵전쟁 위기, 생태적 재난 그리고 기업세계화안에 내재된 군사주의 안에서 잘 드러난다.
59) Leonardo Boff, Cry of the Earth, *Cry of the Poor* (Maryknoll: Orbis

Books, 1997). 본 논문 제 3장「생태학」을 참조하라.

60) 의식의 변화는 다음과 같은 윤리적인 질문과 도전을 의미한다. "모피 코트를 입은 여성에게 다가가서 모피 코트 하나를 위해 얼마나 많은 동물들이 죽었는지, 얼마나 많은 고통을 당했는지 당신은 알고 있냐고 묻는 것이다. 다른 사람들이 죽음을 보는 모피 코트에서 이 여성으로 하여금 아름다움을 보게 하는 그 문화에 도전하며, 그녀가 모피의 아름다움을 즐기기 위해 무수한 다른 생명들(모피 코트 하나를 위해 약 40마리의 동물이 고통 속에 죽어간다)이 죽었다는 것을 알려주는 것이다." Greta Gaard, Ecofeminism.

61) 필자는 본 논문 4장에서 문화를 독점하는 남성이 여성을 대상화된 자연과 연합하여 자연, 여성 및 타자를 지배 착취하는 문화적 이데올로기가 거의 모든 문화 안에서 발생하는 보편적 현상임을 알아보았다. 로즈마리 류터는 지배와 정복의 정신구조의 근원을 초월적 이원론(정신/몸, 문화/자연, 남성/여성, 인간/자연, 제1세계/제3세계)으로 보며 이런 이원론은 죽음과 몸의 두려움에 기초한 남성의 초월의식에서 기인한다고 본다. 다음을 보라. Rosemary Ruether, *New Women New Earth.*

62) 다음을 보라. 로즈마리 류터,『가이아와 하느님』; Carolyn Merchant, The Death of Nature: Women, Ecology and the Scientific Revolution; Elizabeth Dodson Gray, Green Paradise Lost; Susan Griffin, *Women and Nature.*

63) 환경(생태)윤리학자들은 우리가 권리, 도덕적 책임 및 의무를 어디까지 (인간의 이익, 미래세대, 다른 생명체, 멸종위기에 처한 종들, 그리고 자연 생태계) 확장하느냐를 논하기 위하여 다양한 원리 및 가치들을 검토한다. 다음을 보라. 전현식,『에코페미니즘과

신학, 한들출판사, 2003.
64) Greta Gaard, *Ecofeminism*.
65) Iris Murdoch, *The Sovereignity of Good* (London: Cox and Wyman, 1970).
66) Greta Gaard, *Ecofeminism*.
67) 캐롤 길리건은 여성의 윤리적 행위는 타자와의 관계성, 그리고 공감과 돌봄의 감정으로부터 연유하는 경향이 있다면, 남성의 윤리적 사고는 의무, 권리와 정의라는 추상적 원칙에서 기인하는 경향이 있다고 주장한다. 도덕적 행위와 사고에 있어 남녀 차이에 대한 길리건의 주장은 도덕적 사고를 양극화한다는 비판을 받기도 하지만, 가부장적 담론 안에서 무시 평가절화 되어온 돌봄, 관심 및 공감의 감정의 중요성을 재평가하는 데 큰 공헌을 하였다. Carol Gilligan, *In a Different Voice*: Psychological Theory and Women's Development (Cambridge: Harvard University Press, 1982).

▼ 논찬2.

"에코페미니즘, 세계화 그리고 윤리적 비전"에 관한 논찬

원 경 림 (경민대학교)

에코페미니즘을 이해하기 위해 관련 학문과 주제들을 상세하게 논의해 주신 전현식 교수님께 감사를 표한다. 논찬을 크게 두 부분으로 나누어 전개하고자 한다. 첫째는 전현식 교수님의 글을 다시 한번 간단하게 요약하고, 두 번째는 그 글의 공헌과 한계에 대해 간략하게 언급하고자 한다.

전현식 교수는 들어가는 말에서 지구 온난화는 자연 현상이 아닌 인재이며 기존 에너지 정책의 변화와 인간 의식 및 삶이 회개를 촉구하는 현실이라는 사실로부터 논의를 전개하고 있다. 지구온난화는 현대인이 지향하는 무한한 성장의 허구성과 이런 경제적 신화를 실현하려는 인간 중심적인 비윤리적 가치와 삶에 대한 경종이라는 것이다. 이에 IPCC(기후 변화에 관한 정부간 패널)의 발표는 인간의 윤리적 책임성을 묻는 물음이라고 지적한다.
이러한 생태계 위기에 맞서 에코페미니즘이 어떠한 역할과 비전을 줄 수 있는지를 논의의 주제로 삼고 있다. 특히 생태계 위기는 지구 온난화로 대표되는 환경 문제와 환경 재앙을 가속화시키는 신자유주의 세계경제지배체제와 서로 얽혀 있기 때문에 자연 파괴와 인간 억압의 상호 연결을 분석하는 비판 담론인 에코페미니즘의 해석학적 방법으로 분석하는 것이 필요하며, 이 분석이 지배 착취 관계를 상호 관계로 회복시킬 수 있는 윤리적 분석을 제시한다는 것을 주장한다.

전현식 교수는 본 논문에서 크게 다섯 부분으로 나누어서 논의를 전개하고 있다. 첫째 단원에서 지구적 생태계의 위기는 단지 개혁의 문제가 아니라 인간 의식과 사회 체제의 총제적인 변혁의 문제임을 상기시키고 있다. 특히 이 논의와 관련하여 그는 생태계 위기를 문화의 위기로 파악하는 문화학파의 논의에 동조하는데, 문화학파가 정의 문제에 중점을 두는 참여 위기와 환경 문제에 중점을 두는 생존 위기의 두 관점을 종합함으로써 다양한 형태의 지배관계를 사랑과 정의에 기초한 상호 관계로 치유할 수 있는 생태학적 의식과 윤리를 제시할 수 있다고 주장한다.

둘째 단원에서 그는 에코페미니즘이 문화학파의 이념과 비전을 이어받아 지구적 위기의 근원을 파악하는 비판 이론인 동시에 생명공동체의 대안을 제시하는 실천 윤리가 될 수 있다는 사실을 밝히기 위하여 에코페미니즘의 기원 및 형성 과정을 분석하고 있다. 이 분석에서 그는 생태학과 여성학의 논의들을 간략하게 소개하고 있다. 여기에서 그는 특히 심층 생태학이 놓친 주제들 즉 계급 차별, 성차별, 인종차별, 신식민주의 등 다양한 억압 형태의 상호연관성에 대한 정치사회적 분석이 결여되어 있는 점을 서술하면서, 에코페미니즘의 분석이 생태계 위기의 근본원인을 더 깊이 추적한다는 점에서 심층 생태학을 넘어선다는 것을 명확하게 지적하고 있다. 그는 또한 여성학의 흐름을 자유주의 여성학, 사회주의 여성학, 급진주의 여성학으로 구분하였는데, 이들 각각의 이론들이 어떻게 가부장제를 극복하고 여성뿐만 아니라 남성을 포함하여 온전한 인간성의 회복을 위해 기여하여 왔는지 제시하고 있다. 이들 세 형태의 여성학이 인간 본성과 인간과 자연의 관계성, 그리고 여성과 자연의 연관성에 중점을 두어 검토하였다는 사실과 에코페미니즘의 이론을 발전시키는데 기여하였음을 밝히었다.

셋째 단원에서 전현식 교수는 여성 억압과 자연 착취의 상호 관계성을 분석하고 있다. 여성과 자연을 연관시키는 논의들이 여성 해방과 자연 해방에 도움이 되는지, 아니면 여성과 자연에 대한 기존의 가부장적 지배를 고착화하고 있는지 언급하면서 그는 이네스트라 킹의 분석 방법에 의거하여 합리주의적 접근 방법과 문화적인 접근 방법을 구분하였다. 즉 급진적 합리주의 여성주의자들이 여성과 자연을 결합시키는 논의가 여성 억압을 강화시킨다고 보는 반면, 급진적 문화주의 여성주의자들은 여성과 자연의 결합이 잠재적으로 해방적인 방법이 될 수 있다고 본다는 사실을 소개하고 있다. 특히 후자의 방법이 여성과 자연, 여성학과 생태학의 결합을 지지함으로써 여성과 자연을 가부장제적 남성 지배체제로 해방시킬 수 있는 힘의 토대를 제공하며, 에코페미니즘에 좋은 이론적 실천적 기초를 제공한다고 밝히고 있다. 그러나 급진적 문화주의 여성학이 분리주의적 한계를 지니고 있기 때문에 성의 사회적 구성을 강조하는 사회적 여성학과 사회주의 여성학이 논의하는 바 성의 사회적 구성을 충분히 분석해야 할 필요가 있음을 제시하고 있다.

넷째 단원에서 그는 여성 억압과 자연 착취가 문화의식과 사회 구조 안에서 상호 연결되어 있기 때문에 자연과 여성의 연합에 대한 합리주의, 문화주의, 사회주의적 견해를 역동적으로 종합할 필요가 있으며, 이러한 종합이 다양한 지배관계들의 문화적 사회적 패턴을 찾아내는 통전적 접근이 될 수 있다고 논의한다. 특히 여성과 자연에 대한 가부장적 지배의 최근 형태인 기업세계화가 어떻게 자연을 파괴하고 여성 억압을 강화하고 있는지 언급하고 있다. 그는 여성의 일과 자연의 산물이 국가 부채를 갚아야 하는 경제구조 안에서 착취되고 있을 뿐 아니라 신자유주의 구조 안에서 더욱 가속화되고 있음을 지적하고 있다. 나아가서 전현식 교수는 신자유주의의 문제를 재생산 권리와 종교 근본주의와 관련시켜 논의함으로 인식의 지평을 확장하는데 기여하고 있다. 이 논의에서 제3세계의 인구팽창이 비록 생태계의 위기를 심화시키는 면이 있지만 이보다 더 근본적인 생태계의 위기는 제1세계의 과도한 소비에 있음을 명확하게 지적하고 있다. 즉 신자유주의에 입각한 세계의 힘의 불공평한 분배에서 그 원인을 찾고 있는 것이다.

다섯째 단원은 특별히 우리의 관심을 끄는 것인데, 로즈마리 류터의 이론이 자연과 여성의 연합에 대한 합리주의, 문화주의, 사회주의적 견해를 종합하여 다양한 지배관계들의 문화적 사회적 패턴을 찾아내는 통전적 비전을 제시한다고 본다. 그리하여 에코페미니즘이야말로 여성 억압과 자연 착취 사이의 문화적 사회적 관계를 찾아내어 지배관계를 상호관계로 치유하는 윤리 이론 및 사회실천운동으로 정의한다. 이러한 입장을 전제로 하여 그는 기업세계화가 어떻게 여성과 자연에 대한 억압을 강화하고 있는지 분석하고 있다. 특히 신자유주의적 기업 세계화와 종교근본주의가 여성의 재생산을 통제하는 일에 연합하여 여성의 신분을 약화시키고 여성 종속을 강화시키고 있다는 사실을 밝혀내었다. 신자유주의 경제 지배체제 안에 내재되어 있는 시장자유, 가부장적 성적 근본주의, 메시아적 국가주의 이데올로기들이 서로 얽혀 여성과 자연 그리고 약자의 착취를 가속화, 정당화하고 있다는 것이다.

간략하지만 명쾌한 논의를 거쳐 전현식 교수는 다섯째 단원에서 에코페미니즘의 윤리적 방향과 전망을 세 가지로 제시한다. 첫째, 에코페미니즘은 생태계 위기는 지구적 위기로써 인간 의식, 신념 및 가치 즉 현대 문명의 위기로 정의하며, 이를 해결하기 위해서는 존재의 의식과 가치의 변화를 요구하게 된다고 논한다. 둘째, 에코페미니즘은 가부장제 안에서 여성, 자연, 몸, 그리고 약자를 착취하는 기본 심리 내지는 정신 구조를 비판하면서 환경 윤리나 보호 윤리를 넘어서는 해석학적 도구가 된다고 논한다. 셋째, 에코페미니즘의 윤리는 지배 착취 관계를 사랑과 정의의 상호 관계로 회복시키는 관심 및 돌봄의 윤리를 제시하는 것으로써 추상적 이상이 아니라 실천적 운동이라고 논한다.

전현식 교수님의 논문은 에코페미니즘과 관련하여 생태학과 여성학적 논의들과 여성과 자연의 연합에 대한 합리주의적, 문화주의적 관점들이 어떻게 수렴되는지 분명하게 제시함으로써 에코페미니즘의 비판적 해석학적 역할을 분명하게 언급하고 있다. 또한 여성 억압의 문제를 기업 세계화와 관련시켜 논의함으로써 각각의 각론을 충실하게 발표했을 뿐 아니라, 이들 주제들의 관계성을 밝히고자 노력하였다는 점에서 학문적으로 공헌하는 바가 높다. 그리하여 이 논문은 여성 억압의 문제들과 관련하여 현재 어떤 논의들이 진행되고 있는지 명확하게 제시하여 주었다는 점에서 기여한 바가 높다. 근래에 에코페미니즘에 대한 논의들이 각 분야에서 활발하게 진행되고 있지만 세계화 혹은 신자유주의, 종교 근본주의와의 관계를 논한 글들은 많지 않은 상황에서 이들의 관계를 지적하고 논의하여 주신 것에 대해 논찬자는 많은 가르침을 받을 수 있었다.

그러나 논찬자의 의무를 다하여서 토론의 활성화를 위한 실마리를 삼고자 몇 가지 문제를 제기하고자 한다.

첫째, 본 논문이 경제 세계화와 종교 근본주의 이데올로기가 연합하여 여성과 자연을 착취한다는 것을 언급하였지만, 그러나 아쉬운 점은 경제 세계화와 종교 근본주의 이데올로기가 특별히 여성의 삶을 어떻게 억압하고 있는지에 대한 분석이 좀 더 체계적으로 제시되어 있지 않다는 점이다. 물론 논문에서 인구 팽창의 문제를 여성의 인구 조절 능력으로 볼 수 없음을 언급하면서 그것은 제1세계의 분배 불균형과 육식과 소비의 급격한 팽창에 있음을 지적하였지만, 그것만으로는 여성 억압에 대한 논의가 불충분하다. 제1세계의 그러한 정책이 제3세계 여성 뿐 아니라 남성을 포함한 모든 민중과 자연을 억압하고 착취하는 것으로 볼 수 있기 때문에 그러한 구조가 특별히, 어떤 면에서 남성보다 여성을 더 심하게 억압하고 있는지 더 많이 논의되어야 한다. 나아가서 신자유주의적 기업 세계화와 에코 페미니즘이 어떠한 관련이 있는지, 신자유주의적 기업 세계화와 여성의 재생산 권리의 관계가 어떠해야 하는지에 대해 더 많은 논의들이 제시되어야 한다고 본다.

둘째, 첫 번째 질문과 같은 맥락에서 제안하자면, 신자유주의가 제3세계에서 여성과 자연을 어떻게 억압하고 있는지를 밝히기 위해서는 '고용의 여성화', '이주 노동의 여성화', '빈곤의 여성화'의 문제들에 대해서도 더 자세하게 언급할 필요가 있다고 제안한다.

셋째, 전현식 교수께서는 로즈마리 류터의 '돌봄의 윤리'가 가부장적 의식과 사회 구조를 변혁시킬 수 있는 윤리적 비전을 제시할 수 있다고 논의하였는데, 이러한 돌봄의 윤리가 현실적으로 신자유주의적 기업 세계화라는 엄청난 힘의 세력과 군사주의에 대항할 수 있는 윤리적 대안이 될 수 있는지 다시 한번 묻고 싶다. 기존 에너지 정책의 변화와 인간 의식 및 삶의 회계가 없으면 이 문제를 해결할 수 없다고 말씀하신 것에는 충분히 공감하지만, 너무나 강한 신자유주의 이데올로기와 그것을 지원하고 있는 군사주의에 기초한 생태계 파괴, 인간의 삶의 근본을 망가뜨리는 것에 대항하여 돌봄의 윤리를 제안하는 것이 불충분한 것은 아닌지, 돌봄이 대안적 윤리가 될 수 있지만 때로는 돌봄이 현실적인 가부장적인 구조 속에 있는 여성들의 수동성과 희생을 강화시키고 지속시키는 이데올로기로 전환될 위험성은 없는지에 대해 어떠한 생각을 하시는지 교수님의 의견을 듣고 싶다. 논찬자는 오히려 이보다 좀 더 사회적이고, 정치적인 현실을 고려하는 좀 더 구체적이고 실천적인 대안이 제시되어야 하지 않을까 생각한다.

마지막으로, 지엽적인 용어의 문제지만 이해를 돕기 위해서 간단하게 질문하고자 한다. 전현식 교수께서는 대부분 '기업 세계화'보다는 '경제 세계화'의 용어로 서술하는데 여기에서 특별히 기업 세계화를 강조하였던 것에는 특별한 이유가 있는지 묻고 싶다. 또한 생태학을 설명하면서 표층생태학과 심층생태학으로 구분하는 논의를 볼 수 있는데, 각주에 따르면 이 구분이 문순홍의 글을 참조한 것을 알 수 있다. 그러나 문순홍의 책에서 저자는 심층생태학이란 단어를 '근본' 생태학으로 명명하면서 심층을 근본으로 번역하고 있다. 이러한 상황에서 그의 글을 참조하면서 이 단어를 심층생태학으로 명명한 것에는 무언가 특별한 다른 뜻이 있는가 하는 질문을 남기고자 한다.

발제3.

울타리 가족을 넘어 생명 가족에로
: 호주제 폐지 및 건강가족법 시행에 즈음한
페미니스트 기독교 윤리적 반성

구 미 정 (영남신대 강사)

1. 대중문화 속의 가족

가족에 관한 글을 쓸 때, '가족이란 무엇인가' 라는 물음에서부터 시작하는 사람들이 많다. 이렇게 시작하는 것이 정석처럼 보이고, 또 그 나름의 장점도 있지만, 필자는 다른 물음을 던져보려고 한다. 오늘날 가족은 어떤 행태를 띠고 있는가? 아니 그보다 좀 더 쉽게 말하면, 요즘 사람들은 어떤 가족 안에서 살고 있는가? 이러한 물음으로 시작하는 이유는 아래서부터 짚어 올라가는 것이 좀 더 문제의 본질에 다가갈 수 있다고 보기 때문이다.

오늘의 가족상을 보려면, 대중문화, 그 중에서도 가족을 주요 소재로 다룬 영화나 드라마를 보는 것이 도움이 될 것이다. 〈정사〉(1998), 〈해피엔드

〉(1999), 〈결혼은 미친 짓이다〉(2001), 〈밀애〉(2002), 〈바람난 가족〉(2003), 〈싱글즈〉(2003), 〈주홍글씨〉(2004), 〈파송송 계란탁〉(2005) 등 몇 편의 제목만 훑어도, 우리나라 가족의 뚜렷한 변화를 한눈에 볼 수 있다. 단골 소재인 혼외관계에 있어서 유부남과 처녀 사이라는 과거의 공식을 깨고 유부녀와 총각 사이가 심심찮게 그려지고 있으며, 아예 결혼을 거부한 채 혼자 사는 싱글족이나 미혼모 또는 미혼부로서 자녀를 키우는 한부모 가족, 그밖에 동성애자나 양성애자 가족까지 등장하는 실정이다.

한편, 가족의 모습에 좀 더 구체적이고 일상적으로 접근하는 드라마의 경우, 장자를 중심으로 3세대가 모여 사는 전통적인 가족 형태는 〈부모님 전상서〉(KBS) 같은 주말 드라마나 〈대추나무 사랑 걸렸네〉(KBS) 같은 농촌 드라마에 국한되어 있고, 현실에 가장 가까운 모습을 반영한 일일 드라마에서는 기존에 다루어지지 않았던 새로운 형태의 가족이 등장하고 있다. 가령, 〈어여쁜 당신〉(KBS)의 장윤재(이순재 分)는 죽은 딸집에서 사위와 손녀 및 사돈과 함께 살고, 〈굳세어라 금순아〉(MBC)의 노소장(박인환 分)집은 결혼도 하기 전에 죽은 아들의 아기를 임신한 며느리를 데리고 산다. 〈올드미스다이어리〉(KBS)의 최부록(임현식 分)은 죽은 아내의 남동생과 한 방에 기거하면서 홀어머니와 두 이모를 부양하고 있으며, 그의 딸 최미자(예지원 分)는 요즘 유행하는 연상-연하 커플을 이루고 있다. 그런가 하면, '감성 터치' 트렌디 드라마의 경우, 〈원더풀라이프〉(MBC)에서는 미혼모 가족이 등장하고 있고, 또 종영한 〈홍콩익스프레스〉(SBS)에서는 일인가족이, 〈봄날〉(SBS)에서는 재혼 가족과 입양 가족이 비중 있게 다루어졌다.

드라마에 나타나는 가족 수도 최근의 저출산율을 반영한 듯 크게 줄었으며, 가족 구성원의 역할도 유연하게 달라진 것을 볼 수 있다. 3세대 가구에서는 여전히 부모 세대와 자녀 세대 간의 수직적인 관계가 잔존하고 있지만, 젊은 층들이 중심이 된 드라마에서는 부부 간이나 부모-자식 간에 수평적인 관계가 주로 나타난다. 심지어 〈불량주부〉(SBS)에서는 실직한 남편이 전업주부 역할을 하고, 취직한 아내가 생계부양자 역할을 한다. 이러한 '역할 전도'는 부부 사이에서 충분히 양해되고 타협된 부분이지만, 부모 및 주변 이웃들의 시선이 곱지 않아 종종 갈등의 원인이 된다. 이 드라마는 이렇게 성역할 분업의 논리가 점차 느슨해져가는 젊은 세대의 가치관을 반영하는 한편으로, 기존의 가부장적 가족의 틀에서 벗어나지 못한 우리네 의식의 현주소를 보여주고 있다.

이와 같이 우리는 대중문화 속의 가족 풍경을 통해 지금 한국 사회가 바야흐로 가족의 형태와 크기 면에서, 그리고 그 내용과 인식 면에서 커다란 변화의 중심에 놓여 있는 것을 확인하게 된다.

2. 가정이 살아야 나라가 산다?

현재 우리 사회의 위기를 가족 해체 및 가정 붕괴에서 찾고, 소위 '전통적인 가족 가치'의 회복만이 이 난관을 해결할 유일한 열쇠라고 주장하는 사람들은 〈불량주부〉류의 드라마나 영화들이 그 자체로 불량하고 불온하다고 생각될 것이다. 그들은 '남성=생계부양자, 여성=전업주부'라는 근대 기능주의적 가족 개념을 '정상 가족' 또는 '가족의 전형'으로 규범화하여, 이 공식에 어긋나는 다양한 가족 형태를 반(反)사회적 가족으로 매도하곤 한다. 가령, 독신가족, 동성애가족, 한부모가족, 부부가족(Dink족)[1], 입양가족, 재혼가족, 기러기가족[2], 캥거루가족[3], 비혈연군거(群居)가족 등은 비정상적이며 사회 혼란을 야기하는 문제 가정이라는 것이다.

『여성의 신비』로 페미니즘 운동의 제2의 물결을 일으키는 데 공헌한 베티 프리단(Betty Friedan)은 기능주의적 가족 개념이 어떻게 여성다움의 신화를 강화했는지 분석한다.[4] 20세기 초·중반에 미국 대학들은 저명한 기능주의 이론가인 탈코트 파슨즈(Talcott Parsons)의 『미국의 사회 구조에 있어서 성역할 분석』[5]이라는 책을 바탕으로 한 '기능적 가족' 과정을 여대생들에게 수강토록 했다. 그 과목의 주요 골자인즉, 성인 남성은 직업으로 생계를 세워야 타인에게 존경받는 지위에 있게 되고, 성인 여성은 남편의 매력적인 부인이며 아이들의 자상한 어머니로 남아야 가정과 사회가 제대로 돌아간다는 것이다.

> 물론 성인 여성이 남성다운 형태를 따르고, 자기와 같은 층의 남성과 직접 경쟁을 하며, 직업적인 업적을 추구하고, 직업을 찾으려는 것은 가능하다. 하지만… 기회에 대한 절대적인 평등은 명백히 가족의 결속과는 상반된다.… 가정 밖에 고용된 기혼 여성들은 대다수가 그들과 같은 계층의 남성의 지위와 직접적인 경쟁이 없는 직업에 종사한다.… (이것은) 기능적으로 우리의 계급사회 내에서 가족 결속을 이루기 위한 것으로 추측된다.… 한 사회의 질서는 대다수가 사회에 어느 정도 자신의 위치를 적응시키고, 그들에게 기대했던 기능을 행사할 수 있을 때 유지될 수 있다.[6]

파슨즈는, 성장 과정에서 독립과 지배, 공격과 경쟁을 훈련한 소년들은 가정 밖에서 직업을 갖도록 준비된 것인데 반해, 소녀들은 미래에 주부가 되도록 준비되었다고 강조하면서, 각자가 자신의 역할에 충실할 때 사회구조가 유지된다고 역설하였다. 이로써 그는 19세기에 출현한 근대 가족 또는 핵가족의 이상이 20세기 들어 급속하고도 광범위하게 확산되는데 지대한 공헌을 하게 된다. 프리단은, 이러한 기능주의 이론이 당시 미국의 젊은 여성들을 교화하는데 성공한 결과, 현모양처 이데올로기가 만연하게 되었다고 꼬집는다. "교외의 멋진 저택에서 사는 주부… 건강하고, 아름답고, 유식하며, 자기 남편과 아이, 그리고 집에만 관심을 두는 '진정한 여성(True Woman)'"[7]이 바로 그들이 꿈꾸는 자화상이자, 전 세계 모든 여성들이 부러워하는 이상형이 되었다는 비판이다.

흔히 '가정이 살아야 나라가 산다!' 는 구호를 외치면서 무너져 내린 가정의 기강을 바로 잡아야 한다고 언성을 높이는 사람들은 사실상 실추된 가장의 권위를 바로 세우면 문제가 자동으로 해결되는 것처럼 생각하는 경향이 강하다. 한 때 유행했던 '간 큰 남자' 시리즈는 여성의 사회적 권한이 확대됨에 따라 상대적으로 축소된 남성의 권한을 풍자하는 내용으로 채워져 있는데, 거기서 우리는 그러한 시대적 변화에 공포를 느끼며 '왕년의 영광'을 그리워하는 남성들의 복고적 향수를 엿보게 된다. 따라서 가족의 생계를 담당하는 남성이 가정에서 확고부동한 권위를 점유하며, 가사와 육아를 담당하는 여성은 남편의 권위에 복종하는 것이 순리(順理)요 미덕이라는 기능주의적 관점은 쉽게 가부장적 보수주의 이데올로기와 야합하는 특징을 지닌다.

가족 위기론자들은 우리 사회의 가족 해체를 촉진하는 위기 현상으로 고(高)이혼율[8]과 저(低)출산율[9]을 꼽는데 주저하지 않는다. 가족 위기론의 선봉에 서 있는 정통가족제도수호범국민연합(정가련)과 한국성씨총연합회 등은, 지난 3월 2일 호주제 폐지 법안이 국회 본회의를 통과함으로써 바야흐로 호주제가 역사의 뒤안길로 사라지게 되자, 당장에 "호주제가 폐지되면…가족제도가 사라질 뿐만 아니라, 가족해체와 부계혈통과 함께 씨족과 종족의 소멸, 나아가 민족의 파멸로 이어질 것"[10]이라며 반발하고 나섰다. 그들의 논리에 따르면, 호주제 폐지는 자녀의 성 때문에 고민하는 소수 이혼 여성의 문제일 뿐이며, 국민 대다수가 호주제 폐지에 반대하고 있기 때문에, 이번 가족법 개정은 '개악(改惡)'이라는 것이다. : "법은 마땅히 만인에게 공정하고 공평하게 적용되어야 할진대, 어떻게 이번 17대 국회는 극히 일부의 불행한 여성을 위해 70%의 대다수 정상 가정의 기득권을 침해하는 법 개정을 할 수 있다는 말인가? 세계 어느 민주주의 국가에서 이런 정치적 폭력이 용납된다는 말인가?"[11] 그들은 다음과 같은 경고로써 자신들의 보수 반동적 입장을 분명히 하였다.

이제 가족해체는 필연적 수순이 될 것이다. 여성부는 "가족을 지키는 것은 호주제가 아니라 사랑입니다." 라고 강조하지만, 조금만 깊이 생각해 보면 이 말이 얼마나 잘못된 사고에 바탕을 둔 말인지 쉽게 이해할 수가 있다. 일찍이 전통 가정에서는 사랑보다는 가족 안에서의 남녀의 "역할과 책임", 그리고 "직분에 따른 의무와 희생 정신"을 가르치고 그것을 강조해 왔다. 만일 여성부의 주장대로 이러한 덕목이 가정 안에서 사라질 때 무책임과 이기주의, 역할의 전도 등에서 오는 분열과 혼란을 무슨 수로 막을 수 있다는 것인가? 지금도 벌써 효의 정신과 가족 윤리 마비로 노부모에 대한 부양 회피, 가족 분쟁과 이혼, 기아 문제와 청소년들의 비리와 범죄가 만연하고 있는데, 사랑 타령만으로 가정이 온전하고 사회 구성원이 모두 행복해질 수 있다고 말할 수 있겠는가? 이는 국민을 기만하려는 발상이고 어떤 면에서는 위험하기까지 한 망상이 아닐 수 없다.[12]

여기서 우리는 다시금 거듭해서 기능주의 이론과 가부장적 이데올로기가 교묘하게 결합하여 공명하는 것을 보게 된다. 가족 위기론자들은 이렇게 가족 해체 및 온갖 사회적 범죄의 원인을 '사랑 타령'이나 하는 여성부와 무책임하고 이기적인 여성들에게 있다는 식으로 돌리는 환원주의적 우(愚)를 범하고 있다.

정부의 입장도 별반 다르지 않다. 우리 정부는 1999년 한국여성개발원에 의뢰해 외환위기 이후의 '가족 해체 실태 조사'를 벌인 바 있다. 그리고 이혼을 방지하며 출산을 장려하기 위한 가족 강화 정책의 일환으로 2004년 2월 '건강가족기본법(건강가족법)'을 제정하였다. 보건복지부에서 관할토록 되어 있는 이 법은 제1조에서 밝히는 대로, "건강한 가정 생활의 영위와 가족의 유지 및 발전을 위한 국민의 권리 및 의무와 국가 및 지방자치단체 등의 책임을 명백히 하고, 가정 문제의 적절한 해결방안을 강구하며 가족구성원의 복지 증진에 이바지할 수 있는 지원정책을 강화함으로써 건강 가정 구현에 기여하는 것을 목적으로" 한다.

이러한 건강가족법에 대해 여성계의 입장은 대단히 비판적이다. 이 법은 '건강 가족=양부모 가족'이라는 전제 하에, 이성간의 결혼과 여성의 출산을 개인의 선택이 아닌 국민의 의무로 규정한다는 점에서, 가부장적 가족 이데올로기의 변형에 불과하다는 것이다. 이재경은 건강가족법 긴급 진단 토론회의 발제를 통해 "제8조 1항(모든 국민은 혼인과 출산의 사회적 중요성을 인식하여야 한다)의 법조문은 출산을 하지 않거나 자녀를 하나만 낳는 행위, 이혼하는 행위, 동거, 독신, 동성과 함께 사는 행위는 잘못되었으며, 이는 사회적 책임을 다하지 못하고 있음을 암시"하는 것이라고 지적하였다.[13] 이혼율 증가에 따른 한 부모 가정 등에 대한 지원 대책을 논의해야 하는 시점에서 오히려 가족 복지 향상을 국가의 책무가 아닌 국민의 의무로 떠넘기는 발상은 국가의 직무 유기라는 게 여성계의 공통된 주장이다.[14] 이러한 맥락에서 높은 이혼율과 낮은 출산율은 가족 해체를 불러오는 '위기 현상'이 아니라, '변화 양상'으로 보아야 한다는 요청이 새롭게 대두되고 있다. 위기론적 시각이 아닌 변화론적 시각에서 볼 때, 가족 해체는 '가족의 다양화'로, 이혼은 '결혼의 재구성'으로 명명되는데,[15] 그렇게 보아야 비로소 현실 가족의 요구에 실제적으로 접근할 수 있다는 것이다.

두말할 나위 없이 한국의 가족은 최근 들어 엄청난 변화의 소용돌이를 겪고 있다. 우선, 눈에 띄는 변화는 외형상 소가족화 추세가 두드러진다는 점이다.[16] 2000년 통계청의 인구주택총조사에 의하면,[17] 우리나라의 총 가구 수는 1,431만 가구이고, 평균 가구원 수는 3.12명으로 나타났다. 그 가운데 가구주가 여성인 가구는 265만 가구로 전체의 18.5퍼센트를 차지했다. 가구의 세대 구성을 보면, 전체 가구의 약 2/3가 2세대 가구이고, 3세대와 1세대, 그리고 단독가구가 각각 8.2퍼센트, 14.2퍼센트, 15.5퍼센트로 되어 있어, 부부끼리 무자녀로 사는 가족과 독신가족도 상당한 것을 알 수 있다.

한편, 기혼여성의 경제활동 참가율은 2001년 현재 49.0퍼센트에 달하고 있고,[18] 계속해서 증가할 것으로 예상되어, 맞벌이 가구의 수가 확대된 것 역시 한국 가족의 커다란 변화라 하겠다.[19] 포털사이트 MSN이 2004년 3

월 한국 남성 7,103명을 대상으로 조사한 결과에서도 69퍼센트가 맞벌이를 선호하였다.[20] 이것은 요즘 젊은 세대 사이에서 '남성=생계부양자, 여성=가사전담자'라는 기존의 성별 분업 공식이 더 이상 통하지 않음을 반영한다. 그러나 이렇게 변화된 생활의 욕구를 따라잡기에는 전체적으로 의식 변화의 속도가 더디기 때문에, 문화지체(cultural lag) 현상이 일어나는 것을 보게 된다. 예컨대, 맞벌이 가구에서 여성은 하루 평균 3시간 45분 동안 가사노동을 하는 데 반해, 남성은 평균 1시간 정도만 가사에 참여하는 것으로 나타나 있다.[21] 남성들은 보다 높은 삶의 질을 누린다는 측면에서는 여성의 경제 활동을 반기지만, 그러기 위해 자신이 집안일을 거들어야 한다는 측면에서는 별로 달가워하지 않는 이중성을 드러내고 있는 것이다. 그리하여 맞벌이 가구에서는 취업 아내가 여전히 가사 노동을 전담해야 하는 '슈퍼우먼 증후군(superwoman syndrome)'에 시달리거나, 아니면 가사와 양육을 위해 가사도우미와 베이비시터를 고용함으로써 '번 돈이 고스란히 빠져나가는' 악순환에 놓이게 된다.

　이상에서 우리는 오늘날 우리 사회의 가족 변화가 과거에는 가시화되지 않았던 다양한 양상들을 동반하고 있음을 볼 수 있다. 가족 위기론자들이 우려하는 것처럼, 고이혼율과 저출산율은 확실히 위험스러울만한 수치를 보여준다. 그러나 이런 현상은, 급격히 달라진 경제 구조와 이로 인해 변화된 생활 양식, 그리고 향상된 여성 의식이 동인이 되어 전통적인 가족 가치가 쇠퇴함으로써 나타난 것이지, 그 자체가 가족 해체의 원인이라고 보기는 어렵다.

　프리드리히 엥겔스(Friedrich Engels)는 『가족 사유 재산 국가의 기원』에서 인류의 가족 형태가 그 시대의 생산 양식에 따라 변화해온 자취를 더듬는다.[22] 그에 따르면, 군혼·혈연가족·푸날루아가족·대우혼가족으로의 발전은 수렵채취사회로부터 정착농경사회로 서서히 이행하는 과정에서 인간의 현실적 생활조건들이 달라짐에 따라 자연스럽게 형성된 것이다. 이러한 그의 관점은 제도로서의 가족이 항구불변하는 고정된 실체가 아니라, 계속해서 물리적 조건들과 상호작용하는 가운데 능동적으로 변화해가는 과정적 실재임을 깨닫게 해준다.

IMF 이후 우리 사회의 주요 지반들은 새로운 구조 조정의 과정을 거쳤고, 또 거치고 있다. 가족도 예외가 아니다. 하지만 이러한 가족 변화는 표면상 안정적으로 보였던 지난 시대의 가족의 문제점들을 노출하고 있다는 점에서 긍정적인 면도 없지 않다. 그러므로 지금 우리에게 필요한 것은 변화된 시대 상황에 맞게 기존의 가족 개념을 재구성하고 새로운 가족 윤리를 정초하려는 노력이지, 보수주의적 가족 가치로의 회귀가 아니라고 본다.

3. 페미니즘의 관점에서 본 가족

"성차별주의와 성차별주의에 근거한 착취와 억압을 종식시키려는 운동"[23]으로서, 페미니즘은 처음부터 가족이라는 주제를 집요하게 파고들었다. 가족, 특히 혈연에 근거한 애정적 보살핌을 주요 내용으로 하는 근대적 의미의 가족은 그 특성상 가족 내부의 불의를 은폐하기 쉬운 까닭이다. '가족이니까' 양보하고 참아야 한다는 논리는 '가족의 이름으로' 자행되는 부당한 폭력에 저항하지 못하도록 만든다. '가정사니까' 외부에서 개입하면 안 된다는 논리는 가족을 사회의 최소단위로 설정하는 기능주의 이론의 자기모순을 함축하는 동시에, 가정 내부에서 빈번히 발생하는 가부장적 폭력을 묵인하고 용납하게 한다. 이와 같은 가족의 어두운 측면을 외면한 채 현상 유지의 특권을 누리고 있던 지배 문화에 대항하여, '사적인 것이 정치적인 것이다!(The personal is the political)'라고 주장하고 나선 것이 페미니즘이다. 페미니스트들은 근대 가족을 떠받치는 주요 이데올로기들을 폭로하고 해체함으로써, 좀 더 정의롭고 지속가능한 가족을 재건하는 일에 헌신해왔으며, 지금도 그러하다.

페미니즘의 관점에서 본 가족은 크게 다음과 같은 세 가지 비판점에 노출되어 있다. 첫째, 가족을 혈연에 기반한 보편적 제도로 보는 관점, 더 나아가 정상적이고 합법적인 가족이란 기능주의적 성역할 분담론의 공식에 들어맞는 근대적 의미의 핵가족이라는 설정이 그것이다. 둘째, 가정을 '안식처'라거나 '지상 낙원'으로 묘사하는 낭만주의적 서술은 가족 구성원간의 가족 경험의 상이성을 은폐하고, 여성/모성의 소외와 억압을 지속시키는데 봉사한다는 지적이다. 셋째, 가족의 경계에 관한 것으로, 가족과 사회를 공/사 이분법적 잣대를 가지고 명확히 가를 수 있는가 하는 점이다.

우선, 첫 번째 비판부터 살펴보자. 가족은 형태와 내용이 항상 유사하며 불변하는 실체인가? 이 점에 대해서는 이미 앞부분에서 충분한 예비적 논의가 이루어졌다고 본다. 가족은 흔히 생물학적 혈연관계를 필요로 한다고 여겨지지만, 그 조건이 충족되지 않아도 여전히 가족인 경우가 많다. 또한 가족의 보편성이라는 것도, 통시적 공시적으로 다양한 가족이 존재한다는 점에서 그리 쉽게 말할 성질은 못 된다. 그렇다면 그 다음 논제, 곧 '정상가족'의 개념에 대한 것도 정상과 비정상을 가르는 기준은 무엇이며, 누가 가르는가에 따라 다른 평가가 나올 수 있다.

제인 콜리어 등은, 그래서, 우리가 기능주의적 관점이 아니라 이데올로기적 관점을 가지고 가족에 접근해야 한다고 주장한다. 가족을 "특정 공간(가정)에서 지내며 특정한 애정적 유대(사랑)를 가지는 특정한 사람들의 집단 (아마도 '핵' 가족 내의 부부관계와 부모자녀관계)이 '애정적 보살핌'의 '기능'을 수행하는 것"[24]으로 보는 견해는 다만 왜곡된 이데올로기적 구성체에 지나지 않는다. 반(反)페미니스트들은 가족이 '애정적 보살핌'이라는 특정 기능을 수행해야 한다는 논리로 여성/아내/어머니의 자아실현 욕구를 저지하고, 평등 요구를 비난한다. 그들의 주장은 삼단논법으로 요약되는데, 곧 '인간은 애정적 보살핌을 필요로 한다, 애정적 보살핌의 기능을 담당하는 것은 가족이다, 그러므로 가족은 필요하고, 가족제도는 유지되어야 한다'

는 것이다.

하지만 이데올로기적 관점으로 가족을 들여다보면, 삼단논법의 첫 번째 전제부터 문제가 있음이 드러난다. 애정적 보살핌이 정확히 무엇을 의미하는가는 덮어두고라도, 그 애정적 보살핌을 필요로 하는 '인간'이 누구인가 반문해 볼 때, 여기서 말하는 '인간'에는 아내이자 어머니인 여성이 포함되지 않는 현상을 쉽게 관찰할 수 있다.

아내로서 여성에게 주어진 무엇보다 중요한 소명은 생계노동의 전쟁터에서 살아 돌아온 남편에게 최고의 안식처를 제공하는 것이라고 일컬어진다. 주부 대상 잡지들이나 TV 프로그램들은 어떻게 하면 가정을 좀 더 편안하고 아름답게 꾸밀 수 있는지(실내인테리어, 리모델링), 어떻게 하면 남편의 기분을 상하게 하지 않으면서도 자신의 요구사항을 전달할 수 있는지(부부대화기술), 어떻게 하면 젊고 싱싱한 바깥 여자들에게 남편을 빼앗기지 않을 수 있는지(성적 매력을 유지하는 기술) 등을 알려주는데 많은 시간과 지면을 할애한다. 전업주부는 흔히 남편이 벌어다 주는 돈으로 살림이나 하고 놀기나 하는 아줌마로 분류되는데, 이러한 평가에는 가사 노동/부불 노동에 대한 직장 노동/지불 노동의 우위라는 자본주의 이데올로기가 전제되어 있는 것이다.[25] 그런데 이것은 여성에 대한 남성의 우위라는 고질적인 가부장적 이데올로기의 변형이기 때문에, 앞서 언급한 바와 같이 취업 아내라 해서 남편 수발 및 가사노동의 책무가 면해지는 것은 아니다. 여자 연예인이나 전문직 여성의 경우에서 보듯이, 아내가 남편보다 보수가 더 많거나 사회적 지위가 높을 경우 이혼율도 덩달아 높아지는 것은 바로 그 때문이다. 가부장적 가족 모델이 지배적인 문화 이데올로기로 작용하는 한, 여성은 물론 남성 역시 자유로운 인간관계를 형성하기 어렵다.

한편 어머니로서 여성은 미래의 생계노동자/아들을 '반드시' 생산하여 그의 성공을 뒷바라지하고, 미래의 가사노동자/딸을 '잉여적으로' 생산하여 조신하게 훈육할 책임이 주어진다. 아드리엔느 리치(Adrienne Rich)는 가부장제 하에서 대중적으로 인지된 자녀 양육의 목적이란 단지 두 가지 뿐이라고 꼬집는다. 하나는 국가의 경제 활동을 위해 노동자를, 그리고 국가의 전쟁 활동을 위해 군인을 생산하는 것이고, 다른 하나는 미래의 시민을 세뇌시키는 것이다.[26] 이렇게 해서 어머니는 "가부장제도에 이롭도록 봉사한다."[27] 자녀 양육의 주체로서 어머니는 자녀의 성공과 실패에 대한 보상 및 처벌을 한 몸에 받을 뿐만 아니라, 성역할 분업을 자녀 세대에게 계승할 의무가 있기 때문에, 자녀 중 누군가 고정된 성역할에 맞지 않으면 그에 대한 사회적 비난도 고스란히 감당할 수밖에 없다. 여성이 어머니 역할에 과도하게 집착하는 것은 결국 모성의 본능 때문이라기보다는 '모성은 본능이며 따라서 자녀에 대한 애정적 보살핌의 일차적 책무는 여성에게 있다' 는 식으로 호도하는 가부장적 가족 이데올로기 때문인 것이다.

이렇게 해서 우리는 가족에 대한 페미니스트 비판의 두 번째 쟁점, 곧 여성/모성의 소외와 억압 문제로 넘어왔다. '사랑'으로 풀어야 할 가족 문제에 '정의'의 잣대를 들이대는 것은 올바르지 않다고 거북해하는 사람들이 있다. 그들은 자신들의 거부감이 이상화된 가족 개념에서 나왔다는 것, 그러나 현실 가족은 불행히도 그렇게 이상적이지만은 않다는 것, 다시 말해 가족 구성원 간의 가족 경험이란 가족 내 지위와 역할에 따라 상이하다는 것을 간과한다.

페미니스트들은 현대 가족의 초상에 담겨 있는 세 가지 주제, 즉 애정과 합의를 가족 관계의 기초로 강조하는 것, 안식처이며 천국 같은 가정이라는 개념, 그리고 모성에 대한 찬미가 여성의 경험을 신비화해왔다고 지적한다. 실제 가정 내부에서 여성이 처한 지위는 남편이나 자식보다 하위인 경우가 많으며, 애정과 합의보다는 일방적인 명령-복종의 가족관계가 지배적이라는 것이다. 또한 가정을 휴식처, 피난처, 도피처, 천국 등으로 경험하는 것은 남편과 자식들이지, 주부요 아내요 어머니에다가 며느리의 역할까지 감당해야 하는 여성에게는 가정이 "시지포스(Sysiphos)의 형벌을 닮은"[28] 노동 현장일 뿐이라는 것이다. '주부우울증', '명절증후군' 같은 심신질환들은 여성에게 가족이란 결코 낭만적인 이상만이 아님을 보여준다. 올해 초 설 명절 무렵, 인터넷을 뜨겁게 달구었던 한 중년 여성의 신세타령 시조는 이 땅의 가족이란 과연 누구를 위해 존재하는가의 질문을 새삼 제기하도록 만든다.

> 이제부턴 가부좌네 다섯시간 전부치네
> 남자들은 티비보네 뒤통수를 노려봤네
> 주방에다 소리치네 물떠달라 난리치네
> 음식장만 내가했네 지네들은 놀았다네
> 절하는건 지들이네 이내몸은 부엌있네…
> 명절되면 죽고싶네 일주일만 죽고싶네
> 이십년을 이짓했네 사십년은 더남았네[29]

시몬 드 보부아르는, 가사노동을 예찬하는 것은 대개 가사를 돌보지 않거나 또는 돌볼 일이 드문 남녀 작가들일 뿐,[30] 실제 이 일을 날마다 도맡아 하는 주부들로서는 결코 지속적인 창조의 기쁨을 느끼기 어렵다고 일침을 가한다.[31] 전업주부에게 있어서 가사노동은 반복적이고 단조롭고 기계적이고 소모적인 노동에 불과한 것으로 신경증의 원인이라는 것이다.[32]

더 나아가 보부아르는 결혼 외의 출산이 대단히 죄악시되는 풍조를 들어, 모성이라는 것도 이성애적 결혼 관계 안에서만 허용되고 예찬되는 이데올로기이지, 자연발생적이고 보편적이며 절대적인 '본능'은 아니라고 말한다.[33] 그럼에도 불구하고 모성을 성스러운 소명으로, 혹은 자기희생적 사랑의 대명사로 치하해 마지않는 것은 여성에게 상호성(mutuality)과 온전한 인간성을 허용하지 않고 남성 지배를 보다 용이하게 하기 위한 가부장적 현상 유지의 전략이라는 것이다. 그래서 보부아르는 "모성의 종교가, 어머니는 모두 모범적이라고 선언하게 되면, 거기에서 속임수가 시작된다.…… 보통, 모성이라는 것은 나르시시즘, 타애주의, 몽상, 성실, 기만, 헌신, 쾌락, 멸시의 기묘한 혼합이다."[34]라고 폭로한다. 줄리엣 미첼(Juliet Mitchell) 역시 "모성이 하나의 신화로 이용될 때 그것은 억압의 도구가 된다."[35]고 말을 받았다. 아드리엔느 리치는 여성의 실제 삶을 들여다보면, 가부장적 사회가 예찬하는 그런 '제도화된 모성'은 없다고 단언한다. 있다면, 오직 여성마다 다양한 방식으로 경험되는 잠재적 모성이 있을 뿐이다. 그런데 현대의 낭만주의적 핵가족 안에서는 여성의 다양한 가능성을 말살한 채 '강요된 제도'로서의 모성만 있을 뿐이어서, 이것이 여성을 영원한 "징역살이"[36]로 전락시킨다고 비판한다.

이와 같이 모성을 가부장적 사회 제도라는 맥락에서 분석하는 페미니스트들은 가족에 대한 세 번째 신화, 곧 공/사 이분법의 신화에 도전한다. 페미니스트들은 사적 영역과 공적 영역 사이의 명확한 분리라는 개념이 인간 역사에서 비교적 최근에 등장한 것이지, 보편적이거나 항구적인 개념이 아니라고 한다. 초기 정착 생활에서부터 산업혁명기에 이르는 장구한 세월동안 가정은 외부 세계와 단절된 도피처라기보다는 생계 노동의 중심지로서 세상의 일부였다. 가정에서 여성과 남성, 그리고 어느 정도 일을 거들 수 있는 연령대의 자녀들은 함께 곡식을 재배하고 준비하고 처리하며, 가죽과 진흙, 염료, 기름, 약초를 다루고, 옷감을 짜고 옷을 만들며, 술을 빚고, 비누와 양초를 만들고, 치료하고 간호하는 일에 참여하였다.[37]

그러나 산업혁명이 점차 가속화되면서 공장이 가정으로부터 먼 곳에 위치하게 됨에 따라, 여성들은 아이들만 집에 놔둔 채 일터로 나가게 된다. 전업주부란 부르주아 여성에게나 주어진 특권이지, 노동 계급 여성에게는 사치스러운 꿈에 지나지 않았다. 이렇게 직장과 육아 영역이 분리되자, 일하는 어머니와 자녀 모두에게 불편과 고통이 초래되었다. 아이를 돌볼 사람을 고용하지 못한 어머니는 아이가 집안에 가만히 있도록 아편을 먹이기

까지 했다.[38]

한편, 여성의 직장 노동은 여성이 더 이상 남성에게 의존하지 않아도 되는 계기를 마련함으로써 가부장적 결혼제도를 위협하기 시작했다. 동시에, 남성에 비해 상대적으로 임금이 더 싼 여성 노동자는 남성 노동자에게 부담스럽고 위협적인 존재가 아닐 수 없었다. 이러한 두 가지 요소, 즉 아동복지적 측면에서의 문제점과 가부장적 가치를 위협한다는 두려움이 결합되어 공/사 이분법의 논리가 탄생하게 된다. '가정이야말로 여성이 진정으로 관심을 기울여야 할 영역'이라는 대중 담론이 날개를 달고 번져나갔다. 공장에서 일하는 어머니를 위한 정부의 육아 지원 대책을 촉구하는 목소리가 전혀 없었던 것은 아니었지만, 그 때마다 정부가 가정사에 개입하는 것은 "가정의 신성함과 사생활의 보호에 위배된다."[39]는 이유로 묵살되었다.

페미니스트들은 가족이라는 사적 관계와 경제 및 정치 등 공적 세계 사이에 명확한 경계를 짓기란 애당초 불가능하다고 지적함으로써 공/사 이분법의 논리에 저항한다.[40] 그러한 경계 짓기는 경쟁적이고 적대적인 외부세계가 하려고 들지 않는 것들을, 가정에서 특히 아내이자 어머니인 여성이 도맡아 해주기를 바라는 가부장제의 전략적 선택일 뿐, 보편적 진리가 아니라는 것이다.

라이나 랩(Rayna Rapp)은 가족이 노동 조직, 복지 체계, 학교, 은행 등 여타 제도들과 지속적인 상호작용을 하는데, 특히 여성은 서로서로 아이를 돌보아 주며 함께 식사를 하고 정보를 주고받고 돈을 빌려주는 등 가족 간 간극을 매개하는 역할을 한다는 것, 또한 소비노동을 통해 공적 세계에 참여하고 있다는 것에 주목한다.[41] 그런가 하면 캐롤 스택(Carol Stack)은 흑인 빈민 가구 연구를 통해, 이들 가족이 복지기금 및 여성 친족을 중심으로 하는 광범위한 교환망을 통해 생계를 유지한다고 밝히면서, 그들은 사적인 것과 공적인 것 사이의 분리를 경험하지 않는다고 덧붙인다.[42] 노동자 계급의 가족을 연구한 릴리안 루빈(Lillian Rubin)의 경우에는, 임금 노동의 성격이 어떻게 부부간 권력 관계나 여가 생활 등 가족의 일상적 경험을 규정하는지 보여준다.[43] 즉 노동자 계급의 아내는 남편이 일자리를 잃지 않고 자녀를 부양하고 있으면 좋은 남편이라고 말하는 반면, 노동자 계급의 남편은 아내가 살림을 잘하고 아이들을 잘 건사하면 좋은 아내라고 말한다는 것이다. 이런 식으로 노동자 계급의 가족은 가부장적 가족 개념을 충실히 구현하게 되는데, 여기서도 우리는 임금노동시장/공적 영역이 어떻게 가족관계/사적 영역에 영향을 미치는지 확인할 수 있다.

공/사 이분법이 페미니스트들에 의해 비판받는 또 하나의 근거는, 그것이 곧장 정의/사랑의 이분법으로 연결된다는 점이다. 라인홀드 니버(Reinhold Niebuhr)의 윤리 체계에서 보듯이, 가정을 지배하는 원리는 바깥 세계, 곧 직장의 원리와 다르다고 믿어진다.[44] 직장 관계는 경쟁적이고 계약적이며 일시적인 특징을 갖지만, 반대로 가족 관계는 협력적이고 사랑에 넘치며 항구적인 특징을 갖는다. 그러므로 직장 내 문제는 힘의 균형에 의한 정의의 관점에서 푸는 게 당연하지만, 가족 간의 문제는 사랑으로 풀어야 한다는 것이다. 이러한 논리가 가족 내 성 불평등의 현실을 은폐하고 여성/모성의 억압을 부추긴다는 것이 페미니스트들의 주장이다.

기능주의적 현상유지자들과 가부장적 가족옹호론자들은 예나 지금이나 '여성이 가족을 위하여 무엇을 해주는가'라고 묻지만, 페미니스트들은 거꾸로 '가족이 여성을 위하여 무엇을 해주는가'라고 반문한다.[45] 자유주의 사상과 시장경제의 출현으로 평등, 독립, 자율 등의 가치가 중요하게 부각됨에 따라 여성 역시도 그것을 누릴 권리를 주장한 것이 페미니즘 운동의 발단이었다. 19세기 빅토리아 시대의 낭만적인 가족 풍경을 담은 『인형의 집』[46]의 노라는 흔히 가족과 모성을 거부한 페미니스트의 전형으로 꼽힌다. 유능한 변호사의 아내에다가 세 자녀의 어머니이기도 한 노라는 '인형'처럼 조종되고 통제 당하던 자신의 삶에 눈을 뜨자 집을 뛰쳐나간다. 이런 류의 이야기로는 우리나라 고대설화 가운데 "선녀와 나무꾼"도 있다.

나무꾼의 아내가 된 천상의 선녀는 세 자녀까지 낳고 살다가 날개옷을 되찾아 입고는 아이들을 데리고 하늘에 올라가 버린다. 모권제적 의미마저 담고 있는 듯한 선녀 설화는 노라 이야기만큼이나 반체제적이다. 그렇다면 돌아갈 곳이 있었던 선녀와 달리, 돌아갈 곳을 모른 채 여전히 광야를 헤매고 있는 우리 시대의 수많은 노라들에게 기독교 윤리는 어떤 지혜를 줄 수 있을까?

4. 페미니스트 기독교윤리의 관점에서 가족의 재구성

페미니즘 운동이 탄력을 받을 때마다 '전통적인 가족 가치'라는 망치를 들고 페미니스트 마녀 사냥에 나서는 사람들 중에는 기독교 우파(Christian Right)의 비중도 만만치 않다. 미국에서 기독교 근본주의자들로 구성된 기독교 우파는 20세기 후반에 접어들어 '도덕적 다수(Moral Majority)'라는 이름으로 정계에 진출, 부시 대통령의 재집권을 가능케 한 원동력이 되었다. 이러한 기독교 우파의 가족관은 기본적으로, 남성은 여성보다 위에 있고, 기독교인은 비기독교인보다 위에 있으며, 부자는 가난한 자보다 위에 있다는 전제에서 출발한다.[47] 철저한 가부장적 위계구조와 종교적 배타주의 및 자유시장경제의 수호자임을 자처하는 그들은 현상 체제를 '창조 질서'로 호도하면서 신성화하는 역할을 도맡고 있다.

기독교 우파의 주장에 따르면, 세상에서 우월한 인종이란 백인 하나뿐이고, 하나님의 선택된 국가는 미국 하나뿐이며, 참 종교는 기독교, 그것도 소위 복음주의적 개신교 하나뿐이고, 올바른 경제구조는 자유시장자본주의 하나뿐이며, 올바른 가족모델도 '남성=생계부양자, 여성=전업주부' 형태의 이성애적 핵가족 하나뿐이라는 것이다.[48] 그리하여 이들에게는 백인이 아닌 사람들, 미국인이 아닌 사람들, 비복음주의적 기독교인들, 가난한 자들, 그리고 동성애자와 페미니스트들을 향해 '하나님의 이름으로' 정죄하고 처단하는 일이 신앙의 일차 의무로 간주된다. 기독교 우파가 미국의 이라크 침공에 대해서는 '성전(聖戰)'이라는 식으로 추임새를 넣으면서도, 낙태나 동성애 문제에서는 '창조 질서 파괴' 운운하며 극단적인 보수 반동의 입장을 취하는 것을 볼 때, 그들이 진정으로 신앙하는 바가 무엇인지를 능히 짐작하게 된다.

최근 기독교 우파는 기존의 여성 혐오 및 동성애 공포로 특징지어지던 수동적 보수주의로부터 한 걸음 더 나아가 능동적 보수주의로 거듭 태어났다. 여성의 낙태권에 대한 반대는 '생명옹호(pro-life)'로, 그리고 성적 자율권에 대한 반대는 '가족옹호(pro-family)'로 구호를 바꾸어, 도덕수호자로서의 이미지 구축에 나선 것이다. 하지만 그렇게 날조된 이미지 뒤에는 여성의 육체(성/출산)를 통제하려는 가부장적 지배 욕구와 중산층 핵가족을 보호함으로써 가부장적 자본주의 체제를 공고히 하려는 속셈이 은폐되어 있다.

페미니스트 기독교윤리학자 리사 카힐(Lisa Sowle Cahill)은 복음주의적 보수주의를 표방하는 신 우파(New Right)의 태도와 정책이 사실상 경제 자원의 정의로운 분배로부터 소외된 사람들을 희생시킨 대가로 중산층 핵가족의 경제적 이득만을 부양한다고 폭로한다.[49] 그뿐만 아니라, 신 우파가 옹호하는 '전통적 가족 가치'란 것도, 따지고 보면 '전통적' 이기는커녕 오로지 산업혁명 이후 공/사 이분법에 근거한 자본주의 체제의 산물일 따름이다. 그러므로 인류 역사상 비교적 최근에 나타난 일시적 가족 형태, 그것도 백인 중산층 가족에게나 해당되었던 제한적 가족 형태를 하나님이 정하신 영원한 질서로 성화(聖化)하는 것은 그 자체가 억압적 이데올로기인 것이다. 카힐은, 가족의 주요 요소인 결혼이나 자녀 양육이 중요하지 않아서가 아니라, 그렇게 이성애 부부와 자녀로 구성된 가족만을 이상적으로 보게 되면 그 표준에 맞지 않는 비순응적 가족들을 비난하고 처벌하는 태도와 정책으로 이어진다는 것이 가장 큰 문제라고 강조한다.[50] 그러면서 그는 오늘의 변화된 가족상을 '위기'로, 이기주의나 쾌락주의 혹은 도덕적 방종의 결과로만 읽지 말고, '다양성'으로, 가부장적 핵가족이라는 단일 유형으로부터의 해방으로 읽어낸다면, 그러한 변화로부터 '기독교적 가족(Christian family)'이 나아갈 방향을 찾을 수 있을 것이라고 제안한다.

이렇게 하여 그는 신 우파 쪽에서 강조하는 '기독교적 가족'이라는 개념을 오히려 적극적으로 차용하여 재해석하는데, 그에 따르면 진정한 의미에서 기독교적 가족이란 가부장적 핵가족이 아니라 '사회 변혁적 가족(socially transformative family)'이라는 것이다.[51] 카힐은, 가족이 시민사회의 한 제도로서 여타 제도들과 상호의존적 관계에 있음을 놓치지 않는다. 다시 말해, 공/사 이분법의 논리를 받아들이지 않는다. 가족은 여전히 자비라든가 친절, 이타적 보살핌 등의 가치를 구현하는 친밀한 관계임에 틀림없지만, 그렇다고 해서 사회문제에 둔감할 수도 없고, 둔감해서도 안 되며, 도리어 사회 지향적이되 변혁적인 영향을 미칠 수 있어야 한다는 것이다. 이러한 측면에서 사회 변혁적 가족이란 자기 가족만의 안일을 꾀하는 집단이기주의의 유혹에 빠지지 않고 사회정의에 헌신하는 가족이다. 또한 가부장적 가족에서 일방적으로 여성에게만 강요되던 자기희생적 사랑보다는 평등이나 상호적 배려 등을 중요한 가족 가치로 삼고 남녀가 동등한 파트너로서 가정 생활과 사회 생활에 참여하는 가족이다. 이러한 가족이야말로 '이웃 사랑'의 성서적 명령을 가족 안팎에서 구현하는 이상적인 가족으로서, 기독교 초기 역사에 존재하였던 '가정교회(domestic church)'의 현대적 변형이라고 부를 수 있지 않을까, 그는 조심스럽게 예견한다.[52]

오늘을 위한 가족 가치를 재발견하려면, 우선 가족 형태의 다양성을 수용하고 지지하는 일이 선행되어야 한다고 말하는 또 다른 목소리에 로즈마리 류터(Rosemary R. Ruether)가 있다. 그는 규범적인 가족이란 허구일 뿐이며, 가족 다양성은 이미 현실이라고 강조한다. 따라서 "단일모델로서 근대 핵가족 이데올로기는 이제 다양성을 인정하는 포스트모던적 가족 모델로 대치되어야 한다."⁵³⁾ 가족의 근본 의미가 상호성(mutuality)에 기반하여 서로의 생명을 꽃피우는 데 헌신하는 것이라면, 그것은 다양한 형태로 표현될 수 있음을 인정해야 한다는 것이 류터의 주장이다.

그에 따르면, 오늘날 기독교 우파에서는 남성을 머리로 하고 여성이 그에 복종하는 형태의 가부장적 가족 모델을 '성서적'이라고 우겨대지만, 실제로 이 모델은 성서와 아무런 상관도 없다고 한다. 왜냐하면 성서 속에서 예수는 기독교 우파의 기대와 달리 '반(反)가족(antifamily)'의 관점을 종종 드러내기 때문이다.⁵⁴⁾ 공관복음은 예수 운동이 대체로 자신의 가족과 직업을 버리고 반문화 공동체로 모여든 주변부 남녀들의 모임이었다고 묘사한다.⁵⁵⁾ 이 공동체는 자연적 가족을 부정하고 새로운 종말론적 가족을 표상하였다. 예수의 제자가 되려면 누구도 자신의 가족을 예수보다 우선시해서는 안 되었다.

> 누구든지 내게로 오는 사람은, 자기 아버지나 어머니나, 아내나 자식이나, 형제나 자매뿐만 아니라, 심지어 자기 목숨까지도 미워하지 않으면, 내 제자가 될 수 없다. (눅 14:26)

> 나는 아들이 제 아버지를, 딸이 제 어머니를, 며느리가 제 시어머니를 거슬러서 갈라서게 하러 왔다. 사람의 원수가 제 집안 식구일 것이다. 나보다 아버지나 어머니를 더 사랑하는 사람은 내게 적합하지 않고, 나보다 아들이나 딸을 더 사랑하는 사람도 내게 적합하지 않다. (마 10:35-37)

이렇게 말하는 예수도 역시 자기 가족을 버렸다. 어머니와 형제들이 그가 미친 줄 알고 붙잡으러 가자, 예수는 이 육친의 가족을 부정한 채, 주위에 둘러앉은 사람들을 향해 "보아라, 내 어머니와 내 형제들이다. 누구든지 하나님의 뜻을 행하는 사람이 곧 내 형제요 자매요 어머니다.(막 3:33-

35)"라고 하면서 '새 가족'을 선언한 것이다.

예수는 남자와 여자, 주인과 노예, 유대인과 헬라인, 정결한 사람과 부정한 사람을 공동 식탁교제로 불러 모은다. 하나님 나라 운동에 동참한 사람들은 예수 안에서 새로운 친족 관계를 형성하였다. 이렇게 해서 세워진 새 가족은 기존의 가족체제에 대항하는 반문화적 특징을 띠었다. 엘리자벳 피오렌자(Elisabeth Schüssler Fiorenza)는 이 새 가족이 "평등한 제자직 공동체"56)로서 가부장적 가족관계를 상대화하고 무력화한다고 주장하였다.

류터는 예수 운동과 초대교회에 나타났던 '전복적인(subversive)' 가족관이 3-4세기 교부들에 의해 어떻게 변질되었는지 분석한다.57) 그러한 가족관은 기존의 사회적 위계질서를 뒤엎고 여성과 어린이, 노예에 대한 지배를 어렵게 하는 특징이 있음을 파악하고서, 당시 기독교 지도자들은 반(反)가족과 새 가족이라는 주제를 영화(靈化, spiritualization)시키는 방향으로 문제 해결을 시도했다는 것이다. 그 결과 플라톤적 영/육 이원론과 히브리적 순수/오염 이원론의 종합으로서 가부장적 금욕주의가 탄생하게 된다. 이리하여 기독교 사회에서는 3층 구조의 위계질서가 생겨났다. 맨 위층에는 지배 엘리트로서 우월한 거룩성을 독점하는 독신 남성 집단이 있다. 그 아래층에는 거룩성은 부여받지만, 그 생물학적 조건 때문에 남성보다 밑에 자리 잡게 된 독신 여성 집단이 있다. 그리고 맨 아래층은 성과 출산에 참여함으로써 저급하고 죄악된 세계에 머물게 된 결혼한 평신도의 자리다. 심지어 결혼 관계에서의 성도 죄로 간주하고, 독신의 거룩성보다 열등한 것으로 보는 위계적 관점 때문에 성사(聖事)로서의 결혼 개념이 모호하게 되었다. 어거스틴(Augustine)은 결혼이 세 가지 점에서만 선하다고 규정했는데, 그것은 자녀출산과 정욕 억제에 쓸모가 있으며, 그리스도와 교회의 연합을 이미지화한다는 점이다.58) 특히 이 마지막 조항 덕분에 사람들은 아가서를 영혼과 하나님, 또는 교회와 그리스도 간의 신성한 결합을 찬양하는 책으로 편안히 읽을 수 있었다.59)

종교개혁가들은 가톨릭 전통에 들어있던 모호성, 곧 성례전으로서의 결혼과 성에 대한 금욕주의적 거부 사이의 부조화를 인식하였으며, 그 해결책으로 결혼의 성례전성과 독신주의 모두를 거부하는 길로 나갔다. 이것은 완전성과 인내심에서 한계가 있을 수밖에 없는 인간 능력의 본질적 결함에 대한 현실적 이해의 결과였다. 고전적 개신교는, 완전히 타락하여서 도저히 신성을 구현할 수 없는 인간 본성과, 유한한 창조를 완전히 초월해 계신 '전적 타자'를 예리하게 분리시킨 데 뿌리내렸기에, 결혼은 성사가 될 수 없었고, 다만 창조와 죄의 영역에 국한된 것으로 규정되었다. 창조의 규례로서 그것은 모두에게 명령된 것이고, 죄의 구제책으로서 모두를 위해 필요했다. 그러나 죄가 이브를 통해서 들어왔다는 신학적 이해로부터 한 걸음도 전진할 수 없었던 종교개혁자들은 결혼 내에서 남성의 지배와 여성의 예속을 하나님이 정한 질서라고 천명함으로써 가부장제를 재가하였다.[60] 그러므로 가족에 대한 자신들의 관점이 '성서적'이고 '하나님으로부터 명령된 것'이라는 기독교 우파의 주장은, 가부장적 가족을 하나님에 의해 제도화된 창조질서로 본 종교개혁 이후 개신교 신학자들에게서 비롯된 것이다.

19세기에 들어서면서 개신교와 가톨릭은 결혼, 가정, 가족을 낭만화하는 쪽으로 선회한다. 산업혁명으로 달라진 생활상, 더욱이 생산과 교육, 보건과 종교 활동 등이 가정 밖의 기관으로 옮겨간 상황에서는 가정이 사회 안정을 위한 안식처로서 기능하도록 요구되었다. 이에 교회는 가정을 '천국의 선취'라는 표상으로 이념화했는데, 여기서 아내는 천사 같은 가정 사역자가 되어야 했다. 다시 말해, 여성은 무성적으로, 즉 동정녀 마리아의 화신으로서 자기주장이나 요구를 드러내지 않고 묵묵히 희생하는 삶을 살아야만 천사 같다는 칭송을 들을 수 있었다.[61]

류터는 오늘날 '붕괴'된 것은 바로 이러한 낭만화된 가족 형태이지, 가족 그 자체가 아니라고 지적한다. 고대 노예제부터 빅토리아적 핵가족에 이르기까지 다양한 형태를 띤 가부장적 가족은 인간의 구성물이지, 하나님의 명령이 아니다. 고대에는 주인, 곧 지배 남성이 여성과 어린이, 노예 위에서 억압적인 권력을 휘둘렀다면, 빅토리아판에서는 돈 잘 버는 남성이 천사 같은 아내를 집안에 묶어두는 양상으로 바뀌었을 뿐, 가부장적 가족모델의 기본 개념은 같다는 것이다. 즉, 그 개념이란 남성 생계부양자를 갖지 못한 수많은 가족들을 경제적 빈곤과 사회적 편견, 그리고 종교적 비난에로 몰아넣는 것이다. 따라서 가부장적 가족모델이야말로 "다수의 정의와 안녕을 저해하는 악마적 왜곡"이며 "하나님으로부터 소외된 세계의 원리와 권력을 대변한다."[62]는 사실을 똑똑히 깨달아야 한다고 류터는 강조한다.

그렇다면 오늘날 포스트모던적 가족을 위한 새로운 윤리적 처방은 무엇이어야 하겠는가? 창조와 구속, 육체와 영혼, 결혼과 독신, 여성과 남성, 가족과 직장, 사랑과 정의 사이에 넘지 못할 선을 긋는 것이 아니라, 둘 사이를 역동적 상호관계로 매개할 지혜는 어디서 얻을 수 있을까? 필자는 페미니스트 윤리, 특히 온생명의 정의(ecojustice)에 관심하는 에코페미니스트 윤리가 그 좋은 대안이 될 수 있다고 본다. 에코페미니스트 윤리는 먼저 여성과 남성이 서로 동반자 관계 안에서 온전한 인간성을 누리고 충만한 생명력을 나누는 것을 목표로 한다. 이러한 성 정의를 바탕으로 사회 및 생태공동체 전체의 안녕과 복지를 지향하는 데까지 나아가는 총체적 전망이 그 안에 들어 있다. 에코페미니스트 윤리는 여성차별(sexism), 인종차별(racism), 계급차별(classism), 자연차별(naturism)이 서로 동떨어진 별개의 문제가 아니라 구조적으로 맞물린 복합적인 문제임을 꿰뚫어본다.[63] 그리고 이러한 차별을 정당화하는 논리가 다름 아닌 위계적 이원론이며 가부장적 세계관임도 놓치지 않는다. 따라서 사회변혁적 재구성을 위해서는 여성만의 해방으로는 불완전하고, 생명의 총체적 해방이 궁극적 목표가 되어야 한다는 것이다. 다시 말하자면, 여성 해방의 대의는 반드시 생태학적 관점을 포함할 것, 또한 역으로 생태학적 운동은 반드시 여성주의적 관점을 포함할 것을 요구하는 것이 에코페미니스트 윤리의 핵심이다.

이렇게 볼 때, 에코페미니스트 윤리적 전망에서 새롭게 재구성되는 가족은 생명을 이어나가는 창조의 리듬 안에서 삶의 다양한 영역들 간의 조화를 도모하는 양상으로 나타날 것이다. 여기에는 일중독을 부추기는 삶의 양식에 저항하는 것, 정의로운 부의 분배를 낳을 수 있는 지속가능한 경제 질서를 꿈꾸는 것, 가족의 생활주기에 따른 맞춤형 가족 정책으로 정부가 지속가능한 가족 지원을 아끼지 않는 것 등이 포함된다.

가족이라는 울타리 너머로는 아무 것에도 관심두지 않고 아무 것도 나누지 않는 가정이란 고여 있는 물과도 같다. 참으로 건강한 생명 가족이 되려면 섬김과 나눔의 윤리가 가족 내부에서나 외부에서 통(通)하게끔 되어야 한다. 섬긴다는 것은 강자 편에서 약자를 향해 이루어지는 행위이지, 그 역이 아니다. 섬김의 윤리는 가정과 사회에서 다른 모든 구성원들을 희생시킨 채 한 사람만 계속 발전해가는 식의 독점 의지를 암세포로 규정한다. 암은 한번 발병하면 전체 숙주를 죽음에로 몰아넣는 속성이 있으므로, 아예 숙주가 암에 걸리지 않는 체질로 변화하는 길밖에 없다. 그 길이 바로 나눔이다. 가족은 같은 집(oikos, eco)에서 살림살이(economy)를 공유하는 전체 단위, 곧 유한한 자원을 지혜롭게 나누어 쓰며 모두 함께 자신의 삶을 피울 수 있도록 공동 협력하고 공동 부양하는 생명 공동체이다. 생태학(ecology)의 기본 원리, 곧 만물의 상호연관성과 상호의존성의 원리가 가장 가깝고도 절실하게 경험되는 장이기도 하다. 따라서 가족 구성원 각자가 상호주체(intersubject)[64]라는 인식을 가지고, 삶의 모든 측면들을 서로 나누어야 한다. 이때의 나눔은 비례적 균등의 원리보다는 호혜적 보살핌의 원리에 근거할 것이다.[65]

그렇다면 가부장적 가족모델을 넘어서 에코페미니스트 가족 모델로 이행해감에 있어 교회의 역할은 무엇인가? 여기서 류터의 제안이 흥미로운데, 그는 한 가족을 창출하는데서 국가의 역할과 교회의 역할이 구분되어야 한다고 충고한다.[66] 국가는 마땅히 합법적 결혼 계약(contract)을 재가하지만, 교회가 그러한 국가의 역할을 대행할 필요는 없다는 것이다. 왜냐하면 교회는 결혼의 법적 계약보다는 성례전적 언약(covenant)을 담당하는 기구이기 때문이다. 그는 21세기 교회가 국가의 대리자 사업을 그만 두고, 언약의 준비자요 축복자로서 새로운 결혼 문화를 창출할 것을 당부한다. 이것은 오직 하나의 합법적 결혼만을 승인하는 국가의 시각에서 벗어나, 다양한 형태의 동반자 관계를 수용하는 것을 함축한다. 더 나아가 교회는 동반자 관계가 무너짐으로써 결혼 언약에서 벗어나 새로운 삶으로 나아가려는 사람들, 그리하여 이전 파트너와 새롭게 관계 설정을 할 필요가 있는 사람들에게 치유의 경험을 줄 수도 있다. 한마디로 오늘의 교회는 다양한 삶의 조건들 속에서 가족을 구성하기로 결단할 사람들을 "성례전적 결속과 구속적 약속에 이르는 더욱 깊은 관계로 인도해줄 영성과 윤리를 제공"[67]해야 한다는 것이다. 이에 덧붙여 류터는 교회가 탄생에서 죽음에 이르기까지 가족의 생활주기에 따른 의례를 좀 더 현실적으로 개발하고 수행하도록 요청한다. 이런 식으로 교회는 기독교 가족들이 언약공동체로서 자기를 재확인해 나가는 인생 여정에 풍요로운 생명력을 더해줄 수 있다는 것이다.

오늘 우리의 교회는 어떠한가? 한국 사회의 변화된 가족 양상에 대해 어떤 관점과 해법을 가지고 접근하는가? 호주제 폐지만 해도, 이것을 망국의 징조로 읽어내는 보수주의적 유림들 편에 서서 똑같은 장단으로 통곡의 노래를 부르는가? 아니면, 호주제로 인해 고통받았던 수많은 주변부 가족들과 더불어 생명의 노래를 부르는가? 여전히 교회 안에서 여신도가 하는 일이라곤 주방 봉사와 교회 청소와 성가대와 꽃꽂이와 주보 안내 같은 보조적인 일뿐이라고 한다면, 교회 자체가 가부장적 가족 모델을 확대재생산하는 모체가 아니고 무엇이겠는가?

교회는 본래 메시아적 잔치를 미리 맛보는 대안공동체로서 출발하였기에, 사회변혁적인 특징을 갖는다. 이제 이 땅의 교회는 가족에 대한 변화된 이해를 바탕으로 새로운 가족 가치를 제시해야 할 시대적 요청 앞에 서 있다. 바야흐로 지금은 이 땅의 가족들이 가부장적 가족 규범이라는 죽임의 권세로부터 벗어나서 생명 가족을 향해 출애굽을 단행할 때이다. 그 변화의 소용돌이 속에서 방향을 몰라 서성대는 가족들에게 교회는 새로운 비전을 제시해주어야 한다. 이런 맥락에서 21세기 생명 목회는 에코페미니스트 윤리의 비전으로부터 중요한 단서를 얻을 수 있을 것으로 본다.

끝으로 필자는, 무너졌던 가족이 완전히 새로운 패러다임으로 체질을 바꿔 생명 가족으로 다시 세워진 사례로서, 고멜과 호세아 이야기를 재해석해보고자 한다.[68] 남편(히브리어로 바알/주인)인 호세아는 가부장적 사고구조를 가지고 있다.[69] 그는 아내를 자신의 지배와 통제 아래 두고자 한다. 왜냐하면 그가 아는 한, 아내라는 존재는 남편에게 예속된 존재로서 일종의 소유물이기 때문이다. 한편, 아내는 자신의 성적 매력과 생산력으로 남편에게 맞선다. 억누를수록 튕겨나가는 고멜의 심리 역시 남편을 지배하고자 하는 반동적 욕구이다. 이러한 힘겨루기의 결말은 이혼! 호세아는 남편 아래서 복종하기를 거부하고 자신이 세운 윤리 표준을 무시하는 아내와 더 이상 함께 살 수가 없다고 판단하여 그를 내쫓는다.

하지만 여자 혼자서는 살기 어려운 지독한 가부장적 사회에서 고멜은 다른 남자에게 몸 붙여 사는 것으로 생계를 이어나가게 된다. 그런데 호세아가 고멜을 찾아 나선 것이다. 고멜을 데리고 사는 그 주인에게 몸값을 지불하고서 고멜을 데리고 온다. 무슨 조화인지 알 수가 없으나, 다만 호세아가 달라진 것만은 확실하다. 그는 고멜을 집으로 데려가지 않고, 먼저 빈들로 데리고 가서, 다정한 말로 달래 준다.(호 2:14) 그리고 남편인 자기를 다시는 '내 주인(바알리)'이라 부르지 말고, '내 남자(이쉬)'라 부르라고 부탁한다.(호 2:16) '바알리'가 법적 소유 관계를 표시한다면, '이쉬'는 사랑이 가득한 연인 관계에서의 호칭이다.(창 2:23 참고) 호세아는 이렇게 자기 자신의 호칭을 바꿈으로써, 본래 '이슈티(내 여자)'였던 아내와 대등한 관계를 맺게 된다. 호세아 편에서 보면, 이것은 스스로를 낮추는 행위로, 말하자면 섬김의 도를 실천하고 있는 것이다. 그는 '바알'로서 누리던 모든 기득권을 포기한 채, 무(無)와 공(空)을 상징하는 '빈들'에서 고멜과 새 삶을 시작한다. 여성에 대한 편견을 가지고 있을 때는 고멜을 지배하려고만 하던 그가, 이제 자기 해체의 과정을 겪은 뒤로는 여성을 호혜적 보살핌의 상대로 재발견하게 된다.

고멜을 영원한 '이슈티'로 맞아들이면서 호세아가 준비한 결혼선물이야 말로 생명 가족을 세워가는 주춧돌이 아닌가 생각해 본다. 그 결혼선물이 란 정의, 공평, 사랑, 긍휼, 성실이라는 다섯 가지 윤리 규범이다.(호 2:19) 가부장적 위계질서의 패러다임에 젖어 있을 때는 소중한 줄 몰랐던 규범들이 이제 하나님이 주신 깨달음의 빛에서 새로운 가족관계의 원리로 부각된다. 호세아는 고멜을 대등한 인격적 관계에 기반한 언약의 파트너로 초대하면서 이 다섯 가지 결혼선물을 내놓고 있다. 서로 섬기고 나누는 아름다운 관계를 위한 열쇠말(keywords)이 아닐 수 없다.

생명 가족을 이루기 위해 가부장제의 강을 건넌 이 땅의 수많은 남녀들에게 호세아와 고멜의 이야기가 풍성한 지혜를 제공해주리라 믿는다. 제도보다는 생명이 우선이라는 지혜, 그리고 관계의 단절보다는 연결이 중요하다는 지혜이다. 이것은 가족 구성원 하나하나에 해당되는 지혜일뿐만 아니라, 모든 다양한 가족들에도 해당되는 지혜이다. 만물이 서로 연결되어 있다는 진리는 모든 가족들이 서로 연결되어 있다는 믿음으로 나타나야 한다. 소위 '정상가족'과 '비정상가족'이 분리된 채로 살 수 없는 게 생명의 원리이다. 배타와 대결의 길로는 어느 가족도 결코 생명 가족에 이를 수 없다. 그렇다면 모든 다양한 형태의 가족들이 거대한 생명의 그물망 속에서 서로 공생하는 길을 모색해야 하지 않을까? 가족의 '정상성' 내지 '건강성'을 측정하는 척도는 법이나 제도가 아니라, 관계의 질(質)일 것이다. 즉 그 관계가 정의, 공평, 사랑, 긍휼, 성실이라는 주춧돌 위에 세워졌느냐 하는 것이다. 이러한 생명의 관계는 가족과 가족 사이에서도 적용되어야 한다. 그것이 바로 '우주적 그리스도'를 모시고 사는 '우주 가족'의 일원이라는 우리의 신앙고백이 공허한 추상으로 떨어지지 않고 육화(肉化, incarnation)되는 길이다.

1) Dink족이란 Double Income, No Kids의 약자로, 의도적으로 자녀를 낳지 않고 맞벌이로 살아가는 부부를 일컫는 말이다.
2) 기러기가족이란, 해외로 조기 유학 간 자녀와 그 자녀를 뒷바라지하기 위해 따라 간 아내, 그리고 이들에게 학비와 생활비를 '물어다 주는' 아버지로 구성된 가족형태를 말한다.
3) 캥거루가족이란, 대학 졸업 후 자녀가 취직할 나이가 되었음에도 불구하고, 취직하지 않고/못하고 부모에게 얹혀사는 가족형태를 말한다. 일본에서는 이렇게 부모에게 기생하는 자녀를 가리켜, 'parasite(기생충)'과 'single(독신)'을 합해 '파라싱글족'이라고 부른다.
4) 베티 프리단, 『여성의 신비』, 김행자 옮김, 평민사, 1996.
5) Talcott Parsons, "Sex Roles in American Kinship System", Essays in Sociological Theory (New York: Free Press, 1954) ; Talcott Parsons and Robert Bales, Family, Socialization and Interaction Process (Glencoe, Ill.: The Free Press. 1955).
6) 베티 프리단, 『여성의 신비』.
7) 앞 책, 24-25.
8) 이혼율은 산출방식에 따라 서로 다른 통계가 나오기 때문에, 흔히 국제적으로는 조이혼율이 통용된다. 조이혼율이란 한 해 동안 발생한 전체 이혼건수를 해당 연도의 7월1일치 인구로 나눠 천분률(‰)로 표시하는 것이다. 이렇게 조사한 2002년 우리나라 조이혼율은 3.0으로, 미국(4.0)보다는 낮지만, 덴마크(2.8) 등 유럽 국가와 일본(2.3)보다는 높게 나타났다. 《한겨레신문》, 2004. 4. 19.
9) 우리나라의 출산율(가임 여성1인당 평균 출생아 수)은 2002년에 1.17명으로, 세계 최저수

준을 기록하였다. 한 나라의 인구가 지속적으로 유지되기 위해서는, 출산율이 2.1명은 되어야 한다는 게 전문가들의 의견이다. 한편 유엔인구기금(UNFPA)이 발간한 '2004 세계인구현황'에 따르면, 우리나라의 출산율은 1.41명으로, 약간 증가하기는 했지만, 여전히 인구대체기준에는 미치지 못하고 있는 실정이다. 《한국일보》, 2004. 9. 15.

10) 정가련에서 2005년 4월 11일 발표한 보도자료, "호주제 폐지 후에 나타날 재앙" 참고. 정가련 홈페이지 http://www.guard.or.kr에서 발췌함.

11) 정가련에서 2005년 3월 10일 발표한 성명서, "걸레가 되어 버린 우리의 가족법" 참고. 여기서 언급된 '70퍼센트' 라는 숫자는 정가련 자체조사에서 나온 것이고, 한국가정법률상담소가 2003년에 실시한 '호주제 국민의식 조사'에서는 호주제 폐지에 찬성하는 의견이 66.2%에 달한 것으로 조사됐다. 특히 같은 상담소에서 2004년 7-8월에 전체 현역의원 299명을 대상으로 설문조사를 벌인 결과, 호주제 폐지에 찬성하는 의원이 전체의 65%인 197명이었으며, '반대'는 9명에 그쳤다. 《한겨레신문》, 2004. 9. 8.

12) 앞의 성명서 참고.

13) 2004년 3월 16일, 한국여성민우회에서 "건강 가정 있다, 없다"는 주제로 마련한 건강가족법 긴급진단토론회 발제문은 우먼타임즈(http://www.iwoman-times.com) 159호, 2004. 4. 20.

14) 건강가족법 제4조 2항에 보면, "모든 국민은 가정의 중요성을 인식하고 그 복지의 향상을 위하여 노력하여야 한다."고 명시되어 있다.

15) 한국여성개발원 변화순 선임연구위원의 인터뷰 기사 참고. 《동아일보》, 2005. 3. 4.

16) 그러나 한국 사회의 가족은 근대화를 거치면서도 서구적인 의미의 핵가족으로 변

화했다고 보기 어렵고, 가족 의식이나 가족 관계의 측면에서는 여전히 부계 혈통 중심의 대가족 요소를 지니고 있어 '구조적 불안정성'을 이루고 있다는 견해도 있다. 장경섭, "핵가족 이데올로기와 복지 국가: 가족 부양의 정치경제학", 《경제와 사회》 제15호, 1991, 가을호.
17) 《국민일보》 2002. 7. 4.
18) 변화순 외, 「한국 가족의 변화와 여성의 역할 및 지위에 관한 연구」 (한국여성개발원, 2001). 기혼여성의 경우에도 특히 도시 저소득영세지역의 기혼여성은 빈곤으로 인해 어떤 형태로든 취업하지 않을 수 없어서, 무려 92.3퍼센트의 높은 취업률을 보이고 있다.
19) 85개국에서 900여명의 정치, 경제, NGO 여성지도자들이 참가한 가운데 '리더십, 테크놀로지, 성장'이라는 주제로 열린 2004 세계여성지도자회의(Global Summit of Women)에서 발표된 매킨지 보고서에 의하면, 한국 여성의 경제활동 참가율(60%)은 아시아 국가들 가운데 중국(83%), 태국(79%), 일본(66%), 인도네시아(61%) 다음에 위치해 있는 것으로 나타났다. 특히 대졸 여성의 취업률은, 대졸 남성의 90퍼센트에 훨씬 못 미치는 53퍼센트에 머물러 있어, G7국가의 평균 71퍼센트보다 훨씬 낮게 나왔다. 매킨지 보고서는 주요 선진국들이 모두 국민소득 2만불 시대로 접어든 때에는 여성의 경제활동 참가율이 다른 시기에 비해 빠르게 증가한 때라고 분석하면서, 여성 노동력의 적극적인 활용만이 국가 경쟁력을 높일 수 있음을 역설하였다. 《세계일보》, 2004. 5. 28.
20) 《동아일보》, 2005. 3. 4.
21) 통계청이 5년마다 실시하는 생활시간조사(1999)에서 나타난 결과이다. 한편 '홀벌이' 부부의 가사노동시간은 여성이 6시간43분, 남성이 1시간6분으로, 남성의 경우

에는 경제활동을 하든지 안 하든지간에 가사노동시간에 별 차이가 없는 것으로 나타났다. 《한계레신문》, 2003. 3. 30.

22) F. 엥겔스, 『가족 사유재산 국가의 기원』, 김대용 역 아침, 1995. 엥겔스에 따르면, 수렵채취사회에는 어머니와 아들이 가장 손쉬운 성교 상대가 되는 무규율성교형태만 존재하다가, 그 후 가족의 첫 단계로서 부모-자식 간의 성교를 배제하는 혈연가족이 등장하게 되고, 그 다음에 형제자매 간의 성교를 배제하는 푸날루아가족을 거쳐, 모든 혈족간의 성교를 금지하는 일부일처 대우혼가족으로 발전하게 되었다고 한다.

23) 벨 훅스, 『행복한 페미니즘』, 박정애 옮김, 백년글사랑, 2004. 9.

24) 제인 콜리어 미첼 제트 로살도 실비아 야나기사코, "가족은 존재하는가: 새로운 인류학적 시각", 베리 쏘온 매릴린 얄롬 편, 『페미니즘의 시각에서 본 가족』, 권오주 외 공역, 한울아카데미, 1991.

25) 자본주의 임금노동체계에서 가사노동은 대표적인 부불(不拂)노동으로 인식된다. 그런데 한국여성개발원 김태홍 박사가 통계청에서 발표한 생활시간조사(1999) 결과를 적용해 2001년에 산출한 여성의 가사노동가치는, 대졸여성의 경우 198만원이고, 고졸여성의 경우 90만 8천원으로 나타났다. 이것은 기회비용, 곧 노동시장에 참여하지 않은 가정주부가 가사노동을 포기하고 직업노동에 참여할 경우에 벌어들일 수 있는 잠재적인 소득을 가사노동에 대한 경제적 가치로 환산해 본 값이다. 한편, 가사도우미를 고용했을 경우인 대체비용법으로 계산하면, 85만7000원이 나왔다. 《동아일보》, 2004. 8. 10.

26) 아드리엔느 리치, 『더 이상 어머니는 없다: 모성의 신화에 대한 반성』, 김은성 옮김, 평민사, 1996.

27) 앞 책, 52.
28) 시몬 드 보부아르, 『제2의 성』하, 조홍식 옮김, 을유문화사, 1996.
29) 《동아일보》, 2005. 2. 9.
30) 예를 들면, "여자들의 권력의 원천인/부엌이여/이타의 샘이여…"로 시작되는 정현종 시인의 "부엌을 살리는 노래"는 '손에 물마를 새 없이' 평생을 '부엌데기'로 살아야 하는 어머니들에게 별 위안가 되지 않을 것이다. 류터는 모성의 승화는 모성의 정복이나 부정과 마찬가지로 여성 억압의 이데올로기라고 지적한다. R. R. 류터, 『새 여성 새 세계』, 손승희 옮김, 현대사상사, 1980.
31) 시몬 드 보부아르, 『제2의 성』하.
32) 앞 책, 130, 138.
33) 앞 책, 230.
34) 앞 책, 233-234.
35) Juliet Mitchell, "Women: The Longest Revolution", *New Left Reviews 40* (Nov./Dec. 1966).
36) 리치는 수잔 그리핀의 말, "강간은 대중폭력이다"에 덧붙여, "어머니가 된다는 것은 징역살이"라고 말한다. 아드리엔느 리치, 《더 이상 어머니는 없다》.
37) 앞 책, 54.
38) 앞 책, 56.
39) 앞 책, 57.
40) 법학자 박홍규(영남대 교수)는, 호주제폐지에 앞장서던 아무개씨가 "우리 사회의 공적인 영역에 국가보안법이 있었다면, 사적인 영역에는 호주제가 있었다."고 말한 것에 대해 언급하기를, "호주란 기본적으로 권력관계이기 때문에 순수한 의미의

사적인 관계라 보기 어렵다."고 지적한다. 오히려 "호주제는 국가보안법이 상상하는 가장 반민주적인 체제의 최소 단위"이기 때문에 "호주제 자체가 국가보안법인 것이다."라고 말함으로써, 공/사 이분법의 논리를 비판한 바 있다. 『기독교사상』 (2005년 3월호).

41) 라이나 랩, "현대 미국의 가족과 계급-이데올로기 이해를 위한 소고", 베리 쏘온 매릴린 얄롬 편, 『페미니즘의 시각에서 본 가족』.

42) Carol Stack, *All Our Kin*: Strategies for Survival in a Black Community (New York: Harper & Row, 1974).

43) Lillian B. Rubin, *Worlds of Pain*: Life in the Working-Class Family (New York: Basic Books, 1992).

44) 니버는 사랑과 정의 사이의 "솔직한 이원론"을 토로한 바 있다. Reinhold Niebuhr, 『도덕적 인간과 비도덕적 사회』, 이병섭 역 (서울: 현대사상사, 1995), 284 ; 니버의 정의론에 대해서는 다음의 글도 참고하라. 신원하, "라인홀드 니버의 정의론과 정의 구현의 전략", 신원하 편, 『기독교 윤리와 사회정의』 (한들출판사, 2000).

45) 리네이트 브리덴탈, "가족: 그녀 자신만의 방에서 본 관점", 베리 쏘온 매릴린 얄롬 편, 『페미니즘의 시각에서 본 가족』.

46) 1879년에 노르웨이 극작가 입센이 쓴 3막짜리 희곡으로, 우리말로도 여러 출판사에서 번역 출간되었다.

47) Rosemary R. Ruether, *Christianity and the Making the Modern Family* (Boston: Beacon Press, 2000).

48) Ibid.

49) Lisa Sowle Cahill, *Family: A Christian Social Perspective* (Minneapolis: Fortress Press, 2000).
50) Ibid.
51) Ibid.
52) Ibid.
53) Rosemary R. Ruether, *Christianity and the Making the Modern Family*.
54) Ibid.
55) 일례로, 마태복음 4장 21-22절에 보면, 예수가 세베대의 아들 야고보와 요한을 제자로 부르자, "그들은 곧 배와 자기들의 아버지를 버려두고 예수를 따라갔다."고 묘사된다.
56) 엘리자베스 S. 피오렌자, 『크리스천 기원의 여성신학적 재건』, 김애영 옮김, 종로서적, 1986 ; 구미정, 『이제는 생명의 노래를 불러라』, 올리브나무, 2004.
57) Rosemary R. Ruether, Christianity and the Making the Modern Family.
58) Augustine, De Bono Conj., "On the Good of Marriage", Treatises on Marriage and Other Subjects (New York: Fathers of the Church, 1955).; Ibid.
59) 그러나 아가서를 영화(靈化)하는 이러한 관점과 달리, 하크(Herbert Haag)와 엘리거(Katharina Elliger)에 의하면, 히브리인들은 육체와 영혼을 이분법적으로 파악한 것이 아니라 하나의 통일체 내의 두 부분으로 이해했기 때문에, 아름다운 것에 대해 기뻐하고 사랑과 성애(eroticism)와 성생활을 자명한 것으로 긍정하였다고 한다. 하크 엘리거, 『사랑을 방해하지들 말아다오: 성서로 본 인간의 성생활』, 분도출판사, 1988; 이러한 맥락에서 하크는 구약성서의 아가서가 "순수한 성애의 증언"이라고 본다.

H. 하아크, 『나를 호렸구나: 성서의 성관』, 김윤주 역 (분도출판사, 1994).
60) 로즈마리 류터, 『성차별과 신학』, 안상님 역 (대한기독교출판사, 1985) ; 메리 데일리, 『하나님 아버지를 넘어서: 여성들의 해방철학을 향하여』, 황혜숙 옮김, 이화여대 출판부, 1996.
61) Rosemary R. Ruether, *Christianity and the Making the Modern Family*
62) Ibid.
63) 구미정, 『생태여성주의와 기독교윤리』, 한들출판사, 2005.
64) 페미니스트 인간학은 한쪽이 주체이고, 다른 쪽은 객체라는 기계론적 주/객 도식을 거부한다. 분리보다는 연결을, 독립보다는 관계를 중시하기 때문에, 상호주체성(intersubjectivity)의 개념이나 관계적 자아(relational self) 개념이 중요하게 부각된다.
65) '보살핌의 윤리'를 제창한 길리건은 보살핌의 윤리가 정의를 대치하는 개념이 아니라고 말한다. 무엇보다도 보살핌이 필요한 사람과 그 필요를 제공해 주는 사람과의 정의로운 관계가 전제되지 않으면, 보살핌은 쉽게 일방적인 희생 이데올로기로 이용될 수 있다. 그러므로 가족관계와 같이 친밀한 관계에서는 보살핌의 원리가 정의와 더불어 구현되어야 하고, 정의 역시 보살핌과 병행될 필요가 있다고 한다. 캐롤 길리건, 『심리 이론과 여성의 발달』, 허란주 옮김, 철학과 현실사, 1994.
66) Rosemary R. Ruether, Christianity and the Making the Modern Family.
67) Ibid.
68) 이러한 재해석은 다음의 글들에서 영감을 얻은 것이다. 민영진, "디블라임의 딸, 호세아의 아내 고멜을 변호함", 『예수 여성 민중』 (이우정 선생 회갑 기념 논문집 출판위원회, 1983) ; 민영진, "고멜과 호세아의 재결합에서 보는 남북통일", 『평화통일

희년」, 대한기독교서회, 1995.
69) 히브리어로 '바알'은 소유주, 임자, 주인을 뜻하지만 남편의 뜻도 있다. 그래서 호세아서 2:16에 나오는 '바알리'도 '내 남편'이라는 뜻이다. 다시 말해 남편이 법적으로 자신의 소유주라고 말하는 딱딱한 호칭이다.

논찬 3.

"울타리 가족을 넘어 생명 가족에로"에 대한 논찬

이 재 천 (한신대)

이 글은 사회윤리학적 관점에서 저자(구미정 교수)의 논문을 읽어보는 한 시도이다. 가족 패턴의 급격한 변화는 이미 70년대에 기독교 사회윤리학의 주요한 연구 과제로 자리를 잡았다.[1] 초기 연구는 변화의 패턴을 사회현상으로서 유형화하는 작업에 집중되었다. 90년대에 이르러서는 가족 관계의 원리성에 대한 연구로 발전했다. 상호 평등한 관계성의 원리에 기초한 가족 관계, 가족 공동체의 참여 메커니즘, 가족과 사회의 이원론적 구별의 문제 등이 논의되었다.[2] 주제에 관한 유용한 많은 정보를 제공하고 있는 본 논문은, 이러한 앞선 연구 결과들을 충분히 수용하여 그 바탕으로 삼고, 나아가 여성 신학적 관점에서 가족 패턴의 변화가 지향해야 할 이념적 전망을 제공한다는 점에서, 앞으로 '가족 문제'에 관한 윤리학적 논의가 발전적으로 전개되는데 크게 기여할 것이라고 기대된다.

I. 글의 맥을 찾아 논문의 전체적인 틀과 구조를 이해하기

저자는 대중문화 매체, 특히 영화와 TV 드라마를 통해서 표현되고 있는 가족 형태에 주목하면서, 한국 사회의 가족 형태가 이미 커다란 변화를 겪고 있다는 현실 인식을 전제로 하여 논의를 전개한다.

저자는 한국 사회에서 근대 기능주의적 가족 개념을 규범으로 삼는 가족 위기론자들이, 가족의 문제를 사회의 위기와 연결시키면서, '전통적인 가족의 회복'을 주장하는데 주목한다. 이러한 가부장적 보수주의 이데올로기와 결합한 기능주의적 관점에 의하면, 가족의 해체 등 한국 사회의 가족 형태의 급격한 변화를 초래하는 사회적인 원인은 전통적인 규범을 수용하지 않는 의식화된 여성에게 전가된다.

반면에, 저자는 '제도로서의 가족은 고정적 실체가 아니라 과정적 실체'라고 이해한다. 가족 형태의 변화는 '경제 구조와 생활 양식의 급격한 변화'를 반영하는 사회적 현상이므로, 새로운 시대 상황에 적합한 새로운 가족 개념과 가족 윤리가 필요하다.

저자는 새로운 가족 파라다임을 구성하기 위해서, 먼저 페미니즘의 관점에서 가족 내부의 불의를 내재하고 있는 근대적 의미의 가족 이데올로기를 비판적으로 분석한다.[3] 그리고 새로운 가족 모델로서 '사회 변혁적 가족 (Cahill),' '다양성을 인정하는 포스트모던적 가족 (Ruether)' 개념을 검토한다.

결론적으로, 저자는 에코페미니스트 윤리로부터 포스트모던적 가족을 위한 새로운 윤리의 가능성을 모색하는데, 그것은 '성 정의를 바탕으로 사회 및 생태 공동체 전체의 안녕과 복지를 지향하는 생명 가족'이다. 교회는 사회 변혁적 공동체로서, '생태학적 원리에 기초한 섬김과 나눔의 윤리'를 실천하는 '생명 가족'이라는 새로운 가족가치를 제시함으로써, 생명 목회를 실현해야 한다.

Ⅱ. 구조와 논리적인 측면에서 논문의 내용을 살펴보기

1. 논문의 구조를 보면, 글의 동기와 결론은 한국 사회의 현실과 관련되고, 본론 부분에서는 미국 사회의 경험과 그에 대한 분석이 두드러지게 다루어진다. 한국 사회의 급격한 가족 형태의 변화에서 비롯하는 문제 의식이 미국 기독교 신 우파의 복음주의적 보수주의와 그에 대한 비판으로서의 페미니즘적 대안으로 연결되는 것이다. 이러한 구성은 가부장적 지배 구조와 지배 의식이 가족 제도를 통해서 강화되고 지속되는 것이, 지구적으로 편만한 사회 현상임을 확인하게 해 준다. 여기에 한국 사회의 '가족 위기론자들'과 미국 사회의 '기독교 우파' 사이에 놓여 있는 유형적인 상관성 등에 대한 분석이 좀 더 필요하다고 여겨진다.

2. 제목으로 삼은 '울타리 가족'이란 가부장적 이데올로기가 관철되는, 전통적인 '정상 가족'을 의미한다. 이미 실현되고 있는 포스트모던적인 다양한 가족 현상에 비추어 볼 때, '울타리 가족'은 더 이상 규범적인 가족 모델일 수 없다. 저자는 '울타리 가족'을 극복하는 에코페미니스트 가족 모델로서 '생명 가족'을 제시한다. 여기에 '다양한 형태의 동반자 관계'를 전제로 하는 포스트모던적 가족이 내포하는 '생명 가족'적 전망에 대한 설명이 좀 더 보태어질 필요가 있다.

3. 저자는 Talcott Parsons의 기능주의 이론이 현모양처 이데올로기를 세계적으로 확산시킨 주요 요인이 되었다고 하는 Betty Friedan의 분석을 소개한다. 미국 대학에서의 교육 내용이 세계적으로 '여성들의 이상형'이 되었다는 Friedan의 평가와 더불어, 미국식 자본주의 소비문화가 확산시킨 '행복한 가족 이데올로기'가 갖는 세계적인 영향에 대한 평가가 병행될 필요가 있다고 본다.

이차 세계대전 이후, 미국 사회는 자본주의 체제의 우월성을 입증하기 위해서 'American dream'의 실현으로서 '행복한 가족 이데올로기'를 적극적으로 부각시켰다. 가족은 자본주의 사회에서 소비와 소유의 기본 단위로서, 경제 행위의 근간을 이룬다. 자본주의 정신과 결합한 가부장적 가족 이데올로기는 가족 중심주의 문화로 포장되어 소비 문화를 강화한다. 이러한 현상은 세계적으로 확산되었으며, 이미 한국 사회의 주도적인 문화 현상이 되었다.[4]

4. 저자는 가족 형태의 변화가 여성 의식의 변화뿐만 아니라 사회경제적 변화의 반영임을 전제로 하여 논지를 전개한다. 그런데 결론에서는 '나눔과 섬김의 윤리'를 제시하면서 '의식의 변화' 부분에 집중하게 된다. 따라서 논문은 중요한 과제를 남겨준다. 가족의 집단 이기주의의 완강함을 'eco-family'의 비전으로 극복하기 위한 실천 전략도 윤리학적 과제로 삼아야 한다는 것이다. 가족의 'self-interest'를 희석시킬 수 있는 대안적인 사회경제적 조처를 실현해내지 못하는 한, 가족의 집단 이기주의 의식의 적극적인 변화를 기대하기 어렵기 때문이다.

Ⅲ. 본문에서 제기되는 윤리학적 논점들의 발굴

1. 저자는 Reinhold Niebuhr의 "솔직한 이원론"을 언급하면서, 그의 '정의와 사랑의 이분법적 윤리 체계'가 '가족에 대한 공/사 이분법'의 논리적 근거가 됨을 지적한다. 그리고 사적인 영역(가족)에는 사랑의 원리를, 공적인 영역(사회)에는 정의의 원리를 적용하는 방법론을 비판한다.

그러나 Niebuhr의 윤리적 사고의 근간을 이루는 '사랑과 정의의 상관성'을 이해하는 다른 관점이 가능하다. 물론 그가 관심하는 범주가 주로 사회(민족 또는 국가)이지만, '사랑과 정의'의 관계를 논함에 있어 Niebuhr가 가장 큰 문제로 지적한 것이 바로 '공/사 이분법적 사고'이다.[5] Niebuhr에게 있어서 자기를 초월하는 '희생적 사랑 (sacrificial love)'은 개인 윤리의 절대적 규범이 되기는 하지만, 어디까지나 ' 불가능의 가능성 (impossible possibility)'일 뿐이다. 그에게 가능한 사랑의 진면목은 '상호간의 평등한 사랑 (mutual love)'로 드러난다. 그는 '상호간의 사랑'을 인간관계의 원리로 삼는다. 이것은 Ruether가 주장하는 '상호성 (mutuality)의 원리'와 함께 논의될 수 있을 것이다. '정의의 최종적인 규범은 사랑'일 뿐이라고 하는 Niebuhr의 윤리적 사고는, 궁극적으로 사랑을 바탕으로 하는 일원론적 체계를 갖는다.[6]

2. 저자는 Ruether의 분석에 따른 '새로운 종말론적 가족'으로서 예수운동 공동체, Fiorenza의 '평등한 제자직 공동체,' 그리고 Cahill의 '이웃사랑을 실현하는 이상적인 가정으로서 초기 기독교의 가정 교회' 등을 기독교적 가족 모델의 근거로 삼는다.

저자의 관점은 성서(초기 교회사 포함)로부터 이상적인 대안(가족 모델)을 찾는 것의 필요성과 한계성에 대한 윤리학적 숙고가 필요함을 알려준다. 숙고의 내용은, 하나는 윤리학의 근거에 대한 문제이고,[7] 다음으로는 근거로 삼는 텍스트에 대한 해석의 원칙 문제일 것이다. 성서의 텍스트를 해석하여 새로운 파라다임을 재구성하느냐, 텍스트로부터 적합한 '원리(정신)'를 찾아내느냐 하는 문제는 윤리학이 씨름해야 하는 해석학적 과제이다.

3. 저자는 Cahill의 '이상적인 가족' 전망에 이어서, Ruether의 '규범적인 가족이란 허구일 뿐이며, 가족 다양성은 이미 현실이다'는 주장을 언급한다. 이러한 표현은 소위 전통적인 '정상 가족' 모델이 a model이지 the model이 아님을 분명하게 한다. 여기서 '규범적인 가족'을 '허구'라고 할 때, 새로운 가족 모델로서 '생명 가족'을 제시하는 것과 관련지어 개념적인 점검이 선행될 필요가 있다고 보인다.[8] 사회학적 관점에서, '규범적인 가족,' 즉 전통적인 '정상 가족'을 ideal type으로 삼는 것의 배후 의식은 비판되어야 한다. 그러나 논리적으로 '생명 가족'도 ideal type으로 제시된

것이다. 하나의 ideal type으로서 실재는 아니지만, 허구인 것 또한 아니다.

4. 저자가 기독교 윤리적 대안으로 제시하는 '생명 가족'은 Cahill의 '사회 변혁적 가족,' 그리고 Ruether의 '상호성에 기초한 가족'과 상통한다. 이러한 새로운 가족 모델의 한 공통점은 집단 이기주의의 극복이라고 하겠다.

인간 공동체의 '집단 이기주의'는 윤리학적 숙고의 중심 과제이기도 하다. 윤리학은 사회 현상으로서 '집단 이기주의란 과연 극복이 가능하며, 어떻게 가능할 수 있겠는가' 하는 문제를 과제로 삼아 씨름해왔다. Max Weber의 관점을 빌리자면, 종교적으로 윤리적 가치(집단 이기주의의 극복의 당위성)를 강조할수록 기존의 사회제도와의 긴장 강도는 더욱 심해진다.[9] 그리고 '윤리적 과제의 실현(세상의 평화, 이기심의 극복)은 투쟁을 통해서 얻어진다'고 주장하는 Niebuhr의 현실주의적 관점에 의하면, 저자의 '집단 이기주의의 극복'에 대한 전망은, 페미니즘이 정의를 실현해나가는 역사적 현실이 거친 가시밭임을 실감하게 한다.

5. 저자에 의하면, 생명 공동체로서 '생명가족'은 생태학의 기본 원리, '만물의 상호연관성과 상호의존성의 원리'를 전제로 한, 섬김과 나눔의 윤리에 근거한다. 이러한 제안은 Niebuhr의 표현을 빌리자면, 섬김과 나눔을 필요로 하는 상호 연관성과 의존성의 이면에 놓여있는 인간 존재와 역사의 한계성, 곧 비극적이고(tragic), 연민을 자아내게 하며(pathetic), 그리고 아이러니한(ironic) 한계성을 직시해야 하는 윤리적 긴장을 일깨워준다. 생태계에서 만물(인간 사회를 포괄하는 개념)의 관계성은 '힘'을 통해 주도적으로 매개되며, 이러한 '힘의 원리'는 인간 존재의 한계성이기도 하기 때문이다. 윤리학은 인간의 윤리적 비전을 현실적 한계와 어떻게 매개할 것인가에 대한 비판적 숙고를 요청한다.

6. 저자는 새로운 가족 모델로의 이행을 위한 교회의 역할을 논하면서 Ruether의 '국가와 교회의 역할 구분'을 사용한다. 물론 Ruether가 주장하는 '역할 구분론'은 전형적인 서구 기독교 문화 사회의 역사적 경험에 기

초한다. 여기서 Ruether가 교회를 '성례전적 언약을 담당하는 기구'로 정의하는 것에 대해서, 다른 관점을 덧붙일 수 있다고 본다. 교회의 '성례전적 결속'은 '가족으로서의 교회' 이미지를 강화하는데, 이 경우에 가족의 '가부장적 이미지(patriarchal image)'를 고착, 지속시키는 기능을 하는 측면이 있기 때문이다. 윤리학적 관점에서, 신학적 전제를 가지고 성례전의 기능을 해석하는 것과, 종교 현상으로서 성례전의 문화적, 이데올로기적 기능에 대한 분석과의 사이에 놓여있는 차이는 구별되어야 할 것이다.

7. 마지막으로, 본 논문을 발전시켜 나가면서, 가부장제 전통과 한국 기독교(교회)와의 관계에 대한 심도 있는 분석이 전개되리라고 기대한다. 그리고 한국 기독교가 한국 사회의 경제적 발전 과정에서 자본주의의 가치를 신적 축복과 일치시켜 왔으며, 가족을 물질적 축복을 수용하는 기본 단위로 설정해 왔다는 점에서, 한국 기독교의 물질적인 기복신앙을 토대로 한 교회성장주의에 대한 분석, 권위주의의 확대 재생산 기지로 기능하는 교단 중심주의 등에 대한 분석도 병행될 수 있기를 기대한다.

Ernst Troeltsch는 교회의 '가부장주의(patriarchalism)'를 역사적으로 분석하면서, '교회는 가족 안의 개인적 관계에 깊이 개입하며 . . . 가족은 모든 사회적 관계의 본래적인 형태가 된다'고 했다. 그리고 사회적으로 교회의 주된 역할이 과거의 문화를 유지, 계승하게 하는 보수성을 갖고 있음을 밝혔다.[10] Troeltsch의 역사적 분석 방법론은 전통적인 가부장적 가족 이데올로기와 결합한 한국 기독교의 보수성이 갖는 사회적 기능과 역할을 분석하기 위해서 참고할 만한 유용성을 갖고 있다고 하겠다.

정성스런 글을 읽고 배움을 얻을 수 있는 기회를 갖게 된 것에 감사한다.

1) 예를 들어, Letha Scanzoni, "Changing Family Patterns," in *Christian Social Ethics*, edited by Perry C. Cotham (Grand Rapids, Michigan: Baker Book, 1979).

2) Frank G. Kirtpatrick, *The Ethics of Community* (Oxford: Blackwell Publishers, 2001).

3) 이 부분은 논문의 몸통 글 앞부분에 해당한다. 세 가지 비판점은, 1) 혈연 관계에 기초한 가부장적 가족 형태의 기능주의적 성역할 분담론; 2) 낭만적인 가족 이해에 내재하는 여성/모성의 소외와 억압; 3) 사적 영역으로서의 가정과 공적 영역으로서의 사회를 분리하는 이분법적 논리 등이다.

4) 예를 들어, "예전에는 가난했지만 나보다 조금 더 가난한 사람한테 밥 한 끼라도 먹여 주고 그랬잖아요. 요즘 텔레비전 광고 보면 너무 한심해요. 내 아이와 남편 잘 돌보고, 좋은 집이랑 자동차 사고 그러려면 아내인 내가 건강해야 한다고 나오죠? 나만, 우리 가족만 잘살면 된다는 거예요." 《한겨레신문》 2005. 5. 6.

5) Reinhold Niebuhr, *Love and Justice* (Louisville, Kentucky:Westminster/John Knox Press, 1992). Niebuhr는 '불가능의 가능성(the impossible possibility)'으로서 '사랑의 법'에 기초한 기독교 윤리의 사명을, (1) 세상의 무질서를 가능한 만큼 줄여내는 것, (2) 그러한 일시적인 성과를 '궁극적인 이상 (the ultimate ideal)'에 비추어 끊임없이 비판하는 것이라고 한다. *An Interpretation of Christian Ethics* (New York: Harper & Row, 1987).

6) Reinhold Niebuhr, The Nature and Destiny of Man, vol. II, *Human Destiny* (New York: Charles Scribner's Sons, 1943).

7) Cahill의 경우는 다음을 참고. Lisa Sowle Cahill, *Between The Sexes*:

Foundations for Christian Ethics of Sexuality (Philadelphia: Fortress Press, 1985).

8) Max Weber가 『사회과학적 그리고 사회 정책적 인식의 객관성』(Die Objectivität sozialwissenschaftlicher und sozialpolitischer Erkenntnis)에서 제시하는 Idealtypus의 개념에 의하면, '개념을 이념형으로 구성하는 것'과 '실재를 이념형으로 삼는 것'은 구별되어야 한다.

9) Max Weber에 의하면, 세상과의 갈등이 진전되는 경우, 종교적 윤리는 세상에 대한 거부를 지향하는데, 그 대표적인 예가 기독교라고 한다. *The Sociology of Religion* (Boston: Beacon Press, 1993).

10) Ernst Troeltsch, *The Social Teaching of the Christian Churches*, vol. I (Chicago: The University of Chicago Press, 1976).

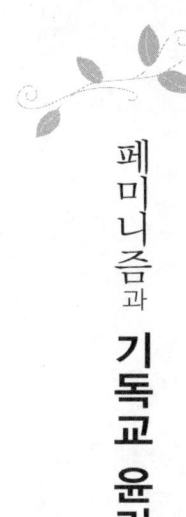

페미니즘과 기독교 윤리

자유기고논문

- 배아줄기세포 연구를 어떻게 볼 것인가? / 양명수
- 생명의 물신화와 한국 교회의 생명윤리적 정체성 / 박충구
- 타자성의 윤리와 페미니즘 / 오주연
- 정치적 불법행위와 기독교의 인권운동:
  수주(水洲) 박형규 목사를 중심으로 / 김형민
- 종교를 넘어서는 신앙: '종교적 인간'의 원초적 욕망과 연관하여 / 정재현
- 사형제도 폐지의 당위성에 대한 기독교 윤리학적 논점 모색하기 / 정종훈

배아줄기세포 연구를 어떻게 볼 것인가?

양 명 수 (이화여자대학교 신학대학원)

1. 사실 판단과 가치 판단

 오늘날 과학의 발전 특히 생명 공학의 발전은 윤리적으로 판단을 내려야 할 문제들을 만들어내고 있다. 그러나 그런 문제를 가늠하려면 매우 전문적인 지식이 필요하다. 생산에 필요한 지식이 세분화되고 전문화되는 시대에 우리 각자는 자신이 속한 분야와 무관한 대부분의 전문 지식을 알 수 없고, 그렇게 모르고도 살 수 있다. 그러나 어떤 분야의 일이 윤리적으로 문제가 되었을 때는 도대체 무슨 일이 일어난 것인지 귀를 기울이지 않을 수 없다. 그리고 그 전문 지식을 어느 정도 알지 않고는 윤리적인 판단을 내릴 수 없다. 윤리 판단 이전에 사실 판단이 필요한 것이다. 정확한 사실 판단이 있어야 윤리 판단을 내릴 수 있다. 윤리 판단은 세계관과 인생관에 따라 다를 수도 있기 때문에 정확하다는 말을 붙일 수 없지만, 사실 판단은 정확해야 한다. 진행되고 있는 사실을 잘 모른 채 옳으니 그르니 말할 수 없기 때문이다. 바로 그 점에서, 오늘날 과학의 발전이 가져오는 문제의 어려움이 있다. 과학은 과학의 논리에 의해 진행되는데, 그것을 전문 지식이 없는 일반인이 윤리 문제로 삼아 판단하기가 어렵다.

요즈음 황우석 박사로 말미암아 세상에 널리 알려진 줄기세포 연구도 마찬가지다. 한편에서는 뭔지 잘 모르지만 뭔가 대단한 일을 해냈고 국가적으로 큰 명예를 떨쳤다고 느끼는가 하면, 그런 분위기 속에서도 생명 윤리의 문제를 제기하는 측도 있다. 소를 복제하고, 개를 복제하더니 이제 원숭이를 복제한다고 하는데, 그것은 궁극적으로 인간의 장기 이식이나 줄기세포 이식을 통한 난치병 치료를 위한 것이라고 한다. 배아줄기세포를 이식해서 치료를 하고자 할 때 면역 거부 반응이 없으려면, 그 배아줄기세포가 환자 자신의 것이면 가장 좋을 것이고, 그래서 성인의 체세포를 가지고 배아줄기세포를 만들어 내는 작업이 이루어졌으며, 줄기 세포를 이식했을 때 그 효과를 검증하기 위한 단계로 동물 복제를 하는 것이다. 좋은 일이긴 하지만 한편으로는 좀 이상한 느낌이 들 수도 있다. 만일 사람을 똑같이 복제해 낸다면 어떨까? 물론 지금까지 일란성 쌍둥이가 있지만, 이미 태어난 성인의 복제품을 만들어 내는 것은 웬지 이상하다. 일반적인 윤리 감정에 걸리는 부분이 있다는 말이다. 사실 윤리적인 논쟁은 그처럼 뭔가 이상하다는 느낌에서 시작되는 것이다. 그러나 윤리적인 판단을 하려면 단순히 이상하다는 느낌으로는 안 되고, 실험 과정에 대한 지식이 있어야 한다. 그런데 일반인으로서는 복제라는 것이 뭔지도 잘 모르겠고, 줄기세포라는 것이 뭔지도 잘 알 수가 없다. 사실을 모두 안다고 해도 거기에 대해 윤리적인 판단은 서로 엇갈릴 수 있지만 여하튼 사실을 알기부터가 쉽지 않다. 생명 과학은 우리 인간의 생명과 관련된 것이고 따라서 광범위한 의견 개진이 필요함에도 불구하고, 그것에 관한 윤리 논쟁에 끼어드는 사람들은 전문 지식을 공유한 사람들이다. 그들이 얼마나 일반인의 윤리 감정을 대변하느냐에 판단의 적합성이 달려 있는 셈이다.

배아줄기세포란 말 그대로 가지를 치기 이전의 큰 줄기와 같은 세포로서 우리 몸의 모든 세포로 분화할 잠재력을 지니고 있는 전능 세포라고 한다. 성체 줄기세포라는 것도 있는데, 그것은 혈액세포처럼 이미 혈액이라는 몸의 한 부분으로 가지를 쳐 분화가 되었지만 자기 증식을 하는 세포를 가리킨다. 우리 몸에는 그런 성체 줄기세포가 몇 군데 있다고 한다. 우리가 알고 있는 골수 이식은 결국 성체줄기세포 이식인 셈이다. 그러나 성체줄기세포는 우리 몸의 몇 군데로 제한되어 있으므로 몇 가지 병만 치료할 수 있는 한계가 있다. 그리고 그 이식절차도 간단치 않고 비용도 크다. 그리고 다른 사람의 것을 이식하는 것이므로 면역 거부 반응의 문제도 있다. 그런데 과학자들은 정자와 난자가 수정한 후 4,5일 지나면 영양 막 안에 뽕나무 열매 모양의 세포 덩어리가 생기고, 그것이 나중에 인간의 각 부분을 이루는 세포로 분화한다는 것을 알아냈다. 수정란은 8주가 되면 인간 모양이 드러나서 그때부터 태아라고 부르고, 그 이전에는 배아라고 부른다. 그런데 수정 후 2주가 되면 수정란은 태반에 착상하게 되는데, 지금 문제되는 배아줄기세포의 문제는 바로 그때까지의 기간에서 일어나는 일이다. 특히 수정 후 4,5일 지나 앞서 말한 영양막 세포 안 쪽에 뽕나무 열매 모양의 세포덩어리를 떼어내서 무한 증식할 수 있는 세포주로 확립한 것이 배아줄기세포다. 그것을 병이 들어 있는 부분에 이식하면 그 부분의 퇴행 세포를 대신해서 싱싱한 몸으로 회복시켜 주게 된다. 신체 어느 기관이든 들어가서 그 기관을 재생시키는 역할을 할 수 있기 때문에 만능 세포라고 할 수 있고, 더구나 배아줄기세포를 환자 자신의 체세포를 가지고 만들어 낼 수 있다면 다른 사람의 줄기세포를 이식할 때 생기는 면역거부반응의 문제도 없게 되니까 그야말로 전능한 세포요, 의사들로서는 꿈의 세포가 아닐 수 없다. 수정란을 이용한 인간 배아줄기세포는 이미 1998년에 미국에서 추출되었으며, 그리고 체세포 핵이식을 이용한 동물 복제는 1997년 영국에서 복제양 돌리를 만드는 데 성공했다. 그런데 2004년 2월 12일에 〈사이언스〉지에 발표된 황우석 박사의 연구 성과는 체세포 핵이식을 통해 인간 배아줄기 세포주를 확립했다는 것이다. 그러니까 수정하지 않고 성인의 체세포를 가지고 배아를 만들어 줄기세포를 추출해냈다는 것이다. 이것은 환자 자신의 체세포를 이용해 줄기세포를 추출할 수 있게 된 것을 의미하며, 면역거부반응 없이 치료 효과를 거둘 수 있다는 가장 획기적인 연구 성과로 평가되는 것 같다. 세상이 떠들썩할 만도 하다. 물론 앞으로 줄기세포를 이식해서 치료효과를 거두기까지 연구 과제가 남았고, 그 때문에 실험용으로 인간에 가장 가까운 원숭이까지 복제하려고 하는 것이다. 그러니까 적어도 인간을 실험의 장으로 삼을 수는 없다는 윤리 의식은 생명 과학자들과 일반인이 공유하고 있는 셈이다.

2. 배아는 사람인가 - 사실보다는 신념의 문제

줄기세포 연구에 관한 사실이 위와 같은 것이라면 무엇이 문제되는 것일까? 수정된 배아줄기세포 추출과 관련해서는, 인간이 될 생명체의 살해가 아니냐는 의문이 생길 수 있다. 그리고 수정란이 아닌 체세포 핵이식을 통한 배아복제줄기세포 확립과 관련해서는 인간 복제의 문제가 제기될 수 있다.

앞의 문제부터 생각해 보기로 하자. 환자를 치료한다는 것은 좋다. 고통 받는 사람의 고통을 덜어주고, 죽어가는 사람을 살리려고 하는 노력은 윤리 감정으로 볼 때 선이다. 사실은 그 때문에 일반인들은 별 생각 없이 언론과 함께 환호할 수 있다. 불치병 치료를 위해 공헌하고 더구나 우리나라에서 그런 성과를 올렸다는 것은 얼마나 대단한 일인가. 그러나 줄기세포를 추출하기 위해 수정란을 파괴하는 것은 인간 생명을 파괴하는 느낌이

들지 않는가? 배아라는 말에도 들어있듯이 한 아이를 죽이는 것은 아닌가? 이 문제는 언제부터 인간이냐는 문제와 연결된다. 그래서 다시 사실 판단의 문제와 가치 판단이 밀접하게 연결된다. 배아줄기세포 추출을 윤리적으로 문제 삼는 사람들은 인간이 될 수정란은 이미 인간이라는 논리에 서 있다.[1] 그러나 그 일에 종사하는 과학자들은 수정 후 14일이 되어 자궁에 착상하기 전의 배아라는 것은 단순히 세포 덩어리라고 말한다. 사람에 따라서는 착상 전의 수정란을 배아라고 부르지 않기도 한다.

  우리는 흔히 사람은 당연히 사람이라고 여기고 살지만, 경계선의 문제에 부딪혔을 때 사람이 무언지 다시 한번 생각하게 된다. 실제로 어디서부터 사람인지 그리고 어디까지 사람인지는 그렇게 간단한 문제가 아니다. 민법에서는 태어난 이후부터 사람으로 보아, 예를 들어 태어나 출생 신고를 한 자녀에게 상속권이 있는 반면에, 형법에서는 낙태죄가 있어서 태어나기 전 태아 시절에도 사람처럼 본다. 그런가 하면, 지금까지는 심장이 멎고 숨이 멈추면 사람이기를 마친 것으로 보았지만, 의학이 발달하면서 뇌의 기능이 멈추면 실제로 돌이킬 수 없는 죽음의 과정에 들어간 것임을 알았고 그래서 법적으로도 뇌사부터 죽은 것으로 보게 되었다. 물론 여전히 숨이 멎었을 때를 죽음으로 보기도 하지만 뇌사자의 장기 이식을 통해 새로운 생명을 살릴 수 있도록 하기 위해 뇌사를 죽음으로 보는 것이다. 그러니까, 엄밀히 말하면 사람이냐 아니냐 하는 것도 자연적인 것이 아니라 사람이 정한 것인 셈이다. 의료 과학의 발달은 사람들이 결정해야 할 문제를 자꾸 만들어 내면서, 지금까지 당연하게 알고 살아온 것도 사실 문제이기 보다는 인간의 가치 판단이 관습의 형태로 합의를 이루어 내려온 것임을 알려준다. 그리고 그 사회적 합의는 공동체의 어떤 필요와 연관이 있다. 지금까지 어느 시점부터 사람으로 본 것도 사회적 필요와 관련이 있고, 어느 시점까지 사람으로 본 것도 그런 필요와 무관하지 않다.[2]

  그렇다면 장기 이식을 위해 뇌사를 죽음으로 인정함으로 죽음의 시기를 앞당겼듯이, 불치병 치료를 위해 14일 이전의 배아는 아직 인간과는 너무나 거리가 먼 물질 덩어리로 볼 수도 있지 않는가? 그러나 그 문제는 약간 다르다. 뇌사는 이미 돌이킬 수 없는 죽음의 과정으로 들어간 것이 사실로 확인된 것이고, 배아는 이제 한 인간의 모습을 띄기 위해 그 과정을 시작한 단계인 것이다. 뇌사자는 인간의 잠재성이 없고 배아는 인간이 될 잠재성이 있다. 그러므로 배아를 사람으로 보느냐 아니냐는 것은 사실 판단의 문제라기 보다는 어떤 세계관과 인간관에 따른 신념의 문제다. 그런 경우에는 가치 판단 다시 말해서 윤리적인 판단이 사실 판단에 영향을 주는 셈이다. 언제부터 한 인간이냐는 것은 언제부터 인간으로 볼 것인가 하는 사회적 합의의 문제이므로 보기에 달렸다. 사실의 문제이기 보다는 윤리적인 신념의 문제라는 것이다. 그러므로 논쟁거리가 될 수밖에 없다. 사실이야 객관적으로 확인되면 누구나 승복하고 마는 것이지만, 윤리적인 판단은 인간 생명의 시작과 관련된 문제 같은 경우에 결국 신념의 문제가 되고 마는 것이다.

그리고 그러한 윤리적 신념 뒤에는 인간의 해방과 자유를 염원하는 과정에 나온 어떤 세계관과 인간관이 있다. 지금 우리가 문제 삼고 있는 것은 줄기세포를 추출할 당시의 배아를 인간으로 보느냐 아니냐는 것이다. 과학자들은 대체로 아니라고 하고 종교 쪽에서는 이미 인간으로 보려는 경향이 강하다. 그러나 종교 중에서도 기독교와 불교는 다르다. 기독교는 인간 개체를 중시한다. 개인을 하나의 실체로 보려는 경향이 강하다. 그러므로 배아는 잠재적 실체로서의 지위가 있기 때문에 이미 인간처럼 보려는 것이다. 초대 기독교에서부터 로마를 비롯한 주변 문화와 달리 기독교인들은 낙태를 금했던 까닭도 거기에 있다. 그러나 불교는 다르다. 연기론에 바탕을 둔 불교적 사고방식에서는 인간이라는 실체가 없다. 한 인간이라는 개체는 더욱 실체가 없다. 그러므로 배아를 인간으로 보고 실험을 반대하는 측이나, 인간이 아니라고 보고 실험에 아무런 윤리적 문제가 없다고 보는 측이 모두 실체 위주의 사고방식을 하는 것이므로 불교와는 다르다. 불교 쪽에서 보면 수없이 많은 인연 관계가 있을 뿐 나라고 하는 실체는 없다. 그러므로 배아가 인간이야 아니냐를 놓고 다투는 배아의 지위 문제에 대해서는 관심이 없고, 다만 그 연구가 얼마나 뭇사람에게 유익한 지 그 결과를 보고 판단하자고 한다. 더구나 자기 몸을 버려 남을 구제하라고 하는 불교의 가르침에서 볼 때 배아는 아직 인간의 형상인 오온도 제대로 갖춰져 있지 않으니, 그것을 이용해 많은 사람을 구제할 수 있다면 윤리적으로 정당화될 수 있다고 본다.[3] 대체로 서구와 기독교 쪽이 한 개인의 개체성을 중시하고, 배아도 그런 한 인간이 되는 과정에 있다고 보고 논란을 버리지만, 불교에서는 무아론에 바탕을 두고 색즉시공 공즉시색이므로 개체성 문제가 그리 중요하지 않은 것이다. 말하자면 불교는 한 인간이 살고 죽는 문제에 대해 좀더 관대해질 수 있는 셈이다. 그러니 아직 인간의 형상도 되지 않은 수정란을 놓고 그렇게 심각한 논란을 벌이지 않게 되는 것이다. 인간 개체를 실체로 보느냐 아니냐의 차이는 결국 인간의 해방과 자유가 어떻게 일어날 것인지에 관한 생각의 차이고, 그것이 세계관과 인간관의 차이를 만드는 것이다. 서구적인 각도에서는 한 개인의 인권을 확립하는 일을 통해 인간에게 정치적인 자유와 해방을 가져다주는 효과가 있다. 그러나 근원적인 연대성은 이차적인 문제가 되고, 특히 자연과의 관계에서 자연 정복적이 될 것이다. 불교 쪽의 견해는 자기를 세워 권리를 찾는 데는 약하지만 자기를 버리는 데서 생기는 큰 자유를 이루는데 역할을 한다고 할 수 있다.[4] 인간의 해방과 자유를 바라보는 시각의 차이가 세계관과 인간관의 차이를 만들고, 그런 것이 배아 복제를 놓고 서로 다른 견해를 낳을 수 있는 것이다.

    다시 말해서 언제부터 인간이냐는 문제가 배아줄기세포 연구의 핵심 문제라면 그것은 사실 판단의 문제이기 보다는 윤리적 신념에 따른 세계관의 문제라는 얘기다. 과학자들은 또 다른 세계관을 가지고 있다고 할 수 있다. 그들은 이른바 기계론적 세계관을 가지고 있으며, 그들이 서구처럼 개체성을 중시한다고 해도, 종교적 관점과는 다르게 인간의 격을 여러 물질 요소로 나누어 보는 데 익숙하다. 실제로 실험실에서 이미 수많은 수정란을 가지고 실험하고 폐기처분해 본 과학자들이 볼 때, 착상 전의 세포는 그냥 물질일 뿐일 수도 있다.[5] 마치 결혼 안 해 본 카톨릭 신부가 결혼은 신성해서 이혼은 절대 안 된다고 주장하는 것처럼, 실험실에 안 들어가 본 비전문인들이 수정란에 대해 신성한 감정을 가지고 인간이므로 함부로 폐기할 수 없다고 주장하는 것인지도 모른다. 실제로 강력한 윤리 논쟁이 있지만 과학자들의 논리가 종교적인 시각보다 더 현실성이 있다. 현실성이란 사실성이 아니다. 사실 문제가 어차피 신념의 문제라면 끝을 볼 수 없는 논쟁이되고, 그 경우에 국가의 지원을 받는 과학의 논리가 현실적으로 적용될 것이라는 말이다. 그러니까 종교인들이 이러쿵 저러쿵 하는 것은 현실을 모르고 하는 얘기들이거나, 실험실에도 안 들어가 봐서 생명의 과정을 가까이 대해 보지 않은 사람들의 얘기일 뿐이다. 앞서 소개한 불교의 견해처럼 배아줄기세포 연구를 긍정한다 해도, 그것은 어차피 뒷북을 치는 것이요 이미 진행 중인 과학을 뒤늦게 정당화 해줄 뿐이고, 생명 과학은 자기 논리에 의해 진행될 뿐이라는 말이다.

그러나 멀리서 보는 사람이 더욱 잘 볼 수도 있다는 점을 염두에 둘 필요도 있다. 전문 과학자는 자기 세계의 논리에 갇혀 있지만, 윤리적 판단은 결국 길게 보아서 인간의 존엄성을 확보하고 인류의 복지에 이바지하는데 어느 것이 좋을지 생각해야 하는 것이기 때문이다.

3. 의무의 충돌

결국 그 문제다. 환자의 고통을 덜어주기 위한 노력 그리고 가능하면 고통당하는 사람들이 여느 사람처럼 행복한 삶을 살 수 있도록 돕는 것은 인간을 존엄하게 대우하는 도덕 의무에 속한다. 그러나 날로 새롭게 발전하는 생명 과학과 앞으로 또 과학자들의 상상력이 어떤 엄청난 일을 만들지 모르는 현실 앞에서, 그런 신기술이 좋은 일에 쓰인다 할지라도 과연 길게 보아 인류에게 이로울까 하는 의문이 생기게 마련이다. 말하자면 신학은 그처럼 길게 내다보는 시각을 지니고 있다고 할 수 있다. 당장 좋은 것이 앞으로도 좋을지 두려운 감정을 가지고 문제를 보게 된다. 가톨릭은 수정 당시부터 인간이라고 본다.[6] 그래서 원칙적으로 모든 낙태를 거부해왔다. 그러니 배아줄기세포 실험은 인간을 파괴하는 비윤리적인 일이다. 개신교는 배아 줄기세포에 대해서는 공식적인 입장이 없고 다만 인간 복제에 대해서는 대개 반대하는데 일치하는 것 같다. 어디부터 인간이냐는 문제는 이미 낙태부터 문제가 되었는데, 그 문제와 관련해서도 개신교의 공통된 의견이 있는 것은 아니고, 적어도 카톨릭보다는 유연한 견해를 가지는 것이 확실하다. 그러므로 수정된 배아 줄기 세포 연구에 대해서도 무조건 인간 살해라고 보기보다는 사실 진행 과정을 더 지켜볼 수도 있다. 그것은 신학의 차이 때문이기도 한데, 카톨릭은 전통적으로 자연신학이고 자연의 생명 과정을 곧 신성한 하나님의 뜻에 의한 과정으로 보았다. 그래서 생명의 과정에 인간이 개입하고 손을 대는 것을 신성 모독으로 생각하는 경향이 있다. 인위적인 피임과 인공수정을 모두 반대하는 까닭도 거기에 있다. 반면에 개신교는 자연 과정과 하나님의 뜻은 다를 수 있음을 견지해 왔고, 그런 견해는 결국 생명의 과정에 인간이 개입하는 것을 나쁘게만 보지는 않는 결과를 낳았다. 과학 발전에 있어서 개신교가 좀더 진보적인 견해를 띨 수 있었던 것도 그 때문이다. 예를 들어 불임은 하나님의 뜻이라기보다는 자연의 결함으로 보고 불임 치료로서의 인공 수정 같은 것을 반대하지 않는다. 물론 대개 그렇다는 것일 뿐, 개신교는 통일된 의견은 없기 때문에 배아줄기세포 연구 문제를 놓고도, 개인에 따라서는 카톨릭처럼 수정되었을 때부터 인간으로 보고 모든 배아줄기세포 연구를 거부하는 사람도 있다. 그렇게 되면 카톨릭처럼 오직 성체줄기세포만 사용할 것을 주장하게 된다.

그런데, 불치병을 앓고 있는 사람들에게는 배아 줄기세포 연구를 윤리적으로 문제가 있다고 보는 사람들이 야속할 수 있다. 지금 여기서 난치병이나 불치병을 앓고 있는 사람들이 있는데, 아직 사람이 안 되었고 개체로서의 아이덴티티가 없는 배아를 치료 수단으로 삼는 것이 윤리적으로 문제가 된다면 윤리라는 것이 무언가? 십분 양보해서 수정 후 4,5일 된 세포덩어리를 잠재적 인간으로 인정한다 해도, 그들로서는 현실적인 인간의 존엄성이 잠재적인 인간의 존엄성보다 우선 되는 것이 윤리인 것이다. 이런 것을 의무의 충돌이라고 한다.

  윤리 차원에서 옳다 그르다는 판단은 대개 의무의 충돌이 있을 때 심각한 논쟁으로 번진다. 의무의 충돌이란, 두 가지 의무가 따로 보면 모두 마땅한 의무인데 같이 놓고 보면 서로 충돌해서 어느 쪽을 우선해야 좋을지 알 수 없을 때 생긴다. 예를 들어, 어떤 사람이 폭력배에 쫓겨 집 안으로 들어왔을 때, 그를 쫓아 온 폭력배에게 솔직하게 그가 자기 집에 있다고 말해야 하는지 아니면 없다고 함으로써 그를 보호해야 하는지. 이것은, 사람은 정직해야 한다는 의무와 궁지에 몰린 사람을 돌봐주어야 한다는 의무 사이의 충돌이다. 그런 문제는 비교적 간단하게 결론이 날 수도 있다. 사람을 구하기 위한 거짓말은 도덕 양심에 크게 어긋나지 않는 것이 우리의 일반적인 도덕 감정일 수 있기 때문이다. 그러나 그 문제도 그리 간단치 않으니, 오죽하면 어떤 도덕 학자는 어떤 경우에도 사람은 진실을 말해야 한다고 결론을 내릴 정도다. 정직해야 한다는 일반적 원리가, 어떤 특정한 경우에 어떤 사람을 보호하는 의무보다 더 우월하다고 보는 것이다.

  줄기세포 연구와 관련된 의무의 충돌은 어떻게 봐야 하는가? 내가 아는 어느 40대 가장은 부모로부터 물려받은 병을 앓고 있다. 그 아버지는 단명했고 형제들도 40이 되면 무서운 병마와 싸우며 혹독한 치료 속에서 살아가고 있다. 그는 자기에게도 그 병이 시작되었다는 선고를 의사에게서 듣고 낙담했다. 이제 온 가족이 병과의 두려운 싸움에 들어가야 하는 것이다.

그리고 무엇보다도 그와 그의 아내는 지금 일곱 살 된 예쁜 아들이 자기와 같은 전철을 밟게 될 것을 가슴 아파하고 있다. 그들에게 희망은 줄기세포 연구다. 어서 연구가 진척되어 자기 아들만은 고통 속에 사는 일이 없기를 바라는 것이다. 그런 사람들에게 황우석 박사는 인간을 고통에서 해방되게 해주는 실질적인 해방자요 인도주의자다. 절실하게 치료를 기다리는 이들 앞에서 연구의 윤리 문제를 제기하는 것은 배부른 사람이 하는 얘기로 들릴 수도 있다.

그렇기 때문에 윤리 판단이 쉽지 않다. 만일 실험실의 과학자들의 말대로 배아세포가 단지 활성화된 물질이요 태아도 아니므로 잠재적 인간으로 볼 수 없다고 한다면 문제는 간단하다. 그러나 인간이 될 존재이므로 인간이라고 본다면, 그를 파괴해서는 안 될 의무와 환자를 도와야 하는 의무가 충돌한다.

그리고 그처럼 배아 때부터 인간으로 보는 관점에는 길게 내다보는 어떤 신념이 들어 있다고 할 수 있다. 또는 그런 카톨릭적인 의견과 다르다고 할지라도, 신학이란 길게 내다보는 관점을 가지지 않을 수 없다. 그것은, 생명의 과정에 인간이 개입하는 것이 당장에는 치료 효과를 가져 온다고 할지라도 장차 재앙이 되지 않겠느냐는 생각이다. 물론 그런 생각은 신학이 아니더라도 일반 사람들도 가질 수 있다. 다만 신학적으로 볼 때 생명의 탄생은 여전히 하나님의 뜻과 관련된 것이고, 그래서 생명은 존엄한 것이며, 그런 생명의 탄생 과정에 인간이 너무 깊숙이 개입해서 조작하는 일이 좋지 않을 것이라는 직관이 있다고 할 수 있으리라. 성경에 나오는 선악과의 사건은 인간이 선을 알게 된 때부터 선을 모르게 되었음을 알려준다. 그것은 단순히 도덕적인 선의 문제를 얘기하려는 것이 아니라, 사람은 진정으로 자기에게 좋은 것을 모른다는 말을 성서는 하고 싶었던 것이다. 선이라는 말이 도덕적인 좋음과 실용적인 좋음을 모두 포함하고 있는데, 도덕적인 좋음은 길게 보면 실용적인 좋음과 연결되어 있고, 결국 인간에게 좋은 것이 궁극적으로 무엇인지를 따져 보려는 것이 성서의 의도인 것이다. 그 점에서 성서는 인간이 지금 자기에게 좋다고 하는 행위에 대해 의문을 표시한다. "선을 아는 자 없으니 단 하나도 없다"는 말은, 궁극적으로 인간은 자기에게 진짜 좋은 것이 뭔지를 모른다는 것이다.

그래서 고개를 갸우뚱하게 만든다. 당장 환자들의 처지를 생각하면 어서 빨리 배아줄기세포를 통해 손쉽게 치료하는 길이 열려야 하지만, 인간이 배아를 조작하는 식으로 생명의 과정을 조작하는 것이 과연 좋을까? 인간이 더 나은 환경을 만든다고 놀라운 과학기술로 자연을 일구어 왔지만, 결국 그것이 재앙으로 치닫고 있지 않은가.

4. 인간 복제 – 기획된 인간의 탄생

이런 문제는 인간 복제로 들어가면 더욱 분명해진다. 앞에서 우리는 줄기세포 연구에 두 가지 길이 있다고 했다. 수정란을 가지고 줄기세포를 추출하는 방법과, 성인의 세포핵을 이식해서 수정란 같은 배아를 만들어 이용하는 방법이 있는데, 황우석 박사의 경우는 후자다. 그것은 수정란의 배아 줄기세포보다 더 진전된 것으로 면역거부 반응을 없앨 수 있는 장점이 있다. 그런데, 그러한 체세포 이식을 통한 배아 만들기는 인간 복제로 들어가는 과정이므로 인간 복제가 가져오는 윤리 문제를 일으킨다.

배아 복제라고 하면 우리는 우선 인간 복제를 떠올리는데, 복사기로 서류를 복사해내듯 똑같은 인간을 여럿 만들어내는 것을 연상하게 된다. 그것은 우리의 도덕 감정과 부딪친다. 왜 그럴까? 오랫동안 인류는 한 인간의 탄생이 엄마와 아빠가 한 몸이 되어 생겨나는 것으로 생각했었다. 그러한 인식에는 상당히 시적이고 종교적인 상상력이 들어 있는 셈이다. 엄마 아빠라는 단어나 혹은 한 몸이 된다는 것은 가치중립적인 언어가 아니라, 어떤 인간들의 연대와 사랑이 생명 탄생의 기본 요소라는 의식을 은연중에 보여주는 것이다. 그것은 우주 창조의 기본 원리가 사랑이라고 보는 형이상학으로까지 발전될 소지를 안고 있는 언어들이다. 그래서 성리학에서는 우주 만물을 낳는 것은 인이다.[7] 그리고 기독교에서도 천지창조는 사랑에서 비롯된 것이다.[8] 엄마 아빠가 한 몸이 되어 아기가 생긴다는 식의 일상적으로 일반적인 언어는 고도의 철학적이고 신학적인 신념의 바탕이 되는 것이고, 그런 신념을 반영하고 있는 것이다. 그런 언어를 사용하는 사고방식에서 생명이란 인간이 만드는 것이 아니다. 비록 남녀가 만나 아이가 생겨도 생명체의 형성 과정을 모르기 때문에 생명의 탄생은 신비로운 것이다. 사람이 원한다고 생기는 것도 아니고, 사람이 만들어내는 것은 더욱 아니다. 아이가 태어나는 것은 온전히 하늘의 뜻에 달린 것이었다. 그러므로 전통 사회에서 출생이란 종교적인 의미를 가진 것이었다.

그러나 현대 과학은 난자와 정자라고 하는 생식 세포의 결합에 의해 염색체 수 22개를 가진 인간 개체가 탄생한다는 것을 밝혀냈다. 이제 엄마 아빠는 빠지고 정자와 난자가 등장한다. 한 몸이 되는 것도 빠지고, 세포 결합이면 된다. 몸의 개념이, 더욱 세분화된 물질 개념으로 대체된다. 인간의 몸이 제거된 자리에는 고도로 추상화된 화학 법칙의 세계가 펼쳐진다. 인간의 몸을 제거하면서 인간은 생명의 과정을 손에 넣었다. 몸은 없고, 파악하고 조작하고 움켜쥐는 손만 남았다. 생명의 세계가 소유의 세계로 전환되는 것이다. 그런 과정이 처음에 발견된 이후에 과학은 급속도로 생명 탄생의 신비를 벗기는 쪽으로 발전했다. 시적이고 종교적인 상상력을 급격히 제거하는 쪽으로 연구가 진행되었다. 태초에 사랑이 있는 것이 아니라, 우연한 물질의 진화가 있었고 진화된 생식 세포의 결합이 있었던 셈이다. 그리고 이제 생명은 물질 결합의 원리를 알아낸 인간의 손에 의해서 만들어질 수도 있게 되었다.

현재 인간 복제에 대해서는 대부분 반대하는 것으로 알고 있다. 특히 기독교 쪽은 카톨릭은 물론이고 개신교 쪽도 반대하는 분위기다.[9] 일반적인 감정으로 볼 때, 생명의 탄생까지도 인간의 손에 의해 주도되는 것을 부정적으로 보기 때문일 것이다. 아마 그런 시각은, 생명은 만들어지는 것이 아니라 주어지는 것일 때 그 존엄성을 유지할 수 있다는 직관과 관련이 있을 것이다. 사실, 이미 사오백년 전부터 밖으로 우주의 신비가 벗겨질 때도 안으로 생명의 신비는 인간에게 경외심을 주는 영역으로 남아 있었다. 그러나 과학의 발달로 수정 과정이 밝혀지면서 인간이 인간 탄생의 과정에 손을 대기 시작했다. 이미 피임약은 그 개입의 시작이고, 카톨릭은 지금까지도 인위적인 피임을 반대하고 있다. 그러니 시험관 아기나 배아 복제니 인간 복제는 두말할 나위도 없다. 생명의 탄생 과정을 하느님이 주관하는 신비한 영역으로 남겨두려는 것이다. 그리고 거기에는, 생명이 하늘의 은총으로 남아 있어야 존엄성의 근거를 확보할 수 있다는 도덕적인 직관이 자리 잡고 있을 것이다. 인간 생명을 사람이 만들어낸다면, 그렇게 해서 나온 사람은 만들어낸 사람의 수단이 될 것이기 때문이다. 사람은 수단이 아니라 목적이라는 것은 인류 사회를 지탱해주는 국제 사회의 도덕 원리로서 매우 중요하고 현재의 인권이나 권리 문제가 모두 거기에 바탕을 두고 있다. 물론 현실적으로는 여전히 수단 취급을 받는 사람들이 있어도 적어도 원리적으로 모든 사람은 똑같이 존엄하다는 사상이 인간의 폭력성을 막는 보루 역할을 하고 있다.

  그런데 인간의 존엄성이라는 것은 신념일 뿐 현실적으로 증명되는 것은 아니다. 그처럼 취약한 인간의 존엄성을 확보해주는데 심리적인 역할을 한 것이 생명 탄생의 신비였다. 생명 탄생 과정의 신비는, 생명이란 우주의 신묘한 활동의 열매든지 아니면 하늘의 선물이라고 보게 하였다. 그리고 인간이 기획해서 인간을 만들어낼 수 없다는 생각을 할 수 있게 해 주었다. 주문 제작을 통한 맞춤형 제품은 인간에게 해당될 수 없는 것이었다. 사람은 다른 누구를 위해서 태어나지 않는다. 자기를 위해 태어나거나 또는 하나님을 위해 태어난다고 할 수 있다. 하나님을 위해 태어난다는 것은 인간의 다른 수단으로 태어나지 않는다는 것이다. 그것은 인간이 하나님의 수단도 아님을 암시하고 있다. 하나님은 인간이 하나님의 수단이 되는 것도 원치 않으신다.[10] 그러므로 사람이 하나님을 위해 태어난다는 것은 어느 누구의 수단으로도 태어나지 않는다는 것을 표현하는 말이다. 인간은 그 자체로 목적이다.[11] 적어도 인권을 위해 그 선언은 아직 중요한 역할을 한다. 물론 이전에도 아들을 낳을 어떤 목적을 가지고 아이를 갖는다거나 하는 등의 인간의 계획이 인간 탄생에 개입한 적이 없었던 것은 아니지만, 그렇게 태어나는 아이는 수단으로 태어난다고 보지 않는다. 부모가 무슨 생각을 하든지, 그 아이의 형성 과정에 관여하거나 주도하지 못하고 어떤 아이가 생겨날지 모르기 때문이다. 그러나 이제 인간 복제는 인간이 원하는 어떤 모양의 인간을 만들어내는 것이다. 어떤 유전형질을 가진, 어떤 모양의 인간이 될지 미리 알고 조작을 통해 그런 의도에 일치하는 아이를 만든다. 그렇게 해서 태어나는 아이는 누구를 위해 태어나는 존재가 된다. 말하자면 인간의 수단으로 태어나는 인간이 생기게 되는 것이다. 인간이 생명 탄생의 과정을 주도해서 원하는 인간을 만들어낸다는 것이 그처럼 인간 사회의 기본 원리를 뒤흔들 우려가 있다는 말이다.

　물론 인류는 산업화가 진행되면서 이미 종자 개량이나 품종 개량을 통해서 동식물의 탄생 과정에 깊숙이 개입했다. 90년대 이후에는 체세포 복제를 통해서 복제 양 돌리가 나왔고, 최근에 황우석 박사는 개를 복제하는데 성공했다. 복제 동물은 무에서 유를 만든 것은 아니지만 인간의 기획에 따라 탄생한 것이므로 인간이 만들었다고 하는 표현이 어울릴 정도다. 어떤 모양의 어떤 형질을 가진 존재가 나올 줄을 미리 알고 그것이 나오도록 조작한 것이므로 기획된 존재인 셈이다. 그리고 인간 복제도 마찬가지 과정으로 생겨나게 될 것이다. 인류는, 동물 복제는 인간의 복지를 위해 찬성하면서도 인간을 그처럼 만들어 내는 것은 불안해한다. 앞서 말했듯이 동물은 인간의 수단으로 삼을 수 있지만, 수단으로 태어나는 인간이 있어서는 안 된다는 신념 때문이다. 그런 것을 의식하지 못할지라도 뭔가 이상한 느낌을 받는 까닭은, 인간 복제가 그와 같은 일반적 윤리 감정과 어긋나기 때문이다. 물론 현재 복제를 신청한 사람들이 있다고 하는 데, 그 중에는 사랑하는 어린 아들이 일찍 죽어 그를 다시 보고 싶어 그의 체세포를 이용한 복제를 신청해 놓은 사람도 있다. 그 아이가 복제된다면, 그것은 부모의 극진한 사랑으로 복제되는 것이니까 목적으로 탄생하는 것이지 수단으로 탄생하는 것은 아니잖느냐고 반문할 수 있다.[12] 그러나 그렇게 인간의 맘에 맞추어 그 기획대로 생겨나는 생명체는 아무리 사랑 속에서 태어나도 수단으로 태어나는 것으로 봐야 할 것이다. 그는 결국 부모를 위해 태어나는 것이기 때문이다. 사람은 그 누구를 위해서도 태어나지 않아야 그 존재 자체가 목적일 수 있다. 그러면 그는 기독교에서 보면 하나님의 사랑으로 태어나는 것이고, 성리학에서 보면 낳고 살리는 이치(生生之理)인 우주의 인(仁)에 의해 태어나는 것이다. 그렇게 그의 존재의 근원에 귀하게 여김을 받을 기반을 갖고 태어나는 것이다. 물론 어떤 유명한 과학자는 인간 복제는 언젠가는 이루어질 일이니, 된다 안 된다 다투기 보다는, 복제된 인간이 나온 이후에 그를 어떻게 차별하지 않으며 똑같은 인간으로 대우할 것인지 대비하는 것이 낫다고 주장하기도 한다. 그럼에도 불구하고 아직 대체적으로 인간 복제에 반대하는 견해가 지배적이다. 물론 인간이 할 수 있는 것을 과연 안 할 수 있는지는 의문이지만 말이다.

   황우석 박사가 진행하는 배아복제줄기세포 연구는 바로 그런 인간 복제의 문제를 안고 있다. 물론 그의 실험을 위해서는 성공 확률을 높이기 위해 많은 난자(체세포 핵을 이식할 세포질)가 필요하므로 여성의 몸을 실험의 장으로 쓴다는 비난도 있다. 그러나 얼마 전 소식에 따르면 하버드 대학에서 난자 없이 배아를 만드는 법을 개발했다고 하고, 앞으로 인공 태반도 곧 나올 예정이니, 앞서 말한 대로 생명과학은 첨단으로 갈수록 인간의 몸을 완전히 배제한 채 이루어질 것이다. 여성의 몸을 중심으로 한 윤리적 시비는 그

만큼 줄어들 것이고 따라서 인간 복제의 문제가 가장 중요한 문제로 부각될 것이다. 그것이 무슨 우월한 인간만 골라서 생산하게 되는 쪽으로 가지 않더라도, 예를 들어 보고 싶어 죽은 아이를 복제하는 것도 윤리적으로 문제가 있다는 것은 앞에서 말한 대로다. 남의 일이므로 막상 그런 일이 닥친 사람 앞에서 함부로 얘기하기 어렵지만, 과학이 인간의 무한 욕망을 채워 나가는 수단이 되어갈 때 과연 괜찮을지 두려운 마음이 든다. 물론 실제로 그런 일들이 벌어졌을 때 어떻게 될지 더 지내봐야 알 것이다. 그러나 환경 문제에서 보았듯이, 실제로 인간 복제가 일어났을 때는 이미 시기가 늦을 수도 있다. 그러므로 결과를 확실히 모르니까 강행하는 쪽으로 가기보다, 이제는 두려워하는 마음 자체가 윤리적으로 의미 있을 수 있다. 인간은 이제 자기의 능력을 찬양하는 시대를 지나 자신의 능력을 두려워할 단계에 접어들었다고 보여 진다. 인류 전체를 볼 때 그렇다는 말이다. 아직도 개인과 개인 사이 그리고 집단과 집단 사이에는 더 큰 능력을 통해 경쟁에서 이겨야 하는 문제가 있지만, 인류가 과학 기술의 발달로 갖게 된 능력은 인류를 파멸로 밀어 넣을지도 모른다는 두려움을 가져야 하는 시대가 되었다. 사람은 언제나 힘이 없을 때 망하기 보다는, 힘이 커진 만큼 그 힘을 좋게 쓸 큰 마음이 없을 때 망하기 때문이다.[13]

5. 산업이 된 과학 -경쟁력 강화와 도덕 감정

우리는 거시적인 시각에서 말했다. 신학은 문명의 흐름을 보면서 말해야 하기 때문에 그렇다. 그러나 당장 현재의 시점에서 보면 황우석 박사는 많은 환자를 치료하기 위해서 위대한 연구를 진행하는 사람일 수도 있다. 우리가 인간 복제를 염려했지만, 그의 연구는 인간 개체 복제까지 가지 않고 오직 4,5일 후에 줄기세포를 추출하기 위한 작업인 것이 사실이다. 그리고 그것은 아직 인간과 무관한 세포 덩어리라고 생명 과학자들은 말한다. 그 문제는 앞에서 말했다.

그러나 사실 황 박사의 연구 결과 앞에서 열광하는 것은 환자들의 치료 때문이기도 하지만, 알고 보면 엄청난 부가가치를 창출한다는 것이 매우 중요하게 작용한다. 그리고 그것이 인간의 도덕 감정에 영향을 미친다. 현대 과학의 발전에 항상 미심쩍은 부분이 그런 점이다. 이미 과학은 중립적인 진리 자체를 연구하기 보다는 산업과 연관된 학문이 되었다. 세계가 하나의 시장으로 통합되면 될수록 국가 경쟁력 강화를 위한 기술 개발 또는 신약 개발은 국가적인 정언 명령이 되었고, 최고의 기술이 아니면 부가 가치를 창출할 수 없기 때문에 그 경쟁은 갈수록 강화되고 있다.[14] 사느냐 죽느냐의 문제가 되어 가고 있는 셈이다. 그래서 생명 과학의 연구도 국가의 재정적 뒷받침 하에서 이루어진다. 온 세계가 배아줄기세포 연구를 위해 덤벼들고 있는 마당에 우리나라의 과학자가 그것을 이루었다는 것은 대단한 것이다. 만일 지금 윤리 문제를 내걸고 연구를 중단시킨다면, 국가적으로 엄청난 손실을 가져올 것이고 그것은 곧 국민 경제의 추락으로 이어질 것이다. 사람의 도덕 감정에는 집단 이기심도 중요한 역할을 한다. 어차피 전 세계 인민이 동등하게 살지 못하고 국가끼리 치열한 경쟁 속에서 생존과 번영을 추구한다면, 국가 공동체를 위한 일은 도덕적으로 훌륭하게 평가된다. 애국심이라는 것이 때로는 다른 나라 사람을 해한다 할지라도 높이 평가되는 것과 같다. 황우석 박사의 공헌은 국가적인 이득을 가져와 공동체의 부를 늘리는 일이므로 우리의 도덕 감정에 비추어 훌륭한 일로 평가될 수도 있다. 지금 황 박사의 연구를 말리면 국가적으로 큰 손실이 된다는 것을 아는 사람은 그의 연구를 도덕적으로 비난하기 어렵고, 오히려 애국자로서 높은 평가를 주게 될 것이다.

그러나 신학은 국가보다 큰 단위를 보고 말할 수밖에 없다. 인류의 미래와 관련해서 말해야 하는 것이다. 사실 사람은 지금보다 덜 가지고도 살 수 있다. 지금처럼 더욱 많은 부가 가치를 생산해 갈수록 더 좋은 것을 더 많이 가지고 살아야 하는 것은 아니다. 소비를 부추기는 자본주의 체제 아래서 인간은 너무 많은 것을 가지고 너무 많은 욕망을 채워가며 살고 있다. 그런데 그럴 수밖에 없는 것이, 현재의 국제 질서 속에서 소비하지 않으면 공장이 안 돌아가고 국가 경제가 망하게 되기 때문이다. 그러므로 소비를 줄이고 욕망을 줄이는 일은 한 국가의 일로 되는 것이 아니다. 인류 전체의 삶의 방식이 지금과 다른 쪽으로 바뀌어야 하는 것이다. 오늘날 문명의 전환이 필요한 까닭도 거기에 있다. 주희는 말하기를, 밥을 먹는 것은 천리(天理)이지만 맛있는 것을 찾는 것은 인욕(人慾)이라고 했다. 오늘날 너무나 많은 욕망을 실현하려는 것은 천리를 벗어나 인간 파멸의 길을 재촉하는 욕심이 아닌지. 병든 사람이 낫고 싶은 욕망이야 천리이지만, 돌아간 아이를 복제해서라도 보려는 것은 인욕은 아닌지.

그리고 줄기세포를 통한 환자의 치료와는 별개 문제지만 이런 얘기까지 해보자. 인간이 이런 저런 과학적 성과의 결과로 점차 장수하게 되고 그것을 생명 과학의 업적으로 알고 있지만, 너무 죽지 않으려고 하는 것도 하늘의 뜻을 거스르는 지나친 욕망은 아닌지. 그것은 어떻게 보면 서구가 가져다 준 성취 방식일지도 모른다. 어떤 여성 신학자는 기독교의 영생 얘기는 죽고 싶어 하지 않는 남성들이 만든 것이라고 본다. 여성은 자연 친화적이라 죽음을 두려워하지 않고 자연의 순환에 기꺼이 자신을 맡긴다는 것이다.[15] 그것은 죽음을 자연스레 받아들였던 동양의 삶의 방식이다. 인간은 그동안 과학으로 어떤 모양의 자유와 복지를 얻었지만, 이제 방향을 돌려 다시 자연의 순환으로 돌아가는 삶의 방식을 택해야 하는 것은 아닐지.

그런 모든 문제가 배아 복제 줄기 세포 연구와 관련해서 생각해야 할 것이다. 오늘날의 생명 과학에는 천리와 인욕이 뒤섞여 있어 판단을 어렵게 하지만, 분명한 것은 인간의 욕심이 그 모든 과정을 너무 강하게 주도하고 있다는 느낌이다.

1) 전통적인 카톨릭이 그렇다. 그리고 참조, 임종식.구영모, 『삶과 죽음의 철학』, 아카넷, 2003.
2) 참조. 양명수, 『근대성과 종교』, 이화여자대학교출판부, 2001.
3) 윤종갑,「불교에서 본 인간 배아복제 -연기설과 무아설을 중심으로」,『한국인의 생명관과 배아 복제 윤리』, 세종출판사, 2005.
4) 자유와 해방을 위해서는 자기를 세워야 할 때가 있고 자기를 비워야 할 때가 있다. 전자는 권력의 억압에서 자유를 위해 투쟁하는 길이고, 후자는 만물과 교감하는 데서 오는 자유를 찾는 길이다.
5) 참조, 김계성,「인간 배아불기세포에 대한 다양한 관점과 현실」, 철학과 현실, 2005.
6) 교황청 신앙교리성성,「인간 생명의 기원과 출산의 존엄성에 관한 훈령(Instruction on Respect for Human Life in Its Origins and on the Dignity of Procreation,1987)에는 이런 구절이 있다. "수태되는 첫 순간부터 인간 생명의 모험이 시작되는데,… 수정에 의해서 생성된 접합체는 이미 새로운 인간 개체로서 그 생물학적 주체성이 인정된다는 최근의 인간 생물과학적 발견들에 의해 더욱더 확인되고 있다".
7) 주희는 종래 유학에서 말한 인간의 덕성으로서의 인(仁)이 곧 천지의 생명의 원리라고 봄으로써 도덕과 우주론을 종합했다. 『주자어류』에는 이런 말들이 있다. "인은 낳으려는 뜻이다", "낳으려는 뜻이 인이다", "천지가 만물을 낳을 때에 인이 있다", "인은 천지의 생기이다". 주희 이전부터 만물을 낳은 우주의 마음을 원형이정(元亨利貞)으로 표현했는데, 주희는 그 元을 인으로 보아 인이 세상을 낳은 것으로 본다. 사랑의 형이상학이라고 할 수 있다. 참조, 김병관,「유가의 생명관 – 신유가의 인 개념을 중심으로」,『한국인의 생명관과 배아복제 윤리』, 세종출판사, 2005.

8) 하나님은 사랑이시라고 하는 기독교의 신앙은 창조 원리가 사랑이라는 것으로 연결된다. 우주 만물이 생겨나는 데는 사랑이 개입한다는 것이다. 그래서 틸리히는 창조는 사랑과 힘의 결합이라고 말한다. 참조. P. Tillich, Love, Power, *Justice* (Oxford University Press). 물론 그가 말한 창조는 천지 창조만 가리키는 것이 아니라 일상의 삶에서 생명력 있는 새로운 것이 출현하는 경우도 포함한다. 플라톤의 경우에도 선이 존재보다 앞선다. 그래서 그는 존재하는 것은 모두 선하다는 결론에 도달한다. 나중에 어거스틴도 그런 결론에 도달하는 데, 그런 식의 사고 방식은 세상을 근본적으로 긍정하는 세계관에서 나온 것이다. 세상을 우연의 산물로 보지 않고 결국 사랑으로 말미암아 생겼고, 자라고, 성숙한다고 보는 것이다. 그래서 몰트만은 하나님은 사랑이시므로 세상을 만들지 않을 수 없었다고 본다. 다시 말해서 세상은 하나님이 만들 수도 있고 안 만들 수도 있는 데 만드는 은혜를 베푼 것이 아니라, 사랑이신 하나님의 자기 필연성으로 세상에 생겼다는 것이다. 하나님의 필연성을 말하는 것은 매우 위험한 일인데, 하나님의 자유보다는 하나님의 사랑을 더욱 근원적인 신의 정체로 보려는 것이다. 참조. J. Moltmann, 김균진 옮김 『창조 안에 계신 하나님』, 대한기독교서회. 그런 점에서 기독교는 사랑의 형이상학이라고 할 수 있다. 세상은 인(仁)의 산물이라고 보는 성리학과 윤리적 신념에서 일치하는 면이 있는 것이다.
9) 노영상, 『기독교생명윤리개론』 장로회신학대학교출판부, 2004.
10) 양명수, 『근대성과 종교』 이화여자대학교출판부, 2001.
11) 이 선언은 근대에 들어 인권 개념과 함께 생긴 것이요, 칸트가 그의 책 『도덕형이상학의 근거』(Grundlegung zur Metaphysik der Sitten)에서 제 2 정언 명령으로 정립한 것이다. 인간이 목적인 것은 도덕 주체이기 때문이다. 주체만 목적이 될 수 있

다. 그런데 근대 인문주의자들은 인간이 목적이라는 것을 선험적인 명제로 얘기했지만, 기독교는 하나님이라는 초월자를 빌어 인간의 목적성을 말하는 것이다. 인간의 타자인 신이 사랑하고 상대하는 존재로서의 존엄성이다. 그것은 인간의 존엄성을 확보하는 데 인문주의와는 또 다른 효과를 가져 온다. 성리학에서도 인간의 존엄성은 사랑(仁)에 있다. 주희의 경우에 리(理)가 인간 안이면서 밖인 측면이 있으므로, 인간의 존엄성도 인문주의처럼 인을 행할 도덕 주체로서의 존엄성도 있고, 인으로 태어난 자로서의 존엄성도 있다. 인으로 태어난 자로서의 존엄성은 만물과 공유하고 있고, 인간의 독특성은 인을 행하는 데 있다고 할 수 있다. 그러나 존엄성을 만물과 공유하고 있는 점에서 기독교와 다르다.

12) 절망에 빠진 불임부부를 위해서만은 생명 복제를 허용해야 한다는 견해가 있다. 참조. 박은정, 『생명공학시대의 법과 윤리』, 이화여자대학교출판부, 2000. 그것은 아마, 그렇게 태어나는 아이는 인간의 수단으로 태어나는 것이 아니라고 믿기 때문일 것이다. 그러나 그렇게 태어난 아이는 부모의 수단으로 태어난 것으로 본다. 부모의 사랑의 욕망으로 태어난 것이다. 만물이 신의 사랑으로 생겨난다거나 우주의 인(仁)에 의해 생겨난다는 것은, 인간의 사랑의 감정을 충족시키기 위해 생겨나는 것과 다르다. 성리학적으로 말하자면 보고싶거나 사랑하는 감정은 칠정에 속하는 것으로, 그런 정이 발할 때보다 발하지 않을 때가 더 완벽하다. 미발(未發)의 상태에서 우주의 인이 작용하도록 할 때 온전한 선이 실현되는 것이다. 그러므로 인간이 아이를 갖고 싶은 욕망, 또는 죽은 아이를 보고 싶은 감정에서 아이를 만드는 것은 신의 사랑으로 인간이 만들어졌다는 것과는 다르다. 같은 사랑이라도 신의 사랑은 그리고 우주의 태극의 인은 낳은 존재를 수단으로 삼지 않고 오로지 목적으로 삼지만, 인간의 사랑의 감정은 상대를 수단으로 삼는 차원도 섞여 있다고 할 수 있다. 미발을 더

온전하다고 보는 철학적 사고에는 인간의 감정이 온전한 선일 수 없다는 직관이 들어 있는 셈이다. 아무리 사랑의 감정에 의해 복제 인간을 만든다 해도 결국 인간의 존엄성을 받쳐 주는 인간관을 해치는 결과를 가져올 것이다.

13) 가드너 같은 학자는 "특정한 기술이 악용될 가능성이 존재한다는 사실이 그것을 금지한다는 주장으로 곧바로 귀결될 수는 없다"고 한다. 참조. 리차드 L 가드너, 「복제와 개별성」, 힐러리 퍼트남 외, 「유전자 혁명과 생명 윤리」, 아침이슬, 2004. 그러나 현대 첨단 기술 특히 핵공학이나 생명 공학처럼 인간의 생명과 직결되는 기술은 한 나라가 마음먹고 잘못 사용하면 엄청난 재난을 가져온다. 오용의 가능성이 금지의 근거가 되지 않는다는 것은 단순 논리에 지나지 않는다. 인간의 능력은 커지지만 양심도 같이 커지지는 않기 때문에, 인간은 자기가 개발한 기술로 남을 압도할 때 남만 압도하는 것이 아니라 자신도 같이 파멸에 이를 수 있다는 것을 염려해야 할 것이다.

14) 이전의 산업 구조에서는 다양한 수준의 기술이 각자 거기에 맞는 수요를 창출하며 공존하고 있었다고 한다. 그러나 첨단 산업에서는 어떤 분야에서 최고의 기술이 나오면 그 전의 기술들은 전부 쓸모없는 기술이 된다고 한다. 그러니 아무리 최고라도 안심할 수 없고 끊임없는 연구 개발을 해야 한다. 최고만 살아남아 싹쓸이를 하는 시대. 부가 가치가 첨단 기술에 의해 생산되는 시대가 될수록 최고의 기술 개발은 국가의 생존이 걸린 문제가 되나 무한 경쟁의 긴장이 인간의 삶을 지배하게 되는 것이다.

15) Rosemarie Ruther, 「성과 신학」 대한기독교서회,

▼ 발제 2.

생명의 물신화와 한국 교회의 생명윤리적 정체성

박 충 구 (감신대, 기독교 윤리학)

1. 생명 윤리에 대한 질문 자리

오늘날 인류의 위대한 물질 및 정신 문화의 유산을 이어받고 있는 현대인들이 "생명이 무엇인가?"라고 되묻게 된 이유는 오늘날 우리가 처해 있는 생명 공학적 현실을 직면하여 지난 문화와 가치 속에 담겨진 생명의 의미만으로는 오늘의 생명 이해의 지평을 밝혀줄 수 없기 때문이다. 성서를 비롯하여 지난 인류 역사 속에서 규명되었던 생명에 대한 이해 지평은 다소 인간 중심적이고, 출생 된 생명간의 질서에 따른 판단 구조가 주조를 이루었다. 과거의 생명 이해는 오래된 종교 문화적 가치 체계를 통하여 우리 내면에 학습된 것으로서 철저히 "출생된 인간 생명"에 관한 관심에 의해서 이루어졌고, 그런 이해가 주된 인간 생명의 의미를 구성하였다. 이런 관점에서 본다면, 우리 사회 안에서 형성된 생명 윤리는 질서 신학적이며, 서열 중심적이고, 집단과 제도 중심성이라는 전근대성의 특징에 근간을 두고 있다.

따라서 현대 한국 기독교의 생명 윤리 문제를 다룰 때 상황 분석이나 규범 적용의 구조만이 아니라 우리 내부에 형성되어 있는 생명 윤리학적 사유의 구조적 모순도 밝히는 과제가 포함되어야 한다고 나는 생각한다. 즉 우리 내면에서 개체 생명의 존엄과 권리에 대한 생명 윤리학적 인식과 실천에 있어 민감성이 결여된 이유를 생각해 보지 않을 수 없다. 따라서 이 문제는 우리 내부의 생명윤리학적 성향과 그 정체성에 대한 숙고를 요구한다. 이런 숙고 없이 사형제도 찬반 논란, 안락사 논쟁, 전쟁과 평화, 생명 복제, 줄기세포 논쟁에 임하는 것은 전근대의 색안경을 통하여 세상을 바라보는 동일한 윤리적 판단의 오류를 인식하지 못하는 결과가 될 것이며, 윤리적 사유와 윤리적 실존간의 소외를 초래할 것이라고 본다.

사실상 서구에서 논의된 맥락을 살펴본다면, 기독교 생명윤리학의 다양한 문제들을 다루면서 규범주의자들이 생명의 질적 의미물음을 생략한 채, 생명의 존엄성만을 강조해왔다면, 상황주의자들은 생명의 질을 묻지 않는 자리에서는 생명의 존엄성이 지켜질 수 없다는 견해를 피력해 왔다. 이렇게 어느 한편의 관점만을 응용하여 적응하려는 태도는 윤리학이 지니고 있는 비판적 사고에 손상을 불러오는 한편, 생명에 대한 기존의 관점을 새로운 정황 속에서도 통용시키려는 의도들이 윤리학의 기본 과제인 이성적 숙고(reasoning)를 제한하게 된다.

그러므로 오늘의 생명윤리학적 사유 지평은 정직한 현실 이해를 받아들일 용기와 자유로운 해석의 폭을 가져야 한다. 왜냐하면 윤리학적 사유는 기존의 가치 체계나 진리 담론을 존중하지만, 그러한 가치나 담론이 담고 있는 사회 경제 문화적 제약성을 분석적으로 이해해야만 하고, 그러한 가치와 담론이 형성된 자리를 바르게 이해함으로써 그 가치와 담론의 의미를 정확하게 파악할 수 있어야 하기 때문이다. 따라서 어떤 경우라 할지라도 기존의 가치와 현실에 대한 개혁 담론을 요구하는 저항과 비판의 방법을 제외할 수 없다.

따라서 생명의료윤리의 영역에서 일어나는 윤리적 판단은 단순히 의학적 판단이거나 신학적 판단만일 수 없는 종합적인 윤리적 판단 구조를 필요로 한다. 이는 오늘의 생명 윤리 영역에는 의학적, 경제적, 그리고 정치적 요인 등의 요소들이 개입하고 있기 때문이다. 그러므로 이 논문에서 우리가 질문하고 있는 생명의 의미 물음은 생명 발생학적인 과정에 생명 공학이 개입하게 됨으로써 일어나는 미시적인 생명 발생 과정에 인간이 개입하여 인위적으로 생명을 조작, 발생, 파괴, 이용하는 것이 정당할 수 있는가 아닌가를 묻는 물음과 관계되어 있으며, 나아가 우리의 내면적인 생명 윤리학적 인식 구조는 이런 문제를 다룰만한 생명 윤리학적인 감수성을 가지고 있는가를 묻는 것이다.

나는 여기에 최소한 세 가지 지평에 대한 논의가 있어야 한다고 본다. 첫째, 황우석의 인간복제배아줄기세포 연구에 대한 우리들의 반응에서 보이고 있는 한국(기독교)인들이 가지고 있는 생명윤리학적인 자기 정체성의 문제를 살펴보는 것이 필요하고, 둘째, 황우석을 대표하는 현대 생명 공학이 주장하는 생명 공학적인 생명 이해와 가치 판단의 구조를 밝히는 것이 요구된다. 이런 논의와 연관하여 셋째, 앞선 두 논의를 거쳐 구체적인 사례로서 황우석의 줄기세포연구에 대한 기독교 생명 윤리학적 판단을 내리고 교회의 생명 윤리학적인 인식과 실천 과제를 제시하는 것이다.

2. 황우석의 배아줄기세포 연구

1) 배아줄기세포 전이해

논의의 출발점은 1998년 미국 위스콘신 메디슨에 있는 위스콘신대학(Wisconsin University, Madison)의 제임스 탐슨(Dr. James Thomson) 박사 팀

인공수정을 위하여 생산되었던 수정란 중 폐기의 대상이 되었던 잉여 분의 수정란에서 줄기세포[1]를 추출하여 배양하는데 성공하였으며, 이와는 달리 발티모어에 있는 존 합킨스 대학의 존 기어하트(Dr. John Gearhart) 박사 팀이 중절된 태아의 세포에서 줄기세포를 추출하는데 성공했다는 보고에서 비롯되었다. 이러한 줄기세포의 추출방법은 손상된 뇌세포나 중추세포를 재생해낼 수 있는 가능성에 일말의 빛을 던져주고 있어서 줄기세포 연구의 긍정적 결과들이 주어질 경우 불치나 난치병을 치료할 기회를 얻게 된다. 그리하여 혈당을 조절할 능력이 유전적으로 결핍된 소아당뇨, 뇌세포의 파괴로 인한 기억력 상실을 불러오는 파킨슨씨병, 알츠하이머병, 회복 불가능한 세포의 손상과 같은 질병을 근원적으로 치료할 수 있는 가능성이 열릴 수 있다고 예측하고 있다. 이는 그동안 우리 몸을 구성하고 있는 약 210가지의 다양한 세포를 변형될 수 있는 만능세포인 줄기세포를 연구하는 이들이 근 20년간 연구해 온 결과였다. 그러나 줄기세포 추출의 개가를 축하한다는 소리보다는, 줄기세포를 얻기 위하여 생명을 파괴한 부도덕적인 행위라는 도덕적 비난이 인권 단체와 종교 단체들로부터 쇄도하였다.

이러한 비난을 무릅쓰고 줄기세포 연구를 지속시키려는 이들은 줄기세포 연구를 통하여 질병으로 인하여 파괴된 세포들을 재생시킴으로써 질병의 위협으로부터 생명을 구하려는 선한 동기가 있다고 주장한다. 지난 2002년 8월 10일 조지 부시 미국 대통령은 배아줄기세포 연구를 일반적으로 반대하면서도 동시에 기존의 일부 프로젝트에만 연방기금을 사용할 수 있도록 조치를 취했다.[2] 이는 사실상 줄기세포연구를 2002년 현재의 상태에서 묶어두는 결과를 의미한다. 이러한 정책적 결정은 현재로서는 치료 불가능한 질병을 앓고 있는 이들과 그들의 가족들에게는 희망을 주는 것으로서 배아줄기 세포 연구가 환영을 받았으나, 배아체세포 추출을 위하여 배아의 생명을 파괴하는 일이 벌어질 것이 뻔하므로 생명권 옹호론자들의 반대와 비판에 직면하여 생명권 옹호의 방향으로 미국의 생명윤리학적 정책을 잡았다는 것을 의미한다. 줄기세포 연구에 대한 비판은 1990년대 초기부터 형성되어 유럽 국가들은 배아보호법을 제정하여 잉여 배아를 산출하는 행위도 막고, 잉여 배아줄기세포를 연구하는 행위조차 금지하고 있다. 아울러 미국의 6개주와 독일, 스위스, 프랑스와 같은 나라에서는 배아줄기세포 연구는 현행법상 생명경외의 윤리를 어기는 범법행위로 규정되어 있다. 최근 2005년 3월 8일, 유엔은 본회의에서 인간 복제와 체세포핵이식 배아복제에 따른 줄기세포 연구를 금지하는 협약을 체결한 바 있다.

배아줄기세포 연구를 공리적으로 허용하는가 아닌가의 문제는 효용가치의 문제가 아니라 생명에 대한 존재론적 이해의 문제와 연관되어 있다. 이러한 논의의 핵심 쟁점은 수정 초기에 일반적으로 14일 이내의 배아가 생명이냐 아니냐라는 직접적인 물음과 이 물음에 대한 긍정 혹은 부정의 태도가 중요한 윤리적 판단의 시금석이 된다는데 있다. 생명권자들은 배아를 초기 단계의 생명이라 보면서, 생명권의 존재론적인 가치를 원칙적으로 주장하는 입장을 가지고 있다. 반면, 배아줄기세포 연구를 지지하는 이들은 배아의 생명적 가치는 인정하지만, 출생한 생명인 인간과는 동등한 지위를 가지는 존재가 아니므로 보다 나은 치료 방법을 위하여 파괴·이용할 수 있다며 배아의 생명권의 동등성을 부정한다.[3] 따라서 배아로부터 줄기세포를 추출하는 행위는 배아를 보는 관점에 따라서 윤리적인, 그리고 법적인 허용이거나 아니면 제재와 비난의 대상이 되는 것이다. 그러나 황우석의 연구는 잉여 배아의 연구를 위한 이용에 대한 논쟁을 무시하고 넘어섰을 뿐 아니라, 배아줄기세포를 얻기 위한 목적으로 생명을 인위적으로 조작 발생시키고 파괴하는 일을 감행했다는 데에서 생명윤리학적인 논쟁을 불러오고 있다.

2) 황우석의 체세포핵전치 복제배아줄기세포연구

우리나라에서 배아줄기세포 연구에 대한 윤리적 논쟁조차 본격적으로 일어나지 않았던 상황에서 황우석은 서구 사회의 윤리적 논쟁을 뒤로 하고, 한걸음 더 나아가 윤리적 정당성에 대한 숙고 없이 배아줄기세포 연구의 한계를 극복하는 방향으로 줄기세포 연구의 방향을 돌려버렸다. 즉 생명 윤리학적 논의와 토론, 사회적 합의도 이루어지지 않는 상태에서 배아줄기세포 연구가 아닌, 그보다 훨씬 심각한 생명 윤리적 문제를 안고 있는 차원으로 건너가 버린 것이다. 이런 그의 연구 태도는 국내의 생명윤리학적 무감수성을 이용하여, 과학주의적인 결과만을 목적삼아, 생명윤리학적 숙고와 합의도 거치지 않은 채 일방적인 연구를 진행시킨 매우 약삭빠른 행위라고 평가할 수 있다. 여기에는 국가기관들의 정책적 지원이 크게 기여하였다고 본다. 미국과 유럽의 생명공학자들이 생명윤리적 감수성에 가로막혀 답답해하고 있을 때 한국의 황우석은 윤리적 논의라는 장벽을 무시하고 이미 경계선상을 뛰어 건너간 것이다. 따라서 호시탐탐 배아줄기세포 연구가 허용되기를 학수고대하던 유럽과 미국의 생명공학도들의 환호를 받을 만한 사건일 수밖에 없었을 것이다.

비록 배아줄기세포 연구가 진척된다 할지라도 배아줄기세포의 취득원과 임상실험 대상간의 유전적 형질의 이종성의 문제를 극복하는 문제에 걸려 있다는 점을 간파한 황우석은 배아줄기세포 연구 논란에 빠져있는 외국의 정황을 가볍게 뛰어 건너 더욱 심각한 윤리적 논쟁을 불러올 생명 발생의 조작적 인위성과 파괴될 생명의 발생이라는 금기를 깨뜨리는 과감한 시도를 한 것이다. 그의 이러한 연구 행위에 대해서 많은 이들은 소위 배아줄기세포 연구의 차원에서 이해하고 있을 뿐, 그 심각한 생명윤리학적 오류를 제대로 지적하는 경우가 드물다. 이전의 배아줄기세포 연구의 비도덕성에 관한 논의는 소위 인공수정 시술(In Vitro Fertilization)에서 남은 잉여배아를 파괴하는 행위의 부도덕성을 허용할 수 없다는 것이었는데, 황우석의 연구는 그런 류의 부도덕성에 대한 일고의 여지도 남기지 않고, 인간 생명의 조작적 발생 과정을 거쳐 인간배아의 창조와 파괴 행위를 포괄하는 냉혹한 과학주의자의 모습을 보여주어 많은 윤리학자들을 경악시켰다.

그러나 국내의 언론의 국수주의적인 보도 태도와 해외의 생명공학자들의 칭송일변도의 보도는 우리 사회를 충분히 호도하여 황우석을 생명 윤리의 파괴자가 아닌 생명 치유의 선도자로 영웅시하는 결과를 초래하였다. 이런 평가에 직면하여 우리는 생명윤리학적인 동·서간의 차이에서 오는 문화윤리적 요인은 무엇인지 생각해보지 않을 수 없다. 이러한 잘못된 평가는 생명 공학의 위험과 윤리적 오류에 대한 성찰과 숙고 기간이 비교적 짧은 우리 사회가 가진 저급한 생명 윤리 감수성에 크게 기인한다고 나는 생각한다. 이미 유럽의 각 나라들은 1990년대 초부터 생명의 존엄성을 지키기 위하여 윤리적 차원의 방어망 뿐 아니라 법적 보호망을 설치하였다.[4] 그 결과 이 문제는 국제적인 합의에 이르러 1997년 유럽연합은 인간 복제에 대한 전면 금지를 제안하고 유럽의회에서 합의하였다. 유엔도 2005년 3월 8일 유엔 본회의에서 인간복제 금지를 결의하며 황우석이 행한 체세포 핵전치 배아 연구를 금지하는 정신에 합의한 바 있다. 이런 인류 사회의 합의와 경고를 무시한 황우석은 국가 생명윤리위원회가 생명윤리법안이 2004년 2월 국회를 통과하기도 전에 이미 체세포핵전치 복제 배아줄기세포 생산을 시도하였고, 황우석의 연구를 예견이라도 한 듯 2004년 2월 국회에서 통과된 우리나라 생명윤리법안에서는 치료를 위한 핵전치복제배아줄기세포 연구를 허용할 수 있다는 조항이 삽입되어 있다.

3) 황우석의 연구내용

알려진 바에 의하면 황우석은 불치나 난치병을 앓고 있는 이들을 돕기 위한 목적이라는 명분아래 국내 혹은 국제적인 합의를 고려하지 않고 복제배아줄기세포 연구를 진척시켜 왔다. 그는 2004년 여성의 자궁에 배란 촉진제를 놓아 16명의 여성으로부터 242개의 난자를 채취하였다. 그는 생식세포인 난자의 핵 안에 담겨있는 염색체가 23개로 감수 분열되어 있어 온전한 생명의 기능을 할 수 없으므로, 그 핵을 제거하고 성체세포에서 채취한 23쌍의 염색체가 들어있는 체세포 핵을 추출하여 난자에 삽입하고 전기충격을 주어 이를 활성화시켰다. 그 가운데 212개의 케이스는 정상적으로 발생하지 못하였고 30개의 배아가 분화를 지속하여 배반 포기 단계에 이르렀으며, 황우석은 이를 파괴하여 단지 1개의 줄기세포를 얻었다고 발표하였다. 2004년 발표된 이 사건은 대내외적으로 알려졌지만 사실의 진정성에 대한 국제적인 의혹이 일어났고, 난자 채취에서 생명윤리학적인 연구윤리 원칙을 어겼다는 비난과 약간의 생명윤리학적인 논의가 제기되는 것으로 그쳤다. 이 오류는 시정되지 않고 2005년 황우석의 연구에 대해서도 최근 국제적으로 문제가 제기되고 있다. 최근 미국의 자연과학 잡지 Nature는 최근호에서 황우석의 생명윤리 불감증에 대하여 비판적인 사설과 논평[5]을 실었다.

그러나 황우석은 연구 윤리의 문제가 제기되고, 생명윤리학적인 비판이 충분히 예견될 수 있음에도 불구하고 체세포핵전치 복제 배아줄기세포 추출 연구를 지속시켜왔다. 그 결과 2005년 발표에 따르면 18명의 여성에게서 185개의 난자를 채취하였고, 2세에서 56세에 이르는 다양한 연령층의 환자로부터 체세포 핵을 추출 핵을 제거한 난자에 삽입함으로써 11개의 줄기세포군을 얻었다고 발표한 것이다. 이미 2004년에 제기된 윤리적 비난을 무시하고 진행시킨 그의 연구는 "난치병 환자 치료"를 위한다는 명분으로 포장되었으며, 마치 곧 치료 효과를 불러올 것 같은 환상을 불러일으켰다. 그리고 생명윤리학적인 통제를 받아온 생명공학 선진국의 과학자들을 젖히고 생명공학의 고지에 태극기를 꽂은 사람으로 미화되었다. 이어 생명공학관련 주가가 상승하였고, 마치 생명공학 특수를 불러와 대한민국이 세계를 돕는 나라가 될 것이라는 기대를 부풀렸다.

이런 정황에서 제기되는 반론과 생명윤리학적 비판들이 단지 "종교가 과학의 발목을 상습적으로 잡는 행위"나 "종교 근본주의자들의 반과학적 태도"로 매도되는 경향을 보였으며, 심지어는 과학적 연구에 대한 종교인들의 무지에서 나온 것이라는 되받아치는 논리들이 형성되었다. 그리하여 국내 여론은 국수적인 이해 관계, 상업주의적인 동기화, 그리고 국가의 자긍심을 자극하는 차원에서 형성된 황우석 신드롬을 만들어 냄으로써 생명윤리학적 비판을 잠재우고, 그를 국민적 영웅으로 미화시켰다. 이렇게 황우석의 생명 조작, 생명 파괴 행위가 미화되고 영웅시될 수 있었던 까닭에 대하여 나는 원인과 결과로서 두 가지로 요약하고 싶다. 그것은 우리 사회가 생명에 대한 근원적인 윤리적 숙고가 결여된 생명 윤리 감수성이 낮은 사회라는 점, 그리고 그 결과로 존재론적인 생명 가치가 경쟁과 이윤 추구 논리에 함몰되었다는 점이다.

3. 생명 윤리와 우리 안에 있는 전근대성

지난 역사에서 기독교는 생명과 구원의 종교로서 자기 정체성을 찾아왔으며, 그 시대 시대마다 "오늘의 구원"을 선포해왔다. 그러나 근세기에 접어들면서 기독교는 사회의 변방으로 밀려나 사회적 영향력을 점점 상실하고, 구체적인 현실 문제에 대하여 등거리 원칙을 주장하며 현실에 개입하지 않는 방편을 교회의 보존 원리로 받아들이는 경향을 보이고 있다. 즉 사회 문제에 개입하지 않음으로써 교회 내적 일치를 기하고, 사회적 시비에 말려들지 않는 방법을 더욱 지혜롭고 복음적이라고 생각하게 된 것이다. 이런 기독교회의 입장은 전통적인 기독교 사상과는 매우 유리된, 혹은 변질된 것으로서 교회의 자기 보존 기능에 초점을 둔 안이한 선교 정책의 결과라고 생각된다.

기독교 복음의 정체성은 문화적인 측면에서 항시 의문시되어 왔다. 예컨대 성서문화적인 차원에서 텍스트의 진정성 문제라든지, 히브리 민족 문화와 기독교적 사유의 차이라든지, 타종교와 기독교간의 본질적인 차이라든지, 서구 기독교와 한국 기독교의 이질적인 문제들은 언제나 "이미" 기독교인이 되어버린 우리를 "아직 아닌" 기독교도로 규정하며 괴롭혀온 주제들이다. 그러나 나는 이런 문화적인 요소들의 차이들을 넘어설 수 있는 방법은 기독교 윤리학적 사유를 응용할 경우 얼마든지 가능하다고 생각한다. 기독교 윤리학은 기독교가 옹호하며 가치 판단을 해온 근원적인 가치 체계를 일관성있게 옹호해 왔기 때문이다. 여기서 말하는 일관성이란 가치판단의 내용은 상이할지라도 생명권 옹호와 보다 나은 세계 현실을 위한 봉사에 있어서 일이관지해온 자기 갱신의 노력이 현저한 데에서 나타나는 것이다. 그것은 개신교의 정신, 곧 항상 개혁하는 교회(ecclesia semper reformanda)를 표방하는 정신에 내재되어 있다.

기독교적 가치 체계가 무엇인가라고 묻게 될 때 우리는 그것을 "그리스도를 통한 보편적인 하나님의 사랑과 구원의 약속"[6]이라고 믿는다. 즉 기독교 복음에 내재된 가치는 하나님의 사랑과 구원의 약속 사건에서 나오는 것이다. 이 사건을 구체화하는 현장이 역사이며, 역사적 발전 과정을 통하여 하나님의 사랑과 구원을 향한 가치 체계의 형성 과정이 드러난다. 따라서 우리가 하나님께서 역사를 주관하신다고 고백한다면, 역사를 통하여 이루어 가시는 하나님의 선하고 거룩하시고 온전하신 뜻[7]이 무엇인지 살펴볼 수 있어야 한다. 하나님의 역사를 배제하며 역사 현실에 참여하기를 거부하는 비역사적인 기독교는 참된 기독교일 수 없다.

나는 이러한 하나님 역사의 내적 원리를 가치 형성의 과정이라고 생각한다. 인류 역사를 통하여 인간의 생명을 구원하시기 위한 하나님의 통전적인 역사는 제도를 통하여, 그 제도를 형성하는 가치 체계를 통하여 부분적으로 이루어진다. 개인의 구원과 회심은 이런 가치 체계에 의하여 반영되는 개인적 사건이며, 이 사건은 사회 제도와 가치 체계의 변화로 이어진다.

자유주의 신학자들은 이러한 하나님의 역사를 일러 "하나님의 나라"[8]의 역사내적 실현이라고 보았고, 정통주의 신학자들은 하나님 나라의 역사내적 실현 속에 묻은 인간의 죄의 현실까지 지적하며 하나님 나라가 아닌 것을 하나님 나라로 규정하려는 시도들"을 비판적으로 "상대화"하였다.

이러한 이중적인 기독교의 역사 긍정과 역사 부정의 힘은 마치 수레의 두 바퀴와 같이 미래를 향하여 진보적인 과정을 열어나가면서 동시에 상호 보완적인 비판 능력을 강화한다. 따라서 기독교 윤리학은 양자의 긴장을 현실 분석(Sachgemaessheit)과 성서적 적절성(Schriftgemaessheit)을 연관시키며 신앙공동체의 내적 가치를 규명하고, 그 현실적 적용 가능성을 숙고하는 학문으로 이해되어야 한다. 따라서 윤리학적 사유는 기존 이데올로기에 안주하지 않는 비거주성(homelessness)을 가지고, 안락함을 긍정하지 못하는 진행적인(restlessness) 성격을 가진다. 당파적 주체가 되기를 거부한 지식인의 자율 의식이나 혹은 거부당한 자들의 밀려난(dislocated) 의식에 의하여 형성된 유목적 주체들은 훨씬 성서적이며, 기독교 윤리학의 내적원리로 받아들일 수 있다. 그러므로 "사회적 코드화된 사유 방식과 행동 방식에 안착되기를 거부하는 비판적 의식"[9]을 가진 이들은 이미 있는 것의 불충분함과 아직 오지 않은 것에 대한 희망의 정서에 내적 충동을 받는다. 기독교 생명 윤리학은 이런 의미에서 철저히 유목적이며 정착민의 문화를 상징하는 도시의 롯보다는 아브라함의 유목적 삶의 방식을 지지한다.

이렇듯 사회 윤리적 판단을 위한 현실 분석의 학문으로서 기독교 윤리학은 기독교 공동체의 사회적 존재 가치를 옹호하고, 지지하며, 그 정당성을 확보할 근거를 범주적으로 제공하기 때문에 기독교 윤리학의 학문적 가치를 무시하는 경우, 교회 공동체는 매우 심각한 도덕적 혼란에 빠지게 된다. 기독교의 생명 구원의 약속과 희망의 실현은 도덕적인 것으로 해소되는 것은 아니지만, 도덕적인 가치를 소외시키거나 무시할 경우 그 약속과 희망의 근거가 붕괴된다. 이럴 경우 새로운 전대미문의 사건이나 새로운 문제가 생기면 잘못 이해된 기독교 윤리학은 이념화되어 과거의 성서적 언급을 근거로 문자주의적 도덕론을 주장하던지, 아니면 신학적 전통과는 아무런 상관없는 임의적인 타협의 태도를 보일 수 있는 위험이 있다. 전자가 도덕주의를 윤리학으로 오인하는 것이라면, 후자는 기독교 윤리학을 저속한 현실주의로 혼동하는 것과 같다.

기독교 공동체는 철저하게 역사성 안에 제약된다. 영원한 하나님 나라에 대한 희망을 품고 있음에도 불구하고, 기독교 신앙공동체는 역사적 제약성 안에서 결단하고 책임을 져야 하는 실질적인 삶으로 부름을 받는 까닭이다. 그러므로 하나님 앞에서 부름 받은 신앙 공동체로서 기독교는 언제나 하나님의 말씀과 역사 앞에 존재하지만, 그 책임적 과제는 매우 다르다. 각 세기마다 기독교 공동체는 동일한 형식으로 존재해 왔지만, 인류역사의 발전 과정에 따라서 끊임없이 자기 변혁과 사유 모형의 변이를 추구해 왔다. 전근대적인 시대에는 전근대의 윤리적 옷을 입었고, 근대의 소용돌이 속에서는 근대의 옷을 입었다. 따라서 오늘날 기독교는 현대의 옷을 입지 않으면 안 된다.

이미 미래학자들이 밝혀온 바와 같이 전근대의 봉건주의적 정치 권력 중심주의는 근대의 상업주의적 변형으로 넘어왔고, 근대성의 핵심인 경제적 권력은 현대세계의 지적생산구조로 그 힘의 축을 바꾸어 왔다. 이러한 시대적 구분을 통한 가치 중심의 변형[10]이론은 그 특성이 미국이나 선진국의 특성을 드러내는 데는 유효할지 모르나 우리 한국 교회의 현실을 드러내기에는 매우 애매하다. 권력의 이동 구조에서 세습 왕권이나 귀족 정치를 바탕으로 했던 전근대성은 서구 사회의 경우 17세기 이후 몰락했지만, 아시아에서는 19세기 말까지 존속 유지되었으며, 18세기 이후 귀족 사회를 대체할 수 있었던 소자본 부르주아 계급이 주장한 자유와 평등의 정신을 옹호한 시민혁명의 전통이 아시아에서는 20세기에 이르도록 매우 희박했고 심지어는 아시아적 가치론이라는 열등한 자기 정당화를 주장하기에 이르기도 하였다. 나아가 제도적 삶을 초월하는 개인의 자유와 권리에 대한 신념에 바탕하고 있는 근대 이후의 자유·평등·정의·유대·평화·생명 가치는 집단 속에 자율과 자유를 저당 잡힌 아시아적 관계의 윤리로 인하여 그 가치 실현이 지체되고 있다.

이런 관점에서 생성되는 전근대적인 관계의 윤리와 그 산물로서의 생명 이해는 철저히 전근대적인 효용성의 윤리에 머물고 만다. 그리하여 지금 우리 사회 전반에 펼쳐지고 있는 황우석에 대한 예찬론은 우리 사회의 집단주의에 연계된 국수주의, 상업주의, 영웅주의의 연장에서 그려지는 허상이다. 여기서 생명 윤리는 증발되고 생명 윤리 없는 생명 과학 일변도의 가치판단들이 성행하는 것이다. 그 결과는 존재론적인 생명에 대한 의미물음을 생략한 효용성을 추종하는 실용주의이다. 오늘날 교회들이 보이는 정치적 패거리문화, 성직자의 전근대적인 권위주의의 만연, 대형화의 실용성에 정신을 파는 모습은 황금만능주의에 신학적 성실성과 신앙의 순결을 파는 매춘부와 다를 바가 없다고 본다. 이런 습성의 생성되는 생명에 대한 이해와 판단 구조는 황우석의 생명 공학을 예찬하는 정서를 지원하기 때문에, 오히려 신학적이며 기독교 생명윤리학적인 신념과 가치를 주장하기에는 내적 이율배반이 너무 크다. 그리하여 나는 적어도 오늘의 한국 교회가 생명 윤리를 이해하고 주장하며 실천할만한 "개체 인간의 존엄성과 삶의 질에 대한 숙고를 위한 사유와 사상의 결핍을 여실히 드러내고 있다"는 점을 지적하지 않을 수 없다.

4. 한국 교회의 생명윤리학적 정체성 문제

한반도의 기독교는 내적으로 혼재된 많은 모순을 안고 있다. 서구에서 전래된 기독교는 이질 토착 문화인 샤머니즘—불교—유교적 가치구조가 혼재한 현실에 뿌리를 내리면서 많은 부분 문화적 타협을 해왔다. 이 타협구조를 통하여 한국 기독교가 "보편적인 기독교"의 일원이 되면서 스스로 인정하든지 안하든지 다른 나라의 기독교 역사와 현실과는 상이한 "한국적" 기독교의 특성을 지닌다고 볼 수 있겠으나, 과연 "한국적"이라는 것이 기독교 윤리학적인 관점에서 무엇을 의미하는지는 좀 더 깊이 생각해야 할 문제라고 본다.[11] 근본주의적인 신학이 주창하는 복음의 보편성은 바로 이런 문화적 타협을 거부하려는 동기에 의하여 자극받아 간혹 반문화적인 혹은 문화적대적인 태도를 고수하기도 한다. 그러나 그럼에도 불구하고 진보적 기독교나 보수적 기독교는 여일하게 "한국적인 윤리적 사유 방식"의 포로들이다. 일부 한국적인 것이라는 이름으로 문화 국수적인 입장에서 수용을 강요하는 정황에 놓일 경우 우리는 비기독교적인 가치와 문화적 요소들을 덕스럽게 수용하고 한국적인 것에 대한 무비판적인 지지나 편애를 보이는 것이 보다 민족적인 가치를 옹호하는 것이라고 생각하는 경향이 있다. 매우 위험한 일이 아닐 수 없다.

정치 세계의 구체적인 식민적 상황을 벗어난 지 근 반세기에 이르러 에드워드 사이드는 오리엔탈리즘(Orientalism)[12], 문화와 제국주의(Culture and Imperialism)[13]라는 저서를 내놓아 우리 안에 있는 식민근성을 들추어내었다. 그는 오리엔탈리즘에서 인식과 실천의 삼중구조를 해명해 주었다. 이 삼중구조는 식민지배의 논리에 의한 피식민자의 타자화, 즉 식민자의 피식민자에 대한 타자화, 그리고 그런 타자화에 물든 식민지식인의 이중성: 탈식민 주체이면서도 식민자의 모방과 답습자, 그리고 그 사이에 존재하는 식민 지배를 지속시키는 지식인과 토착주의의 모순을 포괄하고 있다. 결국 문화적 제국주의의 그늘 아래 문화와 가치 창조의 자율성을 빼앗긴 후진식민국 지식인들의 교묘한 기회주의적 한계를 드러냄으로써 사이드는 식민지식인에게서조차 비난을 받았다.[14] 그는 식민자나 피식민자로서의 구분보다 더 중요한 관점은 지식인이란 현대사회에 거주지를 찾지 못한 망명자일 수밖에 없다는 점을 우리에게 일러준 것이다. 만일 그렇지 않다면 우리는 당파성에 빠진 거주민이 되어 제국주의적 문화가 주는 당파적 이해와 자기 왜곡에서 벗어나지 못하여 개인과 집단의 이익을 위해 동료 인간들을 차별하고 타자화하며 사는 존재로 전락할 수밖에 없다는 것이다.

만일, 우리의 도덕적 주체가 제국주의적인 문화에 세뇌되고, 당파적 집착에 빠지는 습성에 익숙하다면, 우리의 생명윤리학적 자기 정체성은 어떻게 기능할 것인지 자문해 볼 필요가 있다. 나는 우리 한국 기독교 지식인의 의식이 문명과 야만을 구별할 비판 의식을 충분히 가지고 있는지, 과연 집단의 이익과 당파성에서 초연한 자율적인 사유와 판단을 하는 존재들인지, 아니면 누군가의 식민지화에 의하여 타자화된 존재들로서 자율적 자기 이해와 판단을 유예하거나 포기하고 누군가의 판단을 모방 답습하는 존재들인지 살펴볼 수 있어야 한다고 생각한다. 아니면 토착적인 문화와 가치로 회귀하여 현실을 소외시키며 토착주의적인 지적자위에 만족하는 역 제국주의 혹은 역 오리엔탈리즘을 주창하는 지식인들인지도 생각해 보아야 한다. 이러한 질문은 유목적 주체(nomadic subjectivity)로서 자율적 판단과 현대 세계의 문화적 혼종성(hybridity)을 인식하며 부분적 편견에 집착하지 않고 생명의 다양한 권리를 존중하는 자유와 해방의 지평을 열기 위하여 필수 불가결한 것이다.

1960년대 식민적 상황에서 종교의 진리가 사회정치적 맥락에서 어떤 기능을 했는지에 대한 급진적 반성은 결국 해방신학의 거친 논의까지 초래하였다. 우리 사회에서는 민중 해방적 가치를 옹호하는 민중 신학이 나왔고, 토착 문화에 대한 재평가를 시도하였으나 그 평가의 기준이 무엇이었는지는 아직 불투명하다. 하지만 나는 한국의 양대 신학을 살펴보면서 양자 모두 계급적 당파성을 벗어나지 못했다고 판단한다. 물론 과거의 신학적 사유보다 진일보하여 민중을 향한 당파성을 조장하고, 전통 종교에 대한 야만적 저주의 풍토를 상쇄시킨 점은 높이 긍정할 수 있으나 두 신학 공히 참된 기독교적인 영성과 생명윤리학적 기준을 제시하는 데에는 매우 부족하였다고 나는 평가한다. 예컨대 해방신학적 혹은 종교신학적 사유를 받아들인 사상의 영역에서도 여전히 토착문화 내부에 존속해 온 다양한 차별문화를 허용하거나 묵인해 왔기 때문이다. 그리하여 지배의 윤리에 대한 저항의 윤리는 있었지만, 저항의 윤리에서도 종교생명윤리의 지평은 열리지 못했다고 나는 평가한다.

따라서 나는 민중신학이 사회경제적인 민중 당파성에 관심하면서 민중에 의한 억압 차별 정황에 대한 비판에 소홀하였고, 토착화신학은 과거의 종교적 유산을 긍정하려는데 지나쳐 과거의 종교 유산 속에 내재된 억압과 차별의 논리를 예민하게 비판하지 못했다고 생각한다. 그리하여 한국의 두 신학은 사회경제적 착취와 억압, 그리고 토착 종교에 대한 무시와 비하의 문제를 신학의 주제로 받아들였음에도 불구하고 생명의 보편적인 존엄성을 간과함으로써 전근대의 유산을 부분적으로만 비판했다는 지적을 면하기 어렵다고 생각한다. 따라서 한국 교회 내에 잔존하고 있는 인종과 지위와 신분, 서열, 학연, 지연에 따른 차별 문화 속에서 배아의 생명권 옹호 담론이 한국 신학 안에서 어떻게 공정하게 다루어질 수 있을 것인지 고민하지 않을 수 없다.

식민지 경험을 통하여 얻은 억압에 의한 고통을 인식하는 인식론적 특권을 가진 식민지 지식인들이 식민자들의 지배권을 식민지내 지배로 변형시켜 여전히 동족과 동류 문화내의 차별과 억압을 지속시키는 독재와 만용을 부려온 까닭은 다름 아닌 보편적인 생명존엄의 윤리 사상의 결핍 때문이다. 일제에 저항하던 반식민지적 기독교 지식인들 속에서도 여전히 차별과 배타의 논리가 내재되어 있어서, 전근대적 세계에서부터 동류 인간을 향해서 조차 차별 의식을 이어받아 강화해온 한국 기독교의 죄는 보편적인 생명권을 인식하고 생명 윤리를 논하기에 매우 부적절한 윤리 의식을 가지고 있는 증거가 될 것이다. 따라서 여성을 차별해온 한국 기독교의 목회 현장에서 여성의 자궁을 배아줄기세포를 얻을 수 있는 숙주로 이용하는 황우석을 비판할만한 생명윤리적인 민감성이 없다. 황우석의 배아줄기 세포 연구를 위하여 자발적으로 수술대 위에 올라가 앉는 여성들은 이런 풍토의 자발적 희생자들이다. 그들은 서구의 여성들과는 달리 여성의 몸을 부품으로, 도구로, 줄기세포의 숙주로 간주하는 가부장적 남성 과학자의 시각에 자발적으로 헌신, 봉사하는 것을 부끄러워하지 않는 것이다.

이런 종류의 사유와 판단 방식은 근대 세계의 가치 판단 구조의 변형 과정에 대한 몰이해와 현실 분석에 무지하다는데 문제가 있으며, 그 무지를 인식할 지성과 역사 인식의 심각한 결핍을 드러내고 있다. 이런 현실을 그대로 놓아두고 영혼 구원에만 몰두해온 습성을 권위주의적으로 강화해온 한국 기독교 지도력은 현실 세계를 향하여 낡고 낡은 성서 문자주의적 선언을 옹호함으로써 기독교의 사회 윤리적 적절성과 공신력을 실추시키며 기독교의 자폐적 역선교의 전형적인 예를 드러내고 있다.

2) 질서 신학과 겸비 신학

현대 생명 공학은 18세기 다윈과 라마르크의 생물학에 그 연원을 둔다. 소위 기독교의 일시적 창조설에 대한 신뢰 구조를 벗어난 과학주의적 생물학에 그 근거를 두고 있다. 그들의 증언에 의하면 생명 현상은 무수한 자연 변이를 통한 새로운 종의 산출 과정을 거치면서 생존 능력을 가진 적자생존의 무자비한 원칙이 장엄한 역사 속에서 오늘의 생명 현상을 낳고 있다는 것이다. 다윈의 진화론적 이해를 무시할 수 없었던 기독교 근본주의자들은 새로운 과학 이론을 내놓았는데 그것이 소위 우주와 생명에 대한 지적인 하나님의 디자인을 주장하는 것이다. 간혹 과학적 창조주의(creationism)라고 불리는 이 이론은 현대의 물리학, 고고학, 그리고 자연과학의 영역에서 존중받지 못하는 사설(邪說)에 가까운 것이다. 이 이론은 생명 발생과 기원에 관한 진화론적 이해에서 보이는 연속성의 결핍, 혹은 변이의 건너뛰기에 대한 이견을 제시하며 진화론 전체를 부정하려 한다는데 심각한 문제가 있다. 더욱 심각한 것은 과학적 창조주의자들이 자신들이 비판하는 생명 진화의 "건너뛰기"보다 더욱 극심한 "무에서 유를 창조하는 사유"를 과학적인 창조의 근거로 제시한다는 점이다. 그런데 문제는 그런 주장의 근거가 기존 세계의 질서를 옹호하는 것이며, 그 옹호의 객관적인 증거가 매우 박약하다는 것이다.

거의 46억년에 이르는 지구의 장엄한 생명의 역사를 주장하는 과학자들에 따르면 종의 생성과 파괴와 소멸의 과정은 잔인한 자연의 법칙에 따른 것이다. 따라서 여기에는 사랑의 하나님이 개입할 여지가 없다고 말한다. 다윈의 자연 선택의 랜덤 구조는 하나님의 섭리와 예지의 영역 밖으로 이해되어 이런 논의 구조 속에는 오늘의 과학적 지평에서 전지전능하시고 예지예정하시는 하나님은 설 자리가 없기 때문이다. 그리하여 절대 주권을 주장하는 하나님의 영역 보다 더 넓은 무한한 하나님의 창조 세계가 열려 있다는 이해를 불러오고 있는 것이다. 우리는 이런 입장을 과학적 무신론이거나 아니면 과학적 신비주의로 규정할 수도 있을 것이다. 그러나 문제는 우리가 믿고 설교하던 전지전능한 마력적인 하나님(deus ex machina)은 언제나 종교적 가설일 뿐 역사 내에서 입증될 수 없는 신앙고백의 차원에 머무르는 숨어계신 하나님이라는 사실이다. 따라서 유신론적인 하나님의 지배자 표상은 오늘날 도처에서 도전을 받고 있다.

과학적 사유와 종교적 사유의 관계 형식을 다양하게 이해한 논리들[15]을 살펴보면, 종교와 과학은 적대적이거나 서로 낯설어 하거나 혹은 협력하는 관계로 대별된다. 결국 자연의 무작위 랜덤 구조, 무수한 종의 출현과 소멸에 관한 생명 현상은 비종교적인 것이라고 낙인 찍는다면 그 경우는 종교의 자폐적 독백이 될 것이고, 낯설어하는 입장을 취한다면 상호이해에 무지하거나 고의적으로 사실 판단을 거부하는 지적 불성실을 초래할 것이다. 여기서 우리가 택할 수밖에 없는 방법은 과학의 성실한 파트너가 되려고 노력하는 것이다. 이런 현실을 받아들여 신학적 사유를 지적설계이론으로 대치할 경우 그 지적 설계자의 윤리성은 무자비한 하나님의 모습을 반영하여 성서적 하나님을 외면하게 되는 결과를 초래한다. 따라서 전지전능한 하나님에 관한 철학적이며 신학적 사유는 현대 물리학과 생물학을 만나 좌초하고 있다는 사실을 부정할 수 없다.

나는 종교와 과학, 문화와 기독교의 상관관계를 이루어낼 수 있는 하나의 신학적 방법으로서 그리스도 안에 나타나신 하나님에 대한 신앙고백을 가능하게 하는 "겸비의 신학"을 제안하는 호트(John Haught)의 입장[16]을 지지한다. 호트는 전지전능하고 무소부재한 하나님에 대한 막무가내 신앙고백이 통용되던 시대는 이제 지나갔다고 말한다. 그 대신 현대 과학 앞에서 신학이 범한 오만, 즉 세계를 엉터리로 해석해온 과오를 내려놓고 새로운 겸비의 신학을 펼쳐야 한다고 주장한다. 그의 겸비의 신학은 신학의 무숙(無宿)성, 비안주성(restlessness)을 받아들이는 지적 개방성을 의미한다. 자리를 잡고, 안주해온 제국주의적 신학의 뿌리가 뽑혀진 상황에서 그릇된 신념과 거짓 증언에서 벗어나야 하는 까닭이다.

호트의 신학이 함축하고 있는 기독교 생명윤리는 겸비의 윤리로서, 그것은 하나님의 성례전적이며(sacramental), 하나님의 신비(mysticism)를 남기고, 경외의 침묵(reverential silence)을 요구하며, 종말론적 희망을 지평을 쫓아 창조 세계의 통전적 자연 세계의 구원을 약속하는 책임적인 행위(action)를 요구한다.[17] 따라서 이러한 신학의 네 가지 요소가 지시하는 윤리적 방향은 보다 나은 미래를 향한 실천을 향하여 개방된 책임 윤리를 지향하는 것이다. 그러므로 생명과학 시대에 요구되는 기독교 윤리의 근본 성격은 이미 주어진 청사진에 따라 질서 지으려는 인간 중심·당파적 지배의 윤리(ethics of domination)가 아니라, 창조의 전체성을 향한 하나님의 약속이 이루어질 것을 바라며 행동하는 종말론적 희망의 윤리로서 겸비의 윤리학(ethics of humility)적인 방법론이 보다 더 복음에 가까운 것이라고 본다. 전근대적 지배의 윤리 의식에 사로잡히는 한 오늘의 생명 공학적 현실에 응답하는 기독교적인 방법은 언제나 부적절할 수밖에 없을 것이다.

3) 지배 윤리와 겸비의 윤리

우리 한국 교회의 윤리적 사유 유형은 철저히 전근대적인 것이다. 전근대적인 사회 윤리의 특성은 몇 가지 점에서 동서를 막론하고 유사하다. 그 근본 성격은 개체인간의 자율성을 존중하지 않는 신분·위계 질서적이고, 통제와 억압과 감시의 관계를 정당화하는 제도 중심적이며, 기존 질서 옹호적인 차별 문화를 용인하는 서열적인 것이다. 그 결과 전근대적인 윤리 의식은 제도와 서열우선 인권 후위의 논리를 당연시하며 자율과 평등의 가치를 비하한다. 따라서 전근대적 사회윤리는 철저히 질서신학적인 규범의 적용을 중시하며, 기존 질서 옹호의 원칙을 고수하는 것이다. 그리하여 전근대적 질서와 서열 타파적인 변혁과 개혁의 논리는 반사회적이며, 사회의 질서를 깨뜨리는 행위로 규정된다. 결과적으로 개인의 자의식과 자율성이 성숙하지 않는 사회는 언제나 집단성의 폭력을 유도하며, 그 유도된 폭력은 선동된 집단에 의하여 전근대적 사회를 유지하는 대중적 의지로 표현되는 것이다.

따라서 전근대적 도덕 담론의 치명적 약점은 보수성을 옹호하는 대신 개혁성을 죄악시한다는 것이다. 이런 논리를 추종하는 종교 집단 안에서는 개신 교회의 "항상 개혁하는 교회"라는 이상이 머물 곳이 없다. 이러한 전근대적 사회 윤리 구조는 지배계층에게 서열적 우선권을 제공하며, 지배 권력을 가진 이의 의지가 사회 통합의 의지로 간주된다. 유럽에서는 17세기 이후 전근대성의 몰락과 더불어 개체 인간의 자율과 주체성을 긍정하는 민주주의 의식이 약 200여년에 걸쳐 발전적으로 형성되었지만, 우리 한국 사회는 자율적 역사체험의 과정이 생략된 주입식 민주주의가 강요되었다. 그 결과 민중은 개체 인간의 권리와 존엄성에 대한 인식의 확대 없이 정치적 주체로 불려나가게 되고, 민중의 정치적 결정권은 언제나 집단과 지배 논리에 넘겨져 오용되어 왔다. 자율적이며 주체적인 신념 없이 내리는 정치적 판단은 전근대성의 논리를 따라, 서열적, 위계질서적, 차별적, 지배담론을 위하여 바쳐지는 것이다. 그리하여 개인의 주체적 신념에 따른 행동은 공공의 정서에 반하는 것으로 간주되고 자유와 정의와 평등을 요구하는 소리는 관계와 평화를 파괴하는 공익성을 해하는 개인주의적 행위로 읽혀진다.

이리하여 민주주의라는 이름은 있으나 자율적 주체는 취약하고, 집단의 의사 표현은 가능하지만 개체인간의 자율적 합의가 아니라 지역·혈연·학연에 자율을 넘겨버린 집단의 이기성 표출이 된다. 그리함으로써 민주사회가 도모하는 합리성과 탈권위주의, 평등주의의 원칙이 관계의 윤리에 의하여 밀려나고, 관계의 윤리는 지배 윤리를 지원하게 된다. 이런 맥락에서 생명 윤리를 논하는 것은 무엇을 뜻하는 것일까? 황우석의 인간복제배아 줄기세포 연구를 읽고 해석하는 방법은 제도적 해석 – 국가 권력의 국수주의적 가치승인, 상업주의적 해석 – 공리주의적 국익우선의 가치승인, 과학주의적 해석 – 물신주의적 가치 승인의 종합이 마침내 국수주의적 집단의 영웅화로 이어지는 것이다.

여기서 일어난 것은 생명 윤리학적인 사유의 구조적 증발이다. 즉 개체 생명의 보편가치를 옹호하고, 제도나 집단이나 국가보다 우선시하는 인권 중심적 사유의 증발, 생명의 보편적 평등권에 대한 승인의 증발, 그리고 종교·철학적인 존재론적 생명 가치의 상실이다. 그 결과 생명을 조작·발생·파괴·이용하는 행위가 너그럽게 허용된다. 따라서 우리 안에서 생명의 비생명화, 권력에 의한 생명의 몰가치화, 통전적인 생명을 분절시키는 과학주의의 분석적 생명 이해와 조합 이론이 지배한다. 이러한 과정에서 나타나는 것은 여전히 인간 중심적인 지배의 윤리, 즉 당파적 강자에 의한 약자 지배와 파괴, 복제된 배아의 비생명화와 파괴이다. 그리고 지배 윤리에 편승하는 대중은 권위주의적이고 서열적인 생명 가치 구조 속에서 가장 미약하고, 조작된 생명을 비생명화하여 파괴하는 행위에 아무런 양심의 거리낌 없이 동조하는 것이다.

겸비의 윤리학을 적용한다면, 우선 성경적 원칙을 취사선택하며 못을 박듯 절대규범을 주장할 수 없다. 그리고 하나님의 자기 겸비의 신비 앞에서 하나님의 뜻을 앞세우며 우리의 판단을 신성화하는 오류도 범하지 못한다. 다만 하나님의 생명 창조에 대한 경외심을 가지고 모든 자연 생명의 보편적 가치를 탈서열적으로 승인하고, 생명의 공존성을 평등한 권리로 인식해야 할 것이다. 겸비의 윤리 관점에서 바라본다면, 생명의 조작적 주체와 조작의 대상으로 객체화되는 생명간의 관계는 이미 지배관계구조에 전락한 것이라고 보아야 한다. 그럼에도 불구하고 황우석은 이러한 관계가 지배관계가 아니라고 주장한다. 그가 이런 주장을 할 수 있는 까닭은 그가 생명을 비생명화하고[18](그는 생명을 가지고 분열하는 배아를 일러 핵이식 구성체라는 괴명을 지어내기도 했다), 대상화하며 생명이 아니라고 주장하는 물신적 생명이해를 가지고 있기 때문이다. 여기에 동의하는 것은 생명의 평등성과 존재론적 가치를 상실한 눈을 가진 자들이 아니고서는 불가능한 것이다.

황우석은 자신의 연구가 불치나 난치병을 앓고 있는 환자들을 위한 숭고한 인류애적 조작과 파괴라고 변명한다. 그러나 19세기 초의 생물학적 생명관에서 유래한 현대 유전공학은 생명을 분절시키고, 기계론적으로 분해하며, 조합, 제거, 종합할 수 있는 대상으로 보는 관점을 유지해 왔다. 그리하여 그 관점을 따르는 이들은 생명 파괴를 분해라고 주장하고, 생명 조작을 조합이라고 주장하며, 조합된 생명은 생명이 아니라고 주장한다. 여기에 깊이 내재한 논리는 윤리적 물신주의이다. 인간 생명의 존재론적 가치를 부정하고, 생명을 향한 깊은 경외와 생명의 존엄성과 권리를 부정하는 물신화가 지배하는 것이다. 과연 이러한 길의 연장선상에서 우리는 하나님의 축복이 열린 약속된 미래를 기약할 수 있을 것인지 생각하지 않을 수 없다. 이런 행위가 우리의 후손들 앞에서 보다 나은 세계를 이루어 낸 책임적인 행위로 승인 받을 수 있을 것이라고 나는 생각할 수 없다. 그 이유는 우리가 운용하고 있는 기독교 전통이 생명을 섬기며 가르쳐온 겸비의 윤리에서 거리가 먼 까닭이다. 황우석을 바라보는 "우리"안에서도 전근대적인 지배의 윤리는 작동하고 있지만 겸비의 윤리는 거의 찾아볼 수 없다는 것이 나의 판단이다.

5. 나오는 말: 생명윤리학적 숙고의 지평

현대 생명 의료 윤리학적 지평에서 야기하는 문제들에 대한 기독교 생명윤리학적 시각 형성에 있어서 우리에게 필요한 것은 인간중심적인 지배의 윤리가 아니라 생명 경외와 보호를 위한 봉사자가 가져야 할 겸비의 윤리이다. 따라서 우리는 기독교 신학의 전통에서 겸비의 윤리의 유산을 재발견 재평가하고, 우리가 한계 지워진 인간으로서 생명계에 나타난 하나님의 성례적 진술을 신학적으로 읽어내는 노력과 더불어, 비거주성의 탈당파적 관점을 유지하려고 노력하는 것은 우리 내부에서 일어나는 오류, 즉 상대적인 것을 절대화하려는 유혹을 극복하기 위한 것이다.

19세기 초 이후 자연과학적 생명관은 뉴톤적 기계론적 생명관을 이어받아 생명의 물신화를 초래하며 생명을 분절, 조작, 발생, 파괴, 이용할 수 있는 것으로 이해함으로써 생명의 통전성, 존재론적 가치, 생명간의 평등성을 부정하고 있다. 황우석의 복제배아줄기세포 연구에서 찾아볼 수 있는바 이런 오류를 극복하려면 인간 중심주의, 기계론적 생명 이해를 추동해온 지배론적 관점에서 벗어나 하나님의 창조 세계의 평화와 평등성과 정의와 동정을 이해한 신학적 전통을 강화하고 통전적 생명의 파수꾼으로서의 역할을 수용하는 노력이 요구된다.

생명 존엄성과 삶의 질에 관한 윤리적 숙고를 전개하기 이전에, 우리는 우리 안에 있는 전근대적인 차별과 지배 윤리라는 원죄적 정황을 극복하기 위한 비판적 담론을 거쳐야 한다. 이런 담론 형성을 위하여 그리고 정확한 사실 판단을 위하여 기독교 지식인들은 현금의 교회 밖 지적 담론에 귀 기울일 필요가 있다. 생물학, 물리학, 철학 등이 얽힌 다양한 변종 문화 이론들 속에서 형성되고 있는 지적 탐색을 이해하고 이를 비판적으로 수용할 수 있는 개방성을 가져야 한다.

기독교 신앙 공동체를 위한 생명윤리학적 인식과 실천은 하나님의 창조 세계의 보전과 더불어 보다 나은 지구와 생명 관계를 후손들에게 남길 책임의 윤리 지평을 지향하는 것이 되어야 한다. 이 과제는 기독교 내부의 성서주의적인 자폐적 독백을 넘어서서 부단히 현대 제 학문 분야와 상호 교호하는 담론을 통하여 찾아야 하며, 또한 비기독교적인 세계와 이성적 대화를 나누는 과정에서 기독교적인 실천 원리들이 검증되어야 할 것이다. 이러한 대화와 책임의 신학을 지향하는 것, 나는 이것이 오늘의 시대를 사는 기독교 지도자들이 가져야 할 인식과 실천의 과제라고 생각한다.

기독교 신앙 공동체의 지도자들이 현대 생명공학이 생산해내는 다양한 도전에 직면하여 성서 문자주의적 당파성에 협력하는 것이 기독교 선교라고 생각한다면, 이성적인 현대 기독교 생명윤리학적 담론은 무의미한 것이 될 것이다. 따라서 나는 인식론적 겸비의 윤리를 제안한다. 지난 역사 속에서 기독교 신학이 다양한 정치, 문화, 종교, 경제적 이념들과 조우하면서 그것들을 하나님의 나라와 동일시하는 오류를 극복해 올 수 있었던 것은 신학이 종말론적 시각에서 자기우상화, 현실 이데올로기의 우상화를 타파할 수 있었던 성격 때문이라고 생각한다. 하나님 나라를 향한 종말론적 기대와 희망을 가진 신앙 공동체의 지도자는 이 땅에 영원히 거하려는 이주민도 아니며 망명객도 아닌, 단지 하나님 나라를 향하여 인식과 실천의 길을 열어가는 유목적 신학(nomadic theology)을 지지할 수밖에 없다고 생각한다.

결론적으로 나는 창세기의 은유를 들고 싶다. 동산의 모든 과실은 허용되었으나 생명의 나무 열매는 허락되었고, 하나님으로부터 멀게하는 지식의 나무는 금기되었다. 여기에는 에덴의 유혹은 이 땅에 영구히 거주하려는 유혹을 버리고 종말론적인 생명을 바라며 유목적 삶을 살라는 하나님의 명령이 담겨있다. 황우석의 인간 초기 생명 조작, 발생, 파괴, 이용 행위는 불치와 난치의 고통으로 인하여 정주(定住)의 편안함이 없는 유목(遊牧)적 삶의 거부이다. 그의 줄기세포 연구는 영원한 생명을 얻으려는 것이 아닌 거주민의 물신화된 생명 탐욕의 결과이다. 그러나 유목적 관점에서 본다면 그것은 종말론적 희망이 없는 거주민의 탐욕, 뱀의 유혹에 넘어가 하나님의 생명 주권을 인간이 취하려는 무리한 시도[19]가 아닐 수 없다.

1) 참조, NIH, Stem Cell, 5-6. 2001년 미국의 보건성이 발간한 줄기세포에 대한 보고서는 주로 지난 20년간 줄기세포에 대한 과학자들의 연구 결과들을 종합하고 있다. 이 보고서에 따르면 줄기세포의 성격은 다음과 같이 정리될 수 있다. (1) 배반 포기 상태의 내부에서 추출된다.(인간 생식선줄기세포는 아님) (2) 분화없이 오랜 기간동안 무수한 대칭적인 분열을 할 능력을 지님으로서 장기간 자기갱신능력(long-term self-renewal)이 있다.(인간 생식선줄기세포는 아님) (3) 온전한 염색체를 지니고 안정된 상태를 유지할 수 있다. (4) 전능(Pluripotent) 줄기세포들은 배아의 초기 발전 단계에서 보이는 내, 중, 외배엽에서 발생하는 모든 형태의 세포로 자를 수 있다. (5) 발육해나가면서 모든 종류의 태아의 조직으로 통합될 수 있다(생쥐의 줄기세포는 오랜 기간 배양을 거쳐도 변종을 만들기 위하여 배아에 다시 집어넣으면 어떠한 조직이라도 생성할 수 있다. 그러나 인간의 배아줄기세포와 생식선 줄기세포는 아님) (6) 생식선을 만들어 난자와 정자를 생성케 한다. (인간의 배아줄기세포와 생식선줄기세포는 아님) (7) 단 한 개의 배아줄기세포는 유전적으로 동일한 세포군을 생성할 수 있다. (8) 복제인자(the transcription factor Oct-4)를 통해 유전자의 숙주를 활성화시키고 배아 줄기세포를 확산시키되 비 분화 상태를 유지시킨다.(인간의 배아줄기세포에서는 아님) (9) 지속적인 확산 혹은 분화를 유도한다. (10) 세포주기의 G1 지점이 결여되어 있다. 배아줄기세포는 그 생존기간 중 세포주기의 S단계에 머물고, 이 기간 동안 DNA를 합성한다. 분화된 체세포와는 달리 배아 줄기세포는 DNA복제를 유도하기 위하여 외적 자극을 요하지 않는다. (11) X 비활성성을 보이지 않는다. 포류 동물의 암컷의 모든 체세포 속에는 두 개의 X염색체 중에서 하나는 영구히 비활성화 되어 있다. X비활성성은 미분화된 배아줄기세포에서는 일어나지 않는다. (12) 배아줄기세포가 다른 세포와 다른 점은 그것이 내, 중, 외배엽에서 발생하는 모든 류의 세포를 생산해 낼 수 있는 전능성(pluripotent)을 지니고 있다는 점에 있다.

2) 2001년 8월 10일, CNN보도에 따르면 죠지 부쉬 미대통령은 미 연방 기금을 가지고 인공수정을 위하여 잉여 생산된 약 10만개의 배아를 이용하여 배아줄기세포 연구(embryonic stem cell research)를 진척시키는 데 후원할 것을 공언하였다. 이는 실험실에서 잉여 생산된 수정란들은 이미 삶과 죽음의 문제가 결정된 존재들이라는 이유를 들어 윤리적 비난을 피하면서 배아줄기세포 연구를 지원하는 의도를 보인 것이다.

3) 배아에 대한 이해를 구성하고 있는 세 가지 입장이 있다. 가톨릭 교회가 취하는 "배아는 온전한 인간과 같은 생명이다(full humanhood)"라는 주장, 배아는 아무런 감각을 가지지 않은 모체에 붙어있는 "세포 덩이(property of progenitors)"라는 입장, 그리고 이 양극단론의 중간적 입장으로서 스코트랜드 교회가 취하는 "잠재적인 인간(a potential human being)"이라는 입장이 있다.

4) 세계 각국의 생명윤리법안의 요지에 관해서는, 박충구, 『생명 복제-생명 윤리』 서울: 가치창조사, 2001.

5) 《Nature》 2005. 8. 6.

6) 칼빈의 예정론적인 시각이나 웨슬리의 보편적 구원론 시각의 신학적 연원은 어거스틴의 인간 의지 밖에서 다가오시는 하나님을 향한 고백에서 출발한다고 본다면, 16세기적 사회문화적 정황에서 하나님의 주권의 강조 혹은 18세기적 인간 자율성을 긍정한 정황에서 하나님의 선행은총을 강조한 맥락은 크게 보아 상이하지 않다고 본다. 양자가 모두 하나님의 절대적인 주권 아래에서 인간의 자율성을 언급하고 있는 까닭이다.

7) 롬12: 1-3.

8) 하나님의 나라 윤리를 대변한 알브레히트 리츨에 관해서, 박충구, 『기독교 윤리사』 II 서울: 기독교서회, 2001.

9) 로지 브라이도티, 『유목적 주체』, 박미선 옮김 서울: 여이연, 2004.
10) 가치 중심의 변형을 일러 엘빈 토플러는 Power Shift라고 불렀으나, 나는 이러한 시대의 변형모델은 지나치게 제 1세계 중심적 모델이라고 본다. 전근대와 근대, 근대이후의 방법론적 차이는 시대적 구분이 선명한 개인, 집단, 그리고 국가사회에 따라 상이하다고 본다. 우리 사회의 경우 연차적인 권력의 이동이 일어나는 사회라고 보기보다는 정치, 경제, 정보라는 세 개의 권력 중심이 동시적으로 권력을 나누어 가지는 구조를 보이고 있다고 생각한다. 여기서 전근대, 근대, 근대이후의 가치 구조가 혼재하고 있으며, 무수한 기회주의적 가치의 상대화가 일어나고 있다고 본다. 엘빈 토플러, 『권력이동』한국경제신문사, 1990.
11) "한국적"이라는 의미는 매우 애매한 작업가설이다. 그것은 동시대성과 비동시대성을 가로지르는 보편적인 원칙일 수도 없고, 지정학적으로 제한된 것도 아니며, 시간적으로도 일치하지 않는다. 따라서 소위 한국 토착화신학자들이 주장하는 "한국적"이라는 의미는 과거의 것들에 대한 긍정적 수용의 동기를 요구하는 다소 민족, 국가 편향적인, 편협한 국수주의적 정서를 촉발하는 개념일 수 있다. 이미 한국적이라는 개념은 신학자들 사이에서도 혼란스럽게 사용되었다. 윤성범은 이를 유교문화와 동일시하였고, 변선환은 불교 문화, 그리고 유동식은 한국 샤머니즘에서 그 연원을 보았지만, 모두가 자의적인 주관적인 판단의 결과일 뿐이다. 따라서 지난 과거의 것들을 애매하게 한국적이라고 부르는 문화신학적인 입장은 그 가치 판단의 근거들이 철저히 과거 지향적이며, 따라서 전근대성을 옹호하고 미화한다. 이런 입장은 자연스럽게 사회 윤리적 이율배반을 낳는다. 왜냐하면 19세기 이전의 한국사회의 내적 논리는 인간의 자유와 정의와 평등과 평화에 대한 근대적 가치판단을 사회윤리학적인 기조로 받아들이지 못했기 때문이다. 그 결과 그들은 아직 개체 인간의 존엄성

과 자율적 판단능력을 존중하지 못하였다. 개인으로 존재할 수 없는 사회 안에서 인간은 가족 구성원의 일부, 사회구성원의 일부로서 자기 정체성을 가질 뿐이며, 생명윤리학적 가치판단은 철저히 가족과 국가 개념아래 종속되었다고 본다.

12) Edward W. Said, *Orientalism* (New York: Pantheon Books, 1978); 역서로는 박홍규 옮김, 『오리엔탈리즘』 서울 교보문고, 1991.

13) Edward W. Said, *Cuture and Imperialisim*, 김성곤 · 정정호 옮김 서울: 도서출판 창, 1995.

14) 빌 애쉬크로프트 · 팔 알루와리아, 『다시 에드워드 사이드를 위하여』 윤영실 옮김 서울: 엘피, 2001.

15) Ian Barbuhr, Ethics in An Age of Technology (San Francisco: Harper Collins Press, 1993); When Science Meets Religion: Enemies, Strangers, or Partners (San Francisco: Harper Collins Press, 2000).

16) John F. Haught, *God After Darwin*: A Theology of Evolution (Oxford: Westview, 2000).

17) Larry L. Rasmussen, Earth, Community, *Earth Ethics* (New York: Orbis Books, 1996).

18) 황우석 교수는 지난 2005년 5월 《뉴욕타임스》와의 인터뷰에서 자신이 생명을 파괴하지 않았다고 주장하면서 배아라는 용어 대한 "핵이식 구성체"라는 이름을 사용하자고 제안했다. 《뉴욕타임스》는 황 교수의 이러한 전략을 '이름붙이기 게임' 이라고 비판하였다. 참조, 《데일리 서프라이즈》 2005. 8. 26.

19) *Die Bibel in heutigem Deutsch* (1982), Genesis, 2: 9, 3:5.

발제 3.

타자성의 윤리와 페미니즘

오 주 연 (연세대학교 연합신학대학원 겸임교수)

I. 들어가는 말

오늘날 우리 시대는 근대 이후 심화된 전체와 개체의 분리, 주관과 객관의 대립, 자아의 절대성 주장을 벗어나서 타인과 자연, 그리고 신과 더불어 사는 총체적 세계로의 지향에 대한 노력이 그 어느 시대보다 더 절실하게 요구된다고 하겠다. 따라서 타인을 위한 존재라는 주제는 오늘날의 윤리학에서 중심적인 역할을 담당한다. 그 주제는 총체성에 대한 강박관념과 단절하는 것이다. 그러한 단절은 레비나스(Emmanuel Léinas)로 하여금 관계의 대상이 아니라 무한한 거리로서의 타자를 인정하게 하였다. 타자에 대한 존중은 정의와 해방의 첫번째 조건이다. 레비나스는 타자를 얼굴과 같은 것으로 정의하면서 얼굴에 대한 책임감을 가지는 순간에 무한을 잡는다고 말한다. 레비나스는 후설로부터의 의식은 항상 무엇에 대한 의식이며 누군가에 대한 의식임을 배웠다. 그것은 집합주의와 마찬가지로 개인주의로부터 해방되는 것이며 철학의 기초에 윤리와 타자에 대한 행동을 위치시키는 것이다.[1]

본 소고는 후기 현대의 주요한 과제 중의 하나인 인간의 위치 설정을 타자성의 개념을 통하여 모색하는 레비나스의 타자성의 윤리에 대해 고찰해보고자 한다. 그리고 그의 타자성이 여성에 대해서 지니는 의미를 페미니즘적 관점에서 논해보고자 한다.

II. 자아와 타자의 관계

레비나스가 1961년에 발간한 『전체성과 무한성』은 서구 철학의 존재론적 자아론을 극복하면서 자아와 타자의 윤리적 관계를 형성하려는 시도이다. 그가 제시하는 새로운 주체성의 원리는 근대적 자아중심적 주체성과 구별되는 타자중심적 윤리적 주체성이다. 근대적 자아중심적 주체성이 인간을 전체의 한 부분으로만 취급하여 타자를 자아 속에 흡수해버리는 주체성인 데 반하여, 타자중심적 윤리적 주체성은 타자를 순수하게 그의 타자성에서 받아들이는 주체성으로서, 전체성의 개념을 무한히 깨뜨리고 넘어서는 무한성의 이념의 바탕에서 타자와 관계하는 주체성이다. 여기에서 레비나스는 '전체성의 이념'과 '무한성의 이념'을 대립시키면서, 전체성의 이념을 전통적 존재론의 자아중심적 주체성과 연결시키고, 무한성의 이념을 그의 타자중심적 주체성과 연결시킨다.

레비나스는 '주체성'의 두 가지 차원에 대하여 기술한다. 이 세계 안에 거주하면서, 세계를 즐기고 노동하며 본능적인 욕망의 성취 과정을 통해 그의 환경 안에서 독립적인 자기를 확립하는 이기적 자기중심적 주체성이

한 차원이라면, 또 하나의 다른 차원은 타자와의 윤리적 관계를 통해 얻어지는 환대로서의 주체성이다. 주체성의 첫번째 차원인 향유의 주체성이 인간의 원초적 자연적 자아로서의 이기적 주체성이라면, 주체성의 또 하나의 보다 높은 차원인 환대로서의 주체성은 절대타자, 또는 외재성으로서의 타자에로의 초월을 통해 이루어지는 윤리적 타자중심적 주체성이다. 말하자면, 레비나스에게 있어서 인간 존재는 이차원적 존재로서 분석되고 있다. 인간은 분리된 개인들로서는 독립적이고 자아중심적이다. 그러나 인간은 또한 타자를 향한 초월을 통하여 또 하나의 다른 영역인 절대적 초월 또는 외재성으로서의 타자와의 관계 안에서 타자를 위해 헌신하는 이타적 존재이다.

레비나스의 윤리적 과제는 낯선 타자를 향한 자기 초월의 공간을 열어놓음으로써, 자기 중심적 자아의 자연적 이기적 삶을 윤리적 타자중심적 이타주의적 삶의 차원으로 초월시키는 것이다. 그는 인간적 타자(Autrui)의 타자성을 형이상학적 대상의 타자성과 같은 것으로 본다.[2] 독립적인 자기중심적 자아와의 절대적 외재성으로서의 타자 사이의 윤리적 관계 구조를 설명하고자 하는 그의 관심은 어떻게 자기중심적인 이기적 자아가 타자의 타자성을 존중하면서 타자와의 윤리적 관계에 들어갈 수 있는가를 밝히는 데 있다.

자아와 타자와의 관계는 무엇보다도 근원적으로 대화로서 수행된다. 그런데 여기에서 나의 동일성이 해소되어서는 안되며, 나는 나로서의, 즉 고유하고 독립적인 특수 존재로서의, 나의 자기동일성 안에 집중되어 있어야 한다. 다시 말해, 대화로서 특징지어지는 타자와의 관계는 관계의 두 항이 전체성을 형성하지 않는 관계여야 하며, 내가 내 편으로부터 상대방의 얼굴을 마주 대하는 방식으로 타자에로 향하여 나아가는 관계 구조 안에서만 가능한 것이다. 마찬가지로 타자의 외재성은 관계의 시발점으로서의 내 존재를 필요로 한다. 대화는 나와 타자 사이의 거리, 전체성의 재구성을 불허하는 자아중심적인 나의 존재를 떠나서는 불가능하기 때문이다. 그러나 그와 동시에 대화의 관계 안에 존재한다는 그 사실 자체는 이 같은 나의 자아중심적 존재에 대해서 타자가 권리를 가진다는 것을 인정하는 것이다. 이와 같이 레비나스는 자아의 자기성과 독립성이 보존되면서 그와 동시에 타자의 타자성이 존중될 수 있는 형이상학적 윤리적 관계를 제시하고자 한다.

더 나아가서, 그는 형이상학적, 윤리적 관계의 대상으로서의 절대적 타자성을 데카르트 철학에서 제시된 의미의 무한성으로서 특징지운다. 여기서 타자의 절대적 타자성을 특징짓는 무한성은 내가 타자에 대해서 가지는 모든 개념들을 능가하는 타자의 외재성, 초월성을 지시한다. 이와 같이 타자에 대하여 내가 가지고 있는 모든 개념을 능가하는 타자가 자기 자신을 드러내는 방식을 레비나스는 '얼굴'이라고 부른다. 타자의 타자성을 특징짓는 무한성의 이념은 이러한 얼굴과의 관계에서 구체적으로 형성되는 것이므로, 타자의 참된 타자성에 철저하기 위해서는 그를 그의 얼굴 안에서 만나야 한다는 것이다.

레비나스는 얼굴과의 관계를 '대화'라고 부른다. 얼굴과의 관계는 말을 걸고, 말 걸어지는 것이며, 부름을 받고 응답을 요구받는 관계이다. 그러므로 레비나스에게 언어는 얼굴과의 관계의 본질적 측면이다. 그리고 얼굴의 현현은 이미 담화인 것이다. 그리고 대화 속에서 타자에 접근한다고 하는 것은 타자의 얼굴이 표현하는 것을 받아들이는 것이다. 그에 의하면, 이것은 무한성의 이념을 갖는 것이고, 또한 이것은 가르침을 받는 것이다. 이와 같은 타자의 표현은 나의 자발적인 자유를 의심스러운 것으로 만들며, 나로부터 출발되는 타자와의 윤리적 관계는 내 주관성을 능가한다. 타자의 얼굴은 내 자발성과 내 힘의 한계 밖에 존재하며 나는 단지 그것을 맞아들일 수 있을 뿐이다.

인간적인 타자의 현존은 내 이기주의와 자아 중심적 자발성을 문제삼는다는 점 때문에 충격적이다. 나를 바라보는 타자의 눈길에서 내 자의적 자아는 자기 자신에 대해 부끄러움을 느끼게 된다. 그리고 자기가 타자의 심판에 노출되어 있음을 느끼게 된다. 그러나 지금 여기서의 타자의 출현에 진실되기 위해서 나는 타자로 하여금 내 자발적 의지를 비판하도록 내버려두어야 하며, 나를 비판하는 타자의 얼굴과의 대면을 회피해서는 안된다. 폭력적 자아중심성과 자율에 대한 비판으로서의 타자의 얼굴, 초월로서의 타자의 충격적인 출현에 대한 근원적인 존경만이 정의로운 사회의 유일한 가능성이라고 생각하기 때문이다.

레비나스의 타자성의 윤리에서 특히 주목할 만한 중요한 점은 타자의 얼굴에서 말없는 저항에 직면할 때 경험하게 되는 소원함과 두려움, 그리고 특별히 낯선 타자에 대한 폭력적인 방어의 유혹에 대하여 경계하며 그와 같은 태도가 시정되어야 함을 호소하고 있다는 점이다. 레비나스는 타자의 얼굴에서 자아의 주체성에 대한 위협이나 공격을 읽는 것은 잘못임을 강조하면서, 타자의 얼굴에서 우리가 비폭력적 호소적 요청을 읽을 수 있을 때 비로소 타자를 위한 타자중심적 윤리적 관계가 가능할 수 있으며, 정의와 평화가 실현될 수 있다고 주장한다.

더 나아가서 레비나스는 자아와 타자 사이의 윤리적 관계는 비대칭적일 수밖에 없다는 점을 강조한다. 이것은 자아와 타자의 관계맺음이 "나 자신으로부터 '타자'를 향한다"고 하는 불가피한 구조를 갖기 때문이다. 얼굴 안에서 자기를 표현하는 타자는 초월의 영역으로부터 낯선 사람으로서 자기를 나타낸다. 그리고 내 할 일은 타자의 타자성을 존중하면서 그의 본질적 곤경에 책임을 지고, 내가 할 수 있는 일을 찾는 것이다. 내가 맞아들이는 얼굴과의 대화적 대면 속에서 나는 타자의 질문에 나 자신을 노출시키고 내 책임의 긴박성에로 나를 노출시킨다. 타자의 얼굴에 주의를 기울임은 그로부터의 호소를 받아들이는 것이며 타자와 관계한다는 것은 타자를 돕는 것이다. 이 때 그의 초월성 안에서 나를 지배하는 타자는 내가 책임을 져야 할 타향인, 과부, 고아 등이다.

레비나스에 따르면 주체성은 타인의 존재를 자기 안으로 받아들이고 타인과 윤리적 관계를 형성할 때 비로소 가능하다. 그러므로 레비나스는, 타인은 인간에게 새로운 존재 의미를 열어주고 지배 관계를 벗어나 서로 섬기는 관계에서 다른 사람과의 의사소통을 가능케하는 조건으로 본다.[3] 레비나스의 철학은 자아에 근거한 것과는 전혀 다른 휴머니즘, 즉 타인을 존중하고 수용할 뿐만 아니라 타인을 위해 대신 짐을 짊어지는 데서 진정한 인간의 인간성 또는 주체의 주체성의 의미를 찾을 수 있다고 하는 다른 인간의 휴머니즘을 내세우는 철학임이 밝혀진다. 레비나스는 휴머니즘의 문제를 거론하고, 자기 의식 즉 내적 자기동일성에 근거한 주체성의 이념이 거부당한다고 하더라도 여전히 타자에 대한 책임적 주체의 의미는 유효하고 이러한 의미의 주체성이야말로 진정한 의미에서의 주체성이라는 것을 주장한다.

상처받을 수 있다는 것은 한 마디로 타인에 의해 사로잡히고, 타인을 위해 고통받고 타인을 위해 대신 설 수 있다는 뜻이다. 타인을 위해 고통받는다는 것은 타인의 짐을 짊어지고, 그를 관용하고, 그의 자리에 선다는 것을 뜻한다. 이러한 의미에서 상처받을 수 있다는 것, 타인을 위해 책임질 수 있다는 것, 타인을 대신해서 고통받을 수 있다는 것, 이것이 주체성의 의미라고 레비나스는 강조한다. 따라서 대리는 타인을 대신해서 자율적으로 짐을 짊어지는 능동성을 가리키기 보다는 '타인의 자리에 놓이는' 수동성을 가리킨다. 타인을 위해, 타인 아래서, 타인의 짐을 짊어지는 수동적 윤리적 주체는 타인 아래 종속되어 타인을 아래서 떠받쳐줌으로써 주체가 된다는 것이다. 이러한 주체의 모습을 레비나스는 메시아로 비유하면서 "메시아, 그것은 나이다. 내가 되는 것, 그것은 메시아가 되는 것이다"라고 말한다.

이와 같이 레비나스는 인간이 자기중심적 사유와 탈인격적 사유에서 벗어나 타자를 생각할 수 있을 때, 타자와의 인격적 관계가 우리의 사물 인식이나 존재 이해에 선행하는 것으로 생각할 수 있을 때, 그 때 비로소 인간에게 미래가 있을 수 있다고 믿는다.

Ⅲ. 타자로서의 여성

레비나스 사상의 여성주의적인 특색은 두가지 측면에서 드러나는데 그 하나가 가정이며, 다른 하나는 에로스적 사랑의 관계에서이다. 레비나스에게 있어서 인간의 윤리적 삶의 핵심인 타자와의 관계는 가정 안에서 나를 환대하는 여성적인 타자와의 만남으로부터 출발되며, 또한 에로스적 사랑의 관계 안에서, 나에게 내 영원한 미래를 선사하는 여성적인 타자를 통하여 유한한 시간을 초월하는 무한한 존재의 지평을 얻게 된다.

레비나스에 의하면, 타자와의 윤리적 관계를 위한 출발점으로서의 내 독립된 주체성은 거처 또는 가정 안에 거주하는 것에 의하여 형성된다. 그리고 가정 안에서 분리된 독립적 주체성이 형성되는 것은 여성적인 타자의 얼굴에서 만나게 되는 평화로운 환영, 친밀함과 다정함을 통해서이다. 인간의 주체적 존재 형성 과정에서 가정은 특권적인 장소로서 간주되며 그의 특권적인 역할이 강조되고 있다. 가정의 특권적인 역할은 세계로부터의 인간 내면성의 분리를 가능하게 하고, 세계 안에서의 활동을 위하여 인간이 자기 자신을 항상 새롭게 자기 자신에게로 회귀시키는 반복적 자기검증을 실현하게 하는 것이다. 그리고 여성적인 것은 개인적인 내 자기 집중 즉 내 내면성의 독립 또는 분의 가능성의 조건이다.

그러나 가정 안에서 내 독립된 존재와 내면성의 실현을 돕는 타자, 즉 여성은 내가 가정 밖의 세계 안에서 관계하게 되는 타자와는 다른 방식으로 나에게 나타난다. 내가 가정 안에서 대면하는 타자로서의 여성은 그의 물러남과 그의 부재 안에서 자기를 나타낸다는 것이다. 가정 안에서 만나는 타자로서의 여성은 나에게 언어를 통해 관계하는 초월적 타자가 아니라 언어가 필요없는, 언어 없이 이해하고 은밀히 표현하는 친숙함을 특징으로 하는 타자이다. 레비나스에 의하면, 가정 안에서 친숙하고 다정한 여성적 타자와의 관계를 통해 구체화되는 주체의 독립성은 세상 안에서의 노동과 소유의 가능조건이다. 그리고 노동과 소유를 통하여 나는 타자와의 윤리적 관계를 위한 나의 힘을 획득하게 된다. 레비나스의 윤리학에서 가정이 가지는 특권적 지위는 바로 이 점에 있다고 하겠다.

레비나스 사상의 여성주의적인 특색을 드러내는 또 하나의 측면은 에로스적 사랑의 관계와 그 생산성을 형이상학적 초월의 궁극적인 원리로 제시하고 있다는 점이다. 레비나스의 형이상학적 윤리학에서, 여성적인 것은 윤리적 주체로 하여금 타자와의 관계에 들어갈 수 있도록 도와주는 타자로서 특별한 역할을 담당하고 있다. 또한 더 나아가서 여성적인 것은 내 윤리적 삶이 나에게 주어진 유한한 시간의 한계를 넘어 무한한 존재의 지평으로 열려지도록 도와주는 매개자의 역할을 하는 타자로서 특권적인 자유를 가진다. 레비나스에 의하면 여성적인 타자와의 에로스적 사랑의 관계에서 결과하는 생산성을 통해 인간은 유한한 시간 안에서 무한성의 차원, 절대적 미래, 폭력과 죽음을 넘는 무한한 존재의 차원을 얻을 수 있다.

레비나스에 의하면 남녀의 사랑에는 있음(존재)들 사이에 타자성이 불붙는다. 그런데 그 타자성은 사람들끼리 비교할 때 보이는 서로 다른 특성에 그치는 것이 아니다. 여자는 남자에 대해 다르다. 단순히 서로 본성이 달라서만이 아니라 어찌보면 타자성이 그 본성이기 때문이다. 남녀의 사랑을 이끄는 것은 상대방의 어떤 다른 성질이 아니라 상대방의 타자성이다.[4] "레비나스는 상반된 것에 대해 완벽하게 상반된 것, 그 상반성이 그 자신과 상관자의 관계를 통해서도 어떠한 영향도 받지 않는, 전적으로 다른 것으로 남아있도록 허용하는 상반성, 그것을 여성적인 것이라고 생각한다." 또한 성은 어떤 종차의 차이가 아니며, 성의 차이는 모순 관계가 아니고, 상보적인 두 개념의 이원성도 아니라고 하면서 레비나스는 사랑이 감동적인 것은 넘어설 수 없는 이원성이 존재자들 사이에 있기 때문이라고 한다. 이 이원성은 끝까지 지울 수 없는 관계이다. 이러한 관계는 그 사실 자체로 타자성을 마비시키기는 커녕 오히려 타자성을 보존한다. 타자로서의 타자는 여기서 우리 것이 되는, 또는 우리 자신이 되는 그러한 대상이 아니라 타자는 오히려 이와는 반대로 신비 속으로 물러선다.

레비나스에 의하면 '여성적인 것'이란 개념에서 특히 중요한 것은 그것이 인식불가능하다는 사실 뿐만 아니라 빛을 벗어난 존재 방식을 가지고 있다는 것이다. 여성적인 것이 존재하는 방식은 스스로 자신을 감추는 것이고, 이렇게 스스로 자신을 감춘다는 것이 바로 수줍음이다. 그러므로 여성적인 것의 타자성은 단순히 대상의 외재성에 있는 것이 아니다. 이는 또한 의지의 대립을 통해 형성되지 않는다. 타자는 우리와 맞서있는, 그래서 우리를 위협하거나 또는 우리를 차지하고자 하는 존재가 아니다. 그의 힘이 되는 것은 오직 타자성 뿐이다.

존재자는 주체적으로, 의식 안에서 자신을 실현하지만 타자성은 '여성적인 것'을 통해 자신을 실현한다. 그것은 의식과 같은 차원의 용어이지만 의식과는 대립되는 의미가 있다. 여성적인 것은 자신을 빛으로 향한 초월 속에서의 존재자로서 실현하는 것이 아니라 수줍음 안에서 자신을 실현한다. 그러므로 여기서 운동의 방향이 역전된다. 여성적인 것의 초월은 어디엔가 물러서는 데서 존립한다. 이것은 의식 운동과는 정반대 방향의 운동이다. 하지만 그렇다고 해서 여성적인 것이 무의식적이거나 전의식적인 것은 아니다. 레비나스는 이것을 신비라고 표현하면서, 에로스적 관계는 타자성과의 관계요 신비와의 관계로 설명한다. 이 관계는 현존하지 않는 존재와의 관계가 아니라, 타자성(즉 다름)의 차원 자체와의 관계이다. 타인과의 관계, 그것은 타자의 부재이다. 이것은 단순한 부재, 순수 무의 부재가 아니라 미래 지평에서의 부재, 시간으로서의 부재이다. 이러한 지평은 초월적 사건 가운데서 인격적 삶을 형성하는 지평이다.

윤리적 관계 안에서 만나는 타자와의 관계가 언어를 매개로 하여 이루어지는 것과는 달리, 에로스적 사랑의 관계 안에서 여성적인 타자와의 관계는 에로스적 사랑에 의해 매개된다. 레비나스에 의하면 에로스적 사랑은 현실적인 욕망의 추구와 함께, 성취불가능한 대상에 대한 욕구라는 이중적 성향을 지닌다. 에로스적 사랑은 한편으로는 타자를 내 욕구충족의 대상으로 소유하고자 하며, 또 한편으로는 사랑하는 여성적 타자를 통해 미래를 추구하는 것이다. 이와 같은 사랑의 이중성을 통해 여성적 타자와의 사랑의 관계는 생산성으로 완성되며, 그의 결실로서의 아들의 존재를 통하여 시간 안에서 시간을 초월하는 절대적 미래의 차원이 출현한다.

레비나스의 철학에서 형이상학적 초월은 세 개의 차원을 가진다.[5] 첫번째 초월은 가정 안에서 여성적인 타자의 친숙하고 다정한 환대를 통해 일어나는 개인의 자기자신에로의 초월이다. 여기에서 사물에의 의존 상태로부터 해방된 독립된 내면성에로의 집중이 생기고 사물적인 타자와 나 사이의 자유로운 관계(노동과 소유의 관계)가 수립된다.

두번째 보다 높은 초월은 독립된 내면성 안에 안주하던 자기중심적 자아로부터 절대 타자로서의 타자와의 관계로 초월하는 외재성에로의 초월이다. 여기서 나는 얼굴로 나에게 다가오며 나에게 무한성의 이념을 경험하게 하는 타자의 타자성을 대면하게 되고, 언어적 대화를 매개로 하여 타자와 관계하며 그에게 응답하는 윤리적 삶의 차원에 이르게 된다. 윤리적 초월 다음에 오는 세번째 초월은 언어를 넘어서는 사랑의 관계 안에서의 초월이다. 사랑은, 레비나스에 의하면 타자와의 관계이며 사랑하는 타자의 피안으로 향하여 나아간다. 이와 같은 사랑의 이중성 때문에 사랑은 단순히 에로틱한 담화 안에서만 설명될 수 있는 것은 아니며 단순한 영적 언어 안에서만 설명될 수도 없다. 사랑은 언어 이전이며 동시에 언어의 피안이다. 사랑은 쾌락의 욕구(need)이며 동시에 초월에의 욕구(desire)라는 이중성을 특징으로 하기 때문이다. 레비나스가 전개하는 에로스의 현상학적 기술에서, 에로스적 사랑은 단순한 감각성의 차원을 넘는 초월의 차원을 포함하여, 그것은 그의 생산성, 즉 절대적 미래를 열어주는 아들과의 관계를 가능케함으로써 인간의 윤리적 삶을 완성해주는 결정적 계기로서 제시되고 있다. 이와 같은 이유 때문에 「전체성과 무한성」에서 사랑과 생산성에 관해 다룬 끝 부분은 여성학자들의 깊은 관심을 불러일으키고 활발한 여성학적 논의를 유발하게 되었다.

레비나스에게 있어서 사랑은 언어와 더불어 타자와 관계할 수 있는 방식이다. 사랑은 욕망과 현실의 욕구와 욕망의 이중성을 가지고 있다. 한편으로 사랑은 타자를 내 욕구와 쾌락의 대상으로 소유하는 것이고, 다른 한편으로는 사랑하는 여인과의 관계를 통해 미래를 내다보는 것이다. 레비나스의 분석은 타자와의 관계가 사랑의 이중성을 통해 생산성으로 완성되며, 생산성을 통해 미래와 시간이 다시 새롭게 출현하는 과정을 보여준다.[6] 그런데 이러한 에로스적 사랑의 관계 안에서 경험되는 타자로서의 여성적인 것 또는 여성의 얼굴에 대한 레비나스의 묘사는 여성학자들의 신랄한 비판과 공격의 표적이 되고 있다.

IV. 페미니즘적 관점에서의 비판

레비나스는 이와 같이 가정 안에서의 여성의 존재와 그의 역할이 자기확립 및 타자를 위한 윤리적 행위의 능력을 갖추는 데 필수적 조건임을 밝히고자 한다. 가정을 지키는 여성적인 것이 없이는 "세상은 거주할 수 없는 곳이 되고 윤리적인 삶은 불가능해진다"는 것이다. 레비나스의 철학에서 여성적인 것은 인간의 주체성을 구성하는 존재론적 범주로서 소개되고 있으며, 인간의 윤리적 삶을 기초세우는 근원적인 전윤리적(pre-ethical)원리로 등장하고 있다. 이러한 점에서 레비나스의 사상은 여성적인 것의 적극적 역할과 가치를 강조하는 현대의 여성학 이론과 매우 큰 유사성을 드러낸다. 이러한 점에서 레비나스의 철학은 여성학의 기초이론으로서 기여할 수 있는 적극적인 가능성들을 내포하고 있는 것처럼 보인다.

그러나 그럼에도 불구하고 그의 윤리학과 여성적인 것을 관계지우는 입장은 현대 여성학자들의 신랄한 비판을 야기하고 있음에 주목할 필요가 있다. 샬리어(Catherine Chalier)는 레비나스에게 여성적인 것은 단지 윤리의 한 조건일 뿐이며, 참된 윤리적인 영역 타자로서의 타자성이 여성에게 부여되지 않고 있음을 지적하면서, 그것은 여성적인 것(또는 여성)이 윤리의 영역으로부터 배제되는 것을 의미한다고 주장한다.[7] 또한 베시(Craig Vasey)에 의하면, 레비나스의 이론은 서양 철학의 전체주의적 폭력적 특성을 폭로하면서, 그에 대한 대안을 제시하고자 하는 점에서 실제로 페미니즘과 다름없는 입장을 나타내고 있기는 하지만, 그의 이론에는 페미니즘적 요소는 없으며 오히려 가부장제적 폭력의 근본이 되는 주장들을 반복하고 있다[8]는 것이다.

레비나스의 타자성의 윤리가 제시하는 타자와의 윤리적 관계는 페미니즘적 관점에서 매우 큰 의의를 지닌다고 할 수 있다. 첫째로, 레비나스가 말하는 타자와의 윤리적 관계는 어디까지나 독립된 자아로서의 나로부터 출발하여 타자에로 향하는 구조를 가지고 있기 때문에 자아의 자기성을 필수조건으로 전제한다. 자아의 자기실현, 즉 자아의 독립을 해소함 없이 타자와의 관계에 들어가는 이러한 관계 도식은 페미니즘에서 주장하는 자아의 실현과 돌봄의 책임 사이의 갈등 문제를 해결할 수 있는 실마리를 제공한다.

둘째로, 자아의 독립성을 전제로 하면서도 절대 타자로서의 타자의 초월성과 무한성을 존중하는 형이상학적 윤리적 관계의 모델은 남성과 여성 사이의 '성적 차이'를 서로 인정하며, 다른 성의 낯섬과 다름을 존중하는 양성간의 관계 수립을 위한 중요한 통찰을 제공한다. 이것은 남성과 여성이 함께 창조해야 할 정의롭고 평화로운 인간공동체의 미래를 위해 절실하게 요청되는 것이다. 그러나 레비나스가 그의 윤리학에서 평화로운 윤리적 관계의 귀결점으로 제시하는 것은 남성들만의 공동체를 지시하는 형제애이며, 자아와 타자 사이의 윤리적 관계는 아버지 중심의 부자 관계를 모델로 제시하고 있다는 점이 비판의 대상이 되고 있다.

여자의 창조에 대한 구약의 내용과 최근의 유대교적 주석에 대한 해석에서 레비나스는 여자는 남자의 부속물로서 생겨나지 않았다는 결론에 도달한다. 여자는 남자의 '갈비뼈'에서가 아니라 그의 '옆'에서 창조된 것이다. 레비나스는 이것으로 이른바 여자의 낮은 가치에 대한 가부장적인 변호를 반박하였다. 그는 성에 따라 정해진 차이와 타인과의 우선적인 관계를 구분하였다. "여자가 [......] 잘못 이해되어서는 안된다. 성별에 근거한 관계는 인간관계에, 즉 리비도(Libido)의 힘과 영역으로부터 벗어난 관계의 하위 개념으로 속한다. 여자는 남자와 마찬가지로 인간관계로 고양된다.(SaS, 148)"[9]

레비나스는 성의 차이를 타인에 대한 인간의 관계 밑에 정렬시킨다. 이 것은 데리다(Jacque Derrida)의 비판을 불러일으켰다.[10] 데리다는 레비나스의 특징, 즉 데리다가 성 구분의 "이차화(Sekundarisierung)"라고 부른 특징에 대해 비판적인 자세를 취한다. "남성과 여성의 차이는 '완전한 타자'에 속하지만 이러한 타자는 처음부터 남성화 된다: '완전한 타자'는 그것이 표시되기도 전에 이미 남성적인 것으로 표현된다(그/그녀 전에 그, 아들/딸 전에 아들, 아버지/어머니 전에 아버지 등)." 데리다에 의하면 이것에는 항상 성의 차이를 이차적인 것으로 보는 정신분석 해석과 레비나스가 깊은 공범 관계에 있음을 보여준다[11]는 것이다.

레비나스는 윤리적 관계의 차원에서는 타자를 성별화하고 있지 않다. 그러나 그가 '여성적인 것'을 특별히 성별화된 타자로서 기술하고 있는 부분에서는 분명히 남성적 시각, 또는 가부장제적 여성 규정의 틀 속에서 이야기하고 있음을 부정하기 어려우며 따라서 여성에게서 윤리적 타자의 얼굴을 박탈하고 있다는 비판을 면하기 어려운 것 같다.[12] 이리가레이(Luce Irigaray)에 의하면, 레비나스의 철학에서 여성적인 것은 여성 자신의 경험과는 상관없이 순수하게 남성의 관점으로부터, 그리고 순수한 남성의 성적 경험을 통하여 이해되고 있다는 것이다. 그리고 그녀는 더 나아가서 레비나스적 사랑의 관계 안에서는 참된 의미에서 여성을 타자로서 경험할 수 없다고 비판한다. 즉 레비나스의 에로스에서 남성적 주체는 타자로서의 여성의 타자성을 지향하는 것이 아니라, 단지 자기 자신의 자아를 확장하기 위한 미래(아들)의 창조를 위해서만 여성의 몸을 이용하고 있을 뿐이라[13]는 것이다.

여성적인 차이를 긍정하고 적극적으로 평가하는 레비나스의 사상이 아이러니컬하게도 페미니즘 사상가들의 강한 반발을 야기하고 있는 것은 여성적 타자성에 대한 그의 개념의 새로움이 가부장제의 사회정치적 전통에 대한 페미니즘적 도전과는 아무 상관도 없는 것이기 때문이다.[14] 또한 이리가레이가 지적하고 있듯이, 레비나스가 에로스의 현상학에서 보여주고 있는 여성적 타자에 대한 접근에서 보여주는 바와 같이 그가 아직도 가부장제적 전통과 존재신론의 사고방식에서 벗어나고 있지 못하기 때문일 것이다.

V. 나가는 말

레비나스가 「전체성과 무한성」에서 전개하고 있는 타자성의 윤리학은 자아중심적 존재론의 해체와 주체의 탈중심화라고 하는 해체의 작업으로부터 산출되었다. 존재론에 우선하여 윤리학을 철학적 사고 전체를 기초지우는 제일 철학이라고까지 주장하는 레비나스는 서양의 전통적 존재론을 자아중심의 철학이며, 전체주의 철학이라고 비판한다. 또한 그는 서양의 근대철학은 자아론적 초월철학으로서 자아의 사유를 통해 존재를 규정하는 자아중심적 존재론에 기초한다고 본다. 이와 같이 그는 전체성을 우선적으로 생각하는 서양의 전체주의적 존재론의 전통을 비판하면서 그 자리에 무한성의 이념에 기초한 타자성의 윤리학을 대치시키고자 한다.

레비나스에게 있어서 윤리적 삶은 타자를 향한 내 초월이라는 구조를 가진다. 레비나스의 윤리는 나로부터 출발되는 타자에로의 초월의 윤리이다. 그렇기 때문에 나와 타자 사이의 윤리적 관계는 관계의 출발점으로서의 나의 독립된 또는 분리된 주체성을 필수적 조건으로서 전제한다. 다시 말하면 타자와의 윤리적 관계에 들어가기 위해서 나는 먼저, 향유의 주체로서 나에게 주어진 환경 안에서 나의 삶을 구성하는 요소들로부터 분리된 자아의 독립적 내면성에 도달해 있어야 한다. 세계 내 존재로서의 내 독립된 내면성은 타자와의 윤리적 관계의 조건이며 출발점이기 때문이다.

말하자면 레비나스는 자기성의 성립, 또는 개체성의 성립 없이는 타인의 영접과 타인에 대해 책임지는 윤리적 관계가 가능하지 않다고 본다. 그러나 자기도취적인 동일자의 자아성은 자기 안으로 동화시키거나 통합할 수 없는 것들을, 또 그렇게 해서는 안되는 것들까지도 자기화 한다. 이를 동일자의 전체성으로 비판하면서 레비나스는 외재성, 타자의 다름, 이질성, 타자성은 자기만으로 동화시킬 수 없는 절대적으로 다른 것임을 해명해간다.

레비나스는 자아의 외부에 엄연히 존재하는 타인의 존재 사실로부터 새로운 철학의 방향을 제시한다. 그것은 나, 자아로부터 사유를 시작하는 것으로부터 타자와의 관계, 타자중심성으로부터 사유를 시작하는 사유들의 근본적 전환을 요구한다. 자아와 타자의 관계는 서로의 차이와 독립성이 보존되는 분리인 동시에 서로가 평화롭게 관계를 맺어야 한다. 이는 철학의 주제가 자아론, 존재론의 철학으로부터 인간간의 사회적, 윤리적 관계를 중심으로 하는 윤리학으로 전환되어야 한다[5]는 강한 주장을 함축한다.

더 나아가서, 레비나스의 철학은 서양철학의 로고스 중심주의를 거부하고 에로스와 사랑을 인간관계의 근본조건으로 제시한다. 그리고 타자와의 윤리적 관계를 이성적인 계산이나 타협에 기초시키지 않고 창조적 상상력에 기초지움으로써, 각 학문간의 경계를 해체하는 탈근대적 사고 및 글쓰기의 특징을 드러낸다. 또한 그의 타자성의 윤리에서는 개인의 독립된 주체성이 여성적인 것과의 근원적인 관계 안에서 형성된다는 것이 강조되면서, 여성적인 것이 그의 이론을 구성하는 근본 원리들 중의 하나로 제시되고 있음이 주목된다.

따라서 레비나스의 타자성의 윤리학 또는 형이상학적 윤리학은 무엇보다도 철학 또는 윤리학과 여성학 사이의 긴장과 장벽을 해소하고, 서로 소원한 관계의 두 학문 영역사이의 보다 더 진지하고 친밀한 대화의 가능성을 열어놓고 있다는 점에서 페미니즘적 관심을 불러일으킬만 하다. 그러나 그럼에도 불구하고 그의 사상은 여전히 남성중심적, 가부장제적 사고와 글쓰기의 기본적인 틀 속에 머무르고 있다는 비판을 받고 있음을 인정하지 않을 수 없다. 그의 타자성의 윤리학이 기본 전제로 삼고 있는 전체주의적 폭력성의 고발에는 가부장제의 폭력성이 포함되지 않고 있음은 매우 유감이 아닐 수 없다.

1) Alain Touraine, 정수복 · 이기현 옮김 『현대성 비판』, 서울 : 문예출판사, 1995.
2) Emmanuel Lèvinas, Totality and Infinity, trans. Alphonso Lingis(Pittsburgh : 3) 강영안, 『주체는 죽었는가 : 현대 철학의 포스트모던 경향』 서울 : 문예출판사, 1996.
4) Emmanuel Lèvinas, 양명수 옮김 『윤리와 무한 : 필립 네모와의 대화』, 서울 : 다산글방, 2000.
5) 신옥희, "여성학적 시각에서 본 레비나스 : 타자성의 윤리학", 《철학과 현실》 30호 1996, 여름.
6) Emmanuel Lèvinas, 『시간과 타자』, 강영안 옮김 서울 : 문예출판사, 1996.
7) Catherine Chalier, "Ethics and the Feminine", in Robert Berasconi and Simon Critchley, ed., Re-Reading Levinas(Indiana Univ. Press, 1991).
8) Craig R. Vasey, "Faceless Women and Serious Other: Levinas, Misogyny, and Feminism", ln Ethics and Danger, ed. by Arleen B. Dallery & Charles E. Scott, with P. Holley Roberts(State Univ. of New York Press, 1962).
9) Emmanuel Lèvinas, Du sacrè au saint. Cinq nouvelles lectures talmudiques (Paris, 1977).
10) Bernhard H. F. Taureck, 『레비나스』, 변순용 옮김 고양 : 인간사랑, 2004.
11) B. H. F. Taureck, 『레비나스』.
12) Luce Irigaray, "Questions to Emmanuel Levinas", in Re-reading Levinas, ed. by Robert Bernasconi and Simmon Critchley (Indiana Univ. Press, 1991).
13) L. Irigaray, "Questions to Emmanuel Levinas".
14) 이에 대해 베시는 레비나스의 텍스트는 자기의 철학이 페미니즘적임을 알지 못하는

남자에 의하여 씌여진 글이라고 지적한다. C. R. Vasey, "Faceless Women and Serious Other".
15) 김연숙, 『타자윤리학』 고양 : 인간사랑, 2001.

발제 4.

정치적 불법행위와 기독교의 인권운동
- 수주(水洲) 박형규 목사를 중심으로 -

김 형 민 (호남신대)

I. 들어가는 말

인권은 법치주의 사회의 기본적 권리이다. 하지만 인권만큼 이데올로기적으로 오용되기 쉬운 언어도 없다. 세계국가의 통치자들이 인권 실현을 위해 저 나름의 노력을 하고 있다지만 인권 이념을 자신의 불법 행위를 정당화하기 위한 위장전시물로 사용하는 경우도 적지 않다.[1] 5.16 군사쿠데타로 정권을 쟁취한 박정희는 그 출발부터 정치적 정당성을 확보하지 못했기에 이를 만회하기 위한 수단으로 조국 근대화를 외치며 국민들의 최소의 자유와 인권도 허용하지 않는 공포의 정치를 펼쳤다. 또한 박정희는 경제적 발전이 이루어지기 전까지 국민의 기본권을 제한할 필요가 있다고 주장하면서 자신의 독재와 탄압을 한국 사회에서 인권이 실현되기 위한 필연적 과정으로 합리화하였다.

　박정희는 1968년 인권 주간 대통령 치사 중 다음과 같이 말한다. "인권의 기초는 이성과 양식에 바탕을 둔 인격입니다만 실제로 무엇보다도 중요한 것은 인권을 누릴 수 있는 경제 건설이며 법질서의 존중입니다. 경제 건설 없이 빈곤을 면할 길은 없는 것이며 빈곤을 추방하지 않고서는 인권은 확보될 도리가 없는 것입니다."[2] 그날의 양식이 없어 곤궁한 삶을 살아가는 사람들의 처지를 생각해 본다면 빈곤의 극복과 인권이 긴밀한 연관 속에 있음을 부정할 수 없다. 하지만 경제가 성장하고 잘 살게 되면 자동적으로 인권이 확보된다는 주장은 독재체제의 정당화를 위해 제3세계 독재자들이 흔히 사용했던 정치적 이데올로기였다는 점을 기억할 필요가 있다.[3]

　1972년 박정희가 유신체제를 수립하고 장기집권을 도모하자 독재에 대항하여 민주화운동과 인권운동이 곳곳에서 일어났다. 이 운동은 정치, 경제, 종교, 교육, 문화 등 다양한 곳에서 시작되었다. 여러 종교단체 중에서도 기독교회와 기독교 시민운동단체들이 이 운동의 견인차 역할을 담당하였다. 그렇다면 한국 사회는 민주주의와 인권의 발전에 미친 한국 교회의 영향력이나 기여도를 어떻게 평가하고 있을까? 1982년 한국 기독교 사회문제 연구소가 비기독교인들을 상대로 교회 및 기독교인에 대한 여론조사를 한바 있다. 이 조사에 따르면 "한국 교회가 민주주의 발전에 기여한 바가 있느냐?"는 질문에 33.9%의 사람들이 그렇다고 그리고 31.1%의 사람들이 그렇지 않다고 대답했다.[4] 이는 2년 동안의 조사결과이기 때문에 70년대 한국 사회에서의 기독교의 영향력을 측정할 수 있는 자료가 된다. 한편 2002년 한신대학교 학술원 신학 연구소의 설문조사에 따르면, '한국의 개신교가 1970~80년대 민주화운동에 참여하여 공헌했느냐'는 질문에 응답자 중 24.2%의 사람들만이 그렇다고 대답하였다.[5] 20년 전 설문 결과와 비교해 볼 때 수치상의 차이를 보이고 있다. 이로써 1970~80년대 한국의 민주화를 위해 많은 희생을 치렀던 개신교회의 적극적 활동에 대한 일반인의 인식이 점점 더 낮아지고 있음을 알 수 있다. 한신대학교 신학 연구소는 그 이유를 두 측면에서 추정한다. 첫째, 한국의 개신교가 점점 더 개인주의적이며 기복적 물량주의에 사로 잡혀 우리사회에서 빛과 소금의 역할을 제대로 발휘하지 못하고 때문이며 둘째, 개신교가 한국 사회에서 수행했던 사회적 행위가 많은 사람들에게 잘 알려지지 않거나 왜곡되어 전달되었기 때문이라고 할 수 있다.[6] 그렇다면 70년대 한국 사회의 정치적 발전을 위한 한국 교회의 기여도를 살펴보는 것은 교회의 사회적 책임에 대한 환기를 위해서는 물론 한국 정치의 긍정적 발전을 위해서도 의미가 있다.[7] 본 논문은 1970년대 한국 사회의 인권 의식의 발전에 한국 개신교회가 끼쳤던 사회 윤리적 영향력을 수주 박형규 목사의 삶과 설교를 통해 조명해보는데 목적이 있다.

II. 수주의 어머니 경험

수주 박형규 목사는 1923년 12월 7일 경남 창원군 진북면 영학리에서 부친 박노병씨와 모친 김태금씨의 2남 3녀 중 차남으로 태어났다. 1986년 장공(長空) 김재준은 그에게 수주(水洲)라는 호를 붙여주었는데 불의한 역사와 씨름하는 그의 삶이 마치 역류하는 물길로 인해 모래가 쌓여 뭍을 이루는 모습과 같다고 보았기 때문이다. 일제시대의 해방과 한국전쟁이라는 역사적 소용돌이 속에서 어린 시절과 청년기를 보낸 수주의 삶은 순탄하지만은 않았다. 하지만 식구들의 근면과 진취적 생활 태도로 인해 안정된 생활을 한 것으로 보인다. 수주의 모친은 둘째 아들이 알 수 없는 병으로 세 살의 어린 나이로 세상을 떠났을 즈음 어느 서양 선교사의 전도를 받아 크리스천이 되었고 이는 온 가정이 기독교 신앙에 입문하는 기점이 되었다.[8] 어머니는 셋째 아들을 낳자 항렬에 따라 형규(炯圭)라는 이름으로 호적에 올렸지만 실제로는 성도(聖道)라고 부르며 목회자로 키울 것을 결심하였다. 수주는 어머니의 뜻에 순종할 생각이 없었지만 6.25를 겪으며 목사가 되겠다고 결심함으로써 결국 어머니가 하나님께 드린 약속을 지켜드리게 되었다.[9] 어머니의 영향은 여기서 끝나지 않았다. 수주는 "어머니는 하느님보다 더 가깝고 더 현실적인 실재"[10]라고 고백하면서 자신의 신앙의 뿌리를 어머니에게서 찾았다. 그렇다고 수주가 어머니에 대한 감상적 회상에 빠져 있었다는 말은 아니다. 수주는 어린 시절 마산에서 어머니가 신사참배를 거부하다 옥에 갇힌 목회자들을 돕기 위해 애쓰셨던 모습을 기억하고 있는데 70년대, 그의 사회신학과 실천적 신앙도 어머니의 신앙에서 나온 것이라 하겠다. 수주는 어머니의 품을 떠나 차디 찬 감옥에 갇힌 자신을 기러기로 비유하며 어머니를 그리워하는 노래를 지어 불렀다.[11]

어머니, 어머니, 안녕하세요.
기러기 집을 떠나 산전수전 겪는 동안
잔뼈가 굵어지고 철도 들었소.
외로운 밤하늘에 그려보는 그 얼굴
다시는 저버리지 않겠습니다.

어머니, 어머니, 기도해 주세요.
밤마다 씹어 삼킨 회한의 눈물들이
모여서 강이 되고 바다가 되어도
기러기는 오늘도 날습니다.
해 돋는 그 나라에 이를 때까지.

어머니, 어머니, 기다려 주세요.
산새들이 노래하는 봄철이 돌아오면
기러기도 고향 하늘 날아갑니다.

시련의 바다에서 찾아낸 값진 진주
어머니 무릎 위에 바치리이다.

Ⅲ. 불법 경험과 인권

독일 하이델베르크의 법학자 브루거(W. Brugger)는 인권을 '전형적 불법 경험에 대한 응답'이라고 정의한 바 있다.[12] 오늘날 많은 인권연구가들이 보편적 불법 경험에 근거해 인권의 보편성을 논증하고 있다. 인권의 보편성에 대한 이론적 논증보다도 불법 경험에 근거한 실천적 논증이 더욱 중요한 이유는, 모든 종류의 인권논의가 세계 사회의 불의한 고난의 구조를 밝히고 이를 개선해가는 공동의 노력이기 때문이다. 불법이 자행되는 역사 현장에서 인권은 요청되고, 모든 종류의 인권 요구는 불법 경험에 대한 응답이다. 이때 불법 경험의 보편성은 인권의 보편성에 대한 실천적 논증을 위해서 중요한 논거가 된다. 왜냐하면 불법 경험은 역사와 전통이 서로 다른 각 개인이나 집단으로 하여금 인권에 대한 최소한의 합의된 규범을 갖게 하기 때문이다. 비인간적 고문이 가해지고, 공정한 재판이 거절되고, 신앙과 사상의 자유가 박탈되는 곳에서 불법을 직접적으로 경험한다. 경제적 불평등으로 인해 배고픔에 시달리고 사회의 구조적 악과 모순으로 인해 자기 발전의 균등한 기회를 상실할 때 간접적인 불법을 경험한다. 오늘 이웃이 당한 불법 경험은 내일 내 것이 될 수 있다. 그런 점에서 우리 모두는 인권침해의 가능적 희생자이다.[13] 그러므로 모든 종류의 인권 운동은 다양한 불법 경험을 표현하고, 인권요구는 이 불법 상황에서 벗어나기 위한 노력이라 하겠다.

따지고 보면 1970년대 한국 교회의 인권 운동도 박정희 유신독재정권의 정치 경제적 불법 행위에 대한 경험에서 촉발되었다. 정치적 불법 행위는 박정희 정권이 자신의 독재권력을 영구집권하기 위해 노력하는 과정에서 빚어졌고, 경제적 불법은 급속한 경제성장을 자신의 취약한 정당성을 확보하기 위한 최우선 정책으로 삼고 박정희 정권이 이를 추진하는 과정에서 자행되었다. 특히 불균등한 노사관계, 열악한 작업 환경, 저임금과 장시간 노동 등 경제적 불법의 일차적 희생자는 노동자들이었다.

누구보다 이를 잘 알고 있었던 수주는 히틀러 독재에 항거했던 독일의 니묄러 목사의 사상과 삶을 소개하면서 교회가 불의한 독재에 순응하는 태도야말로 신앙의 양심과 사회적 책임을 저버리는 행위라고 판단하고 다음과 같이 선언한 바 있다. "오로지 믿는 자의 양심은 그리스도 자신에게 의무를 가지는 것이며, 이 그리스도에게서 하나님은 성령을 통하여 옳고 옳지 않은 것을 분명히 가르치신다. 그리고 우리는 이 그리스도에 대해서 우리 행위의 책임을 지는 것이다. 이 경우에도 하나의 원칙은 있다. 그것은 사랑은 율법의 완성이라는 원칙이다."[14] 수주가 말한 이 사랑이 민주화와 인권 운동을 통해 구체화되고 한국 사회 속에서 실천되었다고 하겠다.

1970년대 사회 참여의 신학에 대한 연구 논문에서 채수일은 1970년대를 "1970년 11월 13일, 청계천 동평화시장 노동자 전태일의 분신 사건에서 시작하여 1979년 10월 26일, 박정희 대통령의 피살에 이르는 기간"이라고 규정한 바 있다.[15] 한마디로 한국의 70년대는 "죽음의 시대"였다는 말이다. 이러한 죽음은 한국만이 아니라 식민지통치에서 벗어난 후에도 내적 해방을 위해 계속 싸워야만 했던 제3세계의 많은 국가들이 겪었던 고난의 체험이었다. 이차세계대전 후 제3세계의 여러 국가들은 식민지 통치가 남긴 문화유산과 자국의 고유한 전통 문화의 갈등 속에서 자국의 정치를 어떤 정치적 원칙에 따라 조성해 나가야 할지 고심하게 되었다. 식민지 통치자와 싸우며 국가독립을 주도했던 엘리트 정치세력들이 당분간 국가를 통치하지만 이들 국가 대부분은 군부의 세력을 힘입은 소수의 군사 쿠데타로 인해 무너지고 군사독재정부가 들어서게 된다. 이때부터 새로운 억압정치가 국민의 삶을 지배하기 시작한다. 특히 민주적 정치 구조가 부재하고 정치적 정당성을 담보하지 못한 정권일수록 국민의 인권을 탄압하기 마련이다. 박정희 독재는 바로 이러한 제3세계 군부 통치의 대표적 모델이라 하겠다.[16]

이미 언급했듯이 박정희는 집권 초기부터 서구의 산업국가에 대비해 낙후한 한국의 경제사회적 문제를 지적하고 급속한 경제발전을 통한 조국근대화를 강조하였다.[17] 하지만 그는 이를 자신의 취약한 정치적 정당성을 확보하고 정권을 유지하기 위한 수단으로 삼았다.[18] 또한 정치적 토론 문화에 근거한 정치 문화의 발전을 국가 안전의 저해 요소로 오도하고 반공주의를 앞세우며 군사 정부에 대항하여 민주화와 인권 실현을 요구하는 모든 형태의 정치적 집단을 국가 안전을 위협하는 불순 단체로 탄압하였다. 당시 억압당하던 계층의 편에 섰던 소수의 한국 교회와 크리스천은 박정희 정권의 일차적 탄압 대상이 될 수밖에 없었다.[19] 이러한 정치적 억압과 반동의 현장에 수주가 함께 하였다.

Ⅳ. 수주의 인권운동

수주의 민주화 운동과 인권 운동은 4.19혁명의 현장을 목도하면서 시작되었지만[20] 실제적으로는 1966년 10월 한국기독교학생회 총연맹(KSCF)의 전신인 한국기독학생회(KSCM) 총무로 취임하면서 본격화된 것 같다. 특히 도시빈민선교에 참여하면서 억눌리고 가난한 자들의 아픔을 더욱 깊이 절감하던 중 1971년 9월 1일 '수도권도시선교위원회'를 조직하고 위원장으로 활동하였다.[21] 수도권도시선교위원회는 그 취지문에서 설립 취지를 다음과 같이 밝히고 있다. "도시화 과정에서 인간의 존엄이 무시당하는 서울의 한 구석에서 교회의 선교적 사명을 감당함으로 이들이 하나님의 형상대로 지음 받은 인간으로서 스스로 움직이고 살아갈 수 있게 하고자 하는데 있다."[22] 이런 점에서 수도권도시선교위원회는 자신의 존재 목적을 불법으로 고난 받는 이웃을 그 선교의 대상으로 삼되 그들과의 직접적 혹은 간접적 연대를 통해 종국적으로는 그들의 존엄한 삶을 실현하는데 두었다고 하겠다. 같은 맥락에서 수주는 교회의 선교적 사명을 다음과 같이 말한다. "교회는 그리스도의 몸으로서 오늘의 상황에서 하나님과 함께 선교하도록 부르심을 받는다. 예수와 함께 가난한 자, 눌린 자, 병든 자, 옥에 갇힌 자들과 함께 있고 그들 중의 하나가 되고 그들과 함께 죽고 부활하는 삶을 택하도록 부르심을 받았다."[23]

하지만 빈민의 곤궁한 삶을 변혁하려는 수주의 노력은 번번이 유신체제의 벽에 부딪쳐 깨어졌고 그럴수록 자유에 대한 소망이 더욱 간절하게 되었다. 1987년 수주는 《월간조선》과의 인터뷰 중 70년대를 회상하며 자유가 없는 곳에서는 사랑도 불가능함을 인식하고 교회가 정치에 참여할 수밖에 없는 이유를 다음과 같이 고백하였다. "그때 느낀 것은 선교와 자유가 분리될 수 없다는 것이었어요. 내 표현으로 하자면 자유가 없는 곳에서는 사랑도 불가능하다. 자유가 있어야 기독교적인 사랑도 할 수 있지 자유가 없으면 사랑도 불가능하다는 것입니다. 그리고 자유를 획득하는 것은 정치적 행동입니다."[24] 70년대 유신체제의 폭정과 독재에 맞선 수주의 반독재운동은 '남산부활절 연합예배 시위사건'과 함께 시작되었다. 이 사건은 "유신 직후의 암울한 상황에서 일어난 최초의 조직적인 항거"였다는 점에서 70년대 민주화 운동에서 차지하는 그 의미는 자못 크다 하겠다.[25]

1973년 4월 12일 이른 새벽 남산 야외음악당에 10만의 성도들이 모여 부활절 연합예배를 가졌다. 이 자리에서 수주를 중심으로 하는 수도권도시선교위원회의 실무자들과 한국기독학생회 총연맹에 소속된 학생들이 주축이 되어 민주화, 언론의 자유, 인권실현을 위한 교회의 책임과 각성을 요구하며 전단을 뿌리며 시위를 하였다. 사실 이 사건은 당시 부활절새벽예배에 참석한 사람들조차 알지 못했을 정도의 미미한 사건이었다. 하지만 정부가 이를 정치적으로 이용하기 위해 시위참여자들을 '내란예비음모'로 구속하고 사건을 확대함으로써 국내외에 널리 알려지게 되었다. 8월 2일에는 이 사건의 진상을 밝히고 조속한 구속자들의 석방을 요구하기 위해 '박목사 사건 성직자 대책위'가 구성되었는데 가톨릭교회와 외국선교사까지 합세하였다. 수주는 이 사건으로 국가내란예비음모 혐의로 구속, 기소되어 징역 2년형을 선고받았다. 날조된 검찰의 공소장은 이렇게 기록하고 있다. "박목사는 부활절을 맞아 기독교 연합예배일을 거사일로 정하고 남산 야외음악당에 모인 10만여 군중 속에 들어가 '민주주의의 부활은 대중의 해방이다', '주여 어리석은 왕을 불쌍히 여기소서'라는 내용의 전단과 플래카드를 뿌리거나 들고서 내무부와 중앙방송국 등 중앙관서를 점거할 계획 등으로 내란을 음모했다."[26] 후에 수주는 캐나다 밴쿠버(Vancouver)에서 열린 세계교회협의회 총회에서 주제 강연 중 '남산 부활절 연합예배시위'가 목적했던 바를 다음과 같이 회상하였다. "우리는 우리의 동료인 기독교인들에게 우리 정치 생활에서 죽음의 권력을 극복하고자 촉구하려 하였습니다. 우리는 전단을 통하여 모든 그리스도인들이 선교의 자유와 언론의 자유, 그리고 민주주의를 위하여 기도하자고 요구하였습니다. 그럼으로써 우리 민중은 하나님이 주신 권리를 지닌 위엄을 갖춘 인간으로 말하고 일하면서 살아갈 수 있을 것이라고 주장하였습니다."[27]

남산부활절 연합예배 시위사건으로 시작된 예배와 기도회, 모금운동 등은 70년대 한국사회의 민주화와 인권운동을 주도하였다. 같은 해 10월 2일 서울 문리대에서 반유신 학생시위가 일어났는데 그 주모자들은 한국기독교학생회 총연맹에 소속된 기독학생들이었다.[28] 연속해서 1973년 12월 24일에는 함석헌, 장준하, 천관우, 김동길, 계훈제, 백기완 등 각계 지식인들이 '개헌개정청원운동본부'를 발족하고 범사회적으로 '개헌청원 100만인 서명운동'을 시작하였다. 이로 인해 유신체제에 대한 저항과 비판이 더욱 격렬해지자 박정희는 1974년 1월 8일 긴급조치 1호와 2호를 선포하고 서

명운동을 철저히 봉쇄하였다.[29] 하지만 긴급조치가 선포된 지 10일도 못되어 기독교 성직자들의 공개적 도전을 받자 긴급조치 1호와 2호만으로는 정권을 보존할 수 없다고 생각한 박정희는 새로운 통제와 억압의 구실을 찾고 있었다. 학생운동의 편에서는 언론매체와 모든 정보가 통제된 상황에서 개별적 학생운동 한계를 절감하고 보다 조직적이며 연합적인 민주화 운동을 준비하고 있었는데 이 과정에서 조직된 단체가 '민주청년학생총연맹'이다.[30] 이들은 1974년 4월 3일 전국 주요 대학을 중심으로 소위 '민청학련사건'이라 불리는 반정부시위를 계획하였다. 하지만 이 사건은 사전에 누설되어 실패하고 관련자 대부분이 검거되고 말았다. 박정희는 이 사건을 정치적 통제의 호기로 삼았다. 민청학련사건의 결의문을 보면 오늘의 궐기가 "학생과 민중과 민족의 의사를 대변하고 이 땅에 진정한 자유와 평등을 실현하기 위한 민중적, 민족적, 민주적 운동임"[31]을 밝혔지만 박정권은 순수한 학생들의 요구를 인혁당, 조총련과 관련시켜 공산주의자로 몰고 마치 이들이 폭력 혁명을 통해 공산정권의 수립을 기획한 것인 양 선전하면서 대통령 긴급조치 제4호를 발령하였다. 특히 긴급조치 제4호 8항은 최고 극형인 사형까지 허락한 전형적인 불법이었다. 수주는 민청학련을 배후에서 지원했다는 혐의로 구속되어 1974년 8월 9일 비상보통군법회의에서 윤보선, 지학순, 김동길과 함께 징역 15년 자격정지 15년을 선고받게 되었는데 이로 인해 수주는 다시 민주화운동의 전면에 서게 되었다. 비상보통군법회의 결심공판에서 수주는 다음과 같이 민청학련사건의 시대적 정당성을 주장하였다. "이것은 우리 민족의 자유와 민주주의를 위한 투쟁이요, 민족의 생존을 위한 역사적 투쟁의 전통을 이어받은 당당한 민족운동이요, 자유운동이요, 민권운동입니다."[32] 1975년 2월 23일 새문안교회에서 열린 민청학련 관련자 출옥 환영예배에서 수주는 다시금 이의 의의를 다음과 같이 말하였다. "하나님이 이 땅에 민권을 심어 아름다운 나라를 만들기 위해 이와 같은 일을 해주셨다는 것을 우리는 감사해야 할 일입니다."[33] 결국 수주는 민청학련사건을 민주적 정치구조의 부재를 극복하고 모든 백성이 자신의 기본적 권리를 찾아가는 민권운동으로 규정했다고 하겠다.

이 사건으로 인해 유신체제의 불법성이 국내외에 더욱 널리 알려지게 되었다. 한국기독교교회협의회 인권위원회는 이 사건이 가져다 준 의미를 다음과 같이 정리하였다. "74년은 기독교인권운동의 대행진의 해라고 불러도 좋을 만큼 민주화와 인권보장을 부르짖는 교회의 정치 참여가 광범위하고 활발하게 전개된 해였다. 양적인 측면에서 보면 65년 한일회담 반대운동 이후 가장 최대 규모의 운동이었다고 할 수 있다. 1974년 후반 동안 성명서, 기도회, 시위가 거의 매일같이 쏟아져 나오면서 전국을 뒤덮었으며, 참여의 폭도 넓어 NCC 등 기독교 연합기관들은 물론 정치문제에 대해서는 신중한 입장을 취해오던 각 교단들에까지 확산되었다. 반일이라는 전 민족적 공감을 기반으로 한 이슈를 중심으로 전개된 65년의 경우에 비하여 74년에는 '민주회복', '유신철폐'라는 구체적인 정치적 쟁점을 둘러싸고 전개된 운동이라는 점에서 한국기독교의 정치, 사회의식이 그만큼 고양되고 심화되었다고 볼 수 있는 것이다."[34] 민청학련사건이 있은 후 1974년 4월 11일 한국 교회협의회 인권위원회가 출범하고 같은 해 11월에는 목요기도회가 시작되었다.[35]

그 외에도 수주가 70년대 유신체제 하에서 받은 또 한 번의 불법 경험은 1975년 수도권선교자금 사건이다. 이는 한국 교회협의회의 활동을 제한하고 수도권특수지역선교위원회를 와해시키기 위해 정부가 추진한 대표적 종교탄압사건이었다. 1975년 당국은 수도권특수지역선교위원회가 극빈자와 아동보호 및 직업훈련 등을 목적으로 세계급식선교회(BFW: Bread for the World)로부터 받은 20만 마르크의 원조금을 횡령했다며 업무상 횡령 및 배임혐의로 관련자들을 구속되었다. 이 사건을 접한 세계급식선교회의 슈미트 목사가 내한하여 한국 교회협의회를 통해 수도권특수지역선교위원회에 보낸 자금이 세계급식선교회의 지원 목적에 합당하게 쓰였다고 증언

했음에도 불구하고 한국 법정은 사건 관련자들에게 실형을 선고하였다. 이 때 수주는 징역 10월을 선고 받고 다시 투옥되었다. 참으로 아이러니하게도 이 때 수주는 "한국인들의 생명 존엄성에 대한 신앙과 전통과 신념을 추구하기 위해 알맞은 집, 적당한 교육, 좋은 노동 조건, 자유를 얻도록 노력"했다는 공로가 인정되어 에드워드 브라우닝(E. Browning)상 수상자로 결정되었다.[36]

  수주는 유신체제 하에서 긴급조치 9호로 구속되어 또 한 번의 정치적 시련을 당하게 되었다. 한국기독교장로회 청년회 전국연합회가 1978년 8월 전주에서 청년대회를 열고 인권예배를 드리게 되었다. 하지만 경찰은 예배에 참석하기 위해 모이는 청년들에게 폭력을 가하고 이 사건의 주동자로 수주를 '시위선동혐의로 집회 및 시위에 관한 법률위반' 으로 구속하였다. 하지만 혐의점을 찾지 못한 경찰은, 수주가 3.1절 성명서를 기초했다는 이유로, 말하자면 청년대회와는 상관없는 사건과 연계해 긴급조치 9호로 구속하였다. 수주는 항소심 최후 진술에서 유신체제를 긴급조치라는 막대기로 지탱하고 있는 "막대기 체제"라고 비판하고 유신체제가 국민 한 가운데 뿌리를 내린 정권인지 아닌지는 긴급조치라는 막대기를 치워보면 알게 되리라고 선언하였다. "나는 유신독재체제 밑에서 경제 성장이 이루어졌다는 사실을 부정하지는 않는다. 그러나 그것은 독재를 했기 때문에 이루어진 것은 절대 아니다. 독재를 했음에도 불구하고 국민들이 참고 노력했기 때문에 그들의 피와 땀으로 경제 발전이 이루어질 수 있었던 것이다."[37] 1979년 10월 26일 박정희가 김재규의 총격으로 사망하므로 유신체제란 민중의 지지가 결여된 막대기 체제였음을 증명하고 말았다.

V. 기독교 인권 운동의 특징

70년대 수주의 인권 운동과 민주화 운동은 억눌린 자들의 아픔에 동참하고 참 해방을 얻기 위한 순례의 길이었다. 수주는 이 길을 개종의 경험이라고 고백하였다. "나는 인권과 민주주의를 위한 정치 투쟁으로 개종을 한 것이다. 민중의 투쟁과 고난에 참여하기 위해 나는 해방을 위한 개종을 한 것이다... 그리고 나의 외로운 독방 속에서 나는 고난당하는 민중과 함께 하시는 예수를 발견하였고, 그리고 개종했었다."[38]

70년대 한국의 역사적 상황을 고찰해 볼 때, 기독교의 인권 선교에 대한 수주의 관심은 인권 그 자체보다는 고난 받는 자들과의 연대에서 시작되었음을 알 수 있다. 대부분의 국민들은 불의한 사회구조로 인해 받는 인권침해를 혼자의 힘으로 막을 수 없었다. 유신체제 하에서 정의실현을 위한 공정한 원리가 되어야 할 법이 통치자의 정권 유지를 위한 도구로 전락하여 억압과 착취의 수단이 되기도 했고[39], 인권을 보증해야 할 정치 주체들 스스로 국민의 인권을 짓밟거나 물질적 결핍과 가난으로 인해 인간의 기본적 욕구를 채울 수 없는 경우가 많았다. 이 같은 불법 경험을 통해 서로를 돕기 위한 연대의 줄이 자연스럽게 형성되었고, 이는 구체적으로 인간의 존엄성이 실현되는 정의로운 사회의 실현을 통해 그 열매를 맺었다. 그런 점에서 수주는 인권에 대한 이론적 관심보다는 억눌린 자들과의 긴밀한 연대감에서 인권운동을 시작하였다. 이는 수주의 인권운동을 통해 밝혀진 70년대 인권운동의 두 가지 특징을 보여주는데 첫째는 고난 받는 자들과의 연대요 둘째는 이러한 연대적 행위의 목적으로 희생자의 관점에 서서 그들의 권리를 회복하려는 의지이다.

고난당하는 자들과의 연대행위를 해방을 위한 개종으로 보았던 수주는 이 같은 연대의 대표적인 신앙 기록으로 1934년 고백된 독일의 바르멘 신학선언의 전문을 소개한 바 있다.[40] 바르멘 신학선언 제3항은 그리스도의 교회를 '형제들의 공동체'로 고백한다. "그리스도의 교회는 예수 그리스도께서 성령을 통해 말씀과 성례 가운데 주인으로 현재하시며 일하시는, 형제들의 공동체이다."[41] 하지만 기독교회의 역사를 살펴보면 교회는 전통적으로 형제와 자매로 하나 된 사랑의 질서보다는 교권에 의해 통치되었다. 이와 관련해 흥미로운 점은 막스 베버(M. Weber)가 교회를 종교사회학의 범주가 아니라 지배의 사회학에서 취급한 사실이다. 그는 세상과 구별된 사제직의 확립, 교회 통치의 보편적 요구, 교리와 예식의 합리화 그리고 모든 신앙공동체의 제도를 교회의 직제 하에 종속시킴으로 교회가 자신의 통치질서를 확립했다는 것이다. 하지만 바르멘 신학 선언은 교회를 통치질서로 보는 입장을 거부하고, 형제와 자매 특히 고난당하는 이웃과의 긴밀한 교회적 연대가 되어야 함을 강조하였다.[42] 수주는 바로 이 점에 주목하며 형제 공동체로서의 교회의 구조적 개혁과 고난 받는 자들을 위한 연대적 사랑을 요구하게 된 것이다. 결국 70년대 수주가 보여준 기독교적 인권운동의 특징은 지배하는 교회에서 섬기고 연대하는 교회로의 신앙적 실천의 결과라고 평가할 수 있다.

또 한 가지 수주의 인권운동에서 볼 수 있는 특징은 인권운동의 출발점을 희생자의 관점에 두었다는 점이다. 수주는 그의 글 곳곳에서 정치적 억압으로 인해 고통당하는 소수자들의 아픔을 외면하는 한국 교회를 질타하였다. "강도 만난 사람의 죽어가는 상태를 보고도 자기들의 종교적 의무 수행을 위해 지나가 버리는 대제사장과 레위 사람같이 한국 교회는 피와 땀을 흘리며 굶주리고 쓰러져가는 근로 대중의 곁에는 가보려고 하지 않는다."[43] 수주는 희생자를 대변해야 할 의무에 대한 신학적 근거를 타자를 위한 혹은 타자와 함께 하셨던 해방자 예수의 삶 속에서 찾았다.[44]

Ⅵ. 나가는 말

인권이란 자연적으로 주어져 제 기능을 발휘하는 보호 시스템이 아니다. 수주의 정치적 삶과 고난은 각 사회나 시대마다 인권을 얻기 위한 투쟁을 통해서만 인권은 실현될 수 있음을 보여준다. 자유가 없는 곳에서는 사랑도 불가능하다는 수주의 고백과 같이 인권 실현은 정의로운 사회의 발전을 전제하고 있으며, 인권은 국내 정치만이 아니라 국제적 정치와 경제 그리고 문화의 영향을 받고 있다. 각종 불법 경험에서 시작되는 현대의 대부분의 인권 문제와 의식은 인간 상호간의 광범위한 연대적 결속과 행위를 통해서만 해결될 수 있다. 70년대 한국 교회의 인권 운동은 고난 받는 자들과 연대하며 그리스도인의 이웃 사랑을 실천하려는 신앙적 행위였음을 확인할 수 있다.

인권은 모두 동일한 것에 그 기원을 둔다. 그것은 잠재적이며 명시적인 불법경험이다. 기독교의 인권운동은 독재자의 불법 행위로 고난 받는 이웃을 그 선교의 대상으로 삼되 그들과의 직접적 혹은 간접적 연대를 통해 종국적으로는 이웃의 권리를 세워나가려는 노력이었다. 하지만 이웃의 권리 세우기는 동시에 이제까지 누렸던 자신의 권리포기를 요구하기도 한다. 이웃을 위해 자신의 고유한 권리를 단념하는 일은 기독교적 자유와 사랑의 실천이다. 한국 교회가 자랑할 만한 인권 선교와 운동의 전통을 가졌음에도 불구하고 한국 사회가 이에 대해 정당한 평가를 내리지 않는 이유는 여전히 교회가 형제들의 공동체로서의 자신의 정체성을 정립하지 못한 결과라고 하겠다. 그렇다면 앞으로의 기독교의 인권 운동은 가난한 자의 권리 회복을 위한 능동적 연대뿐만 아니라 이웃을 위해 자신의 권리를 포기하는 수동적 연대도 해야 할 것이며, 이는 현금의 한국 교회가 70년대의 인권운동의 전통을 보다 발전적으로 계승하기 위해 필요한 시대적 당위성이기도 하다.

1) 그 대표적 사례가 1989년 중국의 천안문 사태에 대한 미국의 비난과 중국의 대응이었다. J. Donnelly, *International Human Rights*, 박정원 역, 『인권과 국제정치. 국제인권의 현실과 가능성 및 한계』, 오름, 2002.

2) 인권연보 1969. 이정은, "한국에서의 인권개념 형성 과정", 『민주주의와 인권』 2001. 1권 2호, 429에서 재인용. 1962년부터 법무부가 발행한 '인권연보'는 1971년까지 계속되었는데 주로 박정희 독재정권의 정당성과 유화정책을 위한 대홍보용이었다.

3) 이에 대한 비판적 논의를 위해 이정우, "개발 독재와 빈부격차", 이병천 편, 『개발독재와 박정희 시대』 창비 2003.

4) 한국기독교사회문제연구소, 『비기독교인의 교회 및 기독교인에 대한 여론조사』 서울, 1982.

5) 한신대학교 학술원 신학연구소, 『한국 개신교와 한국 근현대의 사회·문화적 변동』 한울, 2003.

6) Ibid.

7) 1970년 기독교의 인권운동에 대한 개관을 위해 이삼열 외, 『한국 사회 발전과 기독교의 역할』 한울, 2000. 수주의 인권이해에서 빠트릴 수 없는 사건이 있다. 그것은 1983년부터 6여 년 동안이나 당시 시무하던 서울제일교회가 폭력배들에게 불법 점검과 폭력을 당했던 일이다. 후에 이는 국군보안사령부의 공작 하에 외부조직 폭력배가 경찰과 검찰의 비호를 받고 행한 사건임이 밝혀졌다. 하지만 본 논문은 1970년대라는 시대적 제한 때문에 1980년 이후 수주의 인권활동은 포함하지 않았음을 밝혀 둔다. 서울제일교회 사건에 대해서는 한국 기독교교회협의회 인권위원회 편, 『폭력을 이기는 자유의 행진』 민중사, 1987; 구창완, "60 시간과 폭력에 둘러싸여 보낸 60년"; 오세구, "폭풍 속의 교회".

8) 한신대학교 학술원 신학연구소, "박형규 목사와 대화록".
9) 박형규 목사 고희기념문집 출판위원회 편, 『행동하는 신학 실천하는 신앙인』, 사회평론 1995.
10) *Ibid.*
11) *Ibid.* 수주의 어머니 회상에 대해 박형규, 『해방을 향한 순례』, 풀빛 1984.
12) W. Brugger, *Liberalismus, Pluralismus, Kommunitarismus. Studien zur Legitimation des Grendgesetzes*, (Nomos, 1999).
13) 그러므로 인권에 대한 논의에서 수동적 인권 침해가 문제시되곤 한다. 이에 대해 A. Lob-Hüdepohl, "Passive Menschenrechtsverletzungen und strukturelle Sünde", *Stimme der Zeit 4*, (1994).
14) 박형규, 『해방의 길목에서』 사상사, 1974.
15) 채수일, 1970년대 진보 교회 사회 참여의 신학적 기반, 한국기독교와 역사 제18호, 2003, 9.
16) H. Luther, *Südkorea: (K)ein Modell für die Dritte Weltü*, München, (1981).
17) 박정희 개발 독재 모델에 대한 분석을 위해서 이병천, "개발독재의 정치경제학과 한국의 경험. 극단의 시대를 넘어서", 이병천 편, 『개발독재와 박정희 시대』 창비 2003.
18) 이정우, "개발 독재와 빈부 격차".
19) 한국기독교교회협의회 인권위원회가 1987년에 전 5권으로 출간한 1970년 한국 교회 인권운동의 대기록 『1970년대 민주화운동』을 참조할 것.
20) 한신대학교 학술원 신학연구소, "박형규 목사와 대화록".
21) 허병섭은 수주가 "한국 교회의 이름으로 빈민선교를 시작한 첫 사람으로 꼽아야 마

땅하다."고 증언하고 있다. 허병섭, "교회와 사회를 해방하는 '밀알'", 박형규 목사 고희기념문집 출판위원회 편, 『행동하는 신학 실천하는 신앙인』.
22) 한국기독교교회협의회 인권위원회 편, 『폭력을 이기는 자유의 행진』.
23) 박형규, "소외된 대중과 교회의 선교", 함석헌 외, 『한국 역사 속의 기독교』 한국기독교교회협의회, 1985.
24) 박형규, "종교는 정치를 외면할 수 없다", 《월간조선》 1987. 4월호.
25) 한국기독교교회협의회 인권위원회 편, 『폭력을 이기는 자유의 행진』.
26) Ibid, 52 이하에서 재인용.
27) Ibid, 62.
28) 한국기독교사회문제연구소 편, 『1970년대 민주화 운동과 기독교』 한국기독교사회문제
29) 한국기독교교회협의회 인권위원회, 『1970년대 민주화운동』 서울, 1987.
30) 거창한 명칭과는 달리 민청학련은 사실상 조직적인 단체가 아니었다. 다만 연합시위를 위해 편의상 붙였던 명칭에 불과 했다. Ibid, 350이하 참조
31) Ibid.
32) 한국기독교교회협의회 인권위원회 편, 『폭력을 이기는 자유의 행진』.
33) Ibid.
34) 한국기독교사회문제연구원, 『1970년대 민주화운동』.
35) 한국기독교협의회 인권위원회 편, 『한국 교회 인권선교 20년사』 서울, 1994.
36) 한국기독교교회협의회 인권위원회 편, 『폭력을 이기는 자유의 행진』.
37) Ibid.
38) 박형규, 『해방을 향한 순례』.

39) 한국기독교사회문제연구소 편, 『법과 민주화. 현행 정치악법 연구』 민중사, 1986.
40) 박형규, 『해방을 향한 순례』. 수주는 이 글은 1971년 12월 '제3일'에 기고했다. 기타 박형규, 『해방의 길목에서』 사상사, 1974.
41) A. Burgsmüller; R. Weth(Hg.), *Die Barmer Theologische Erklärung – Einführung und Dokumentation*, Neukirchenen-Vluyn, 1984.
42) 자세한 논의를 위해서 W. Huber, *Folgen christlicher Freiheit – Ethik und Theorie der Kirche im Horizont der Barmer Theologischen Erklärung*, Neukirchen-Vluyn, (1988).
43) 박형규, 『해방의 길목에서』 사상사, 1974.
44) *Ibid*.

▼ 발제 5.

종교를 넘어서는 신앙:
'종교적 인간'의 원초적 욕망과 연관하여

정 재 현 (연세대학교)

0. 물음: 인간과 종교의 관계?

성스러움 가운데 살고자 하는 종교적 인간의 욕망은 순전히 주관적 경험의 상대성 가운데 갇혀 있는 것이 아니라 객관적 실재 가운데 주거를 정하고, 환상의 세계가 아니라 현실적이고 효험이 충만한 세계 안에 살고자 하는 욕망이다.[1]

인간에게 종교란 무엇인가? 종교에 대해 인간은 어떠한 관계를 지니는가? 인간과 종교 사이의 관계를 이리저리 묻고 있는 이러한 물음들은 '종교적 인간'[2]이라는 표현이 가리키듯이 너무도 당연하다 못해 뻔한 대답을 들을 수밖에 없을 것처럼 보인다. 그러나 이러한 물음도 조금만 들어가면 사실상 그리 간단하지 않다는 것을 이내 발견하게 된다. 왜냐하면 종교는 인간에게 해방을 선포하지만 그 이상으로 인간을 억압해 온 역사를 펼쳐 왔기 때문이다. 또한 종교는 인간에게 욕망을 넘어설 것을 가르치지만 인간은 종교를 통해 욕망을 충족시키기를 바라기 때문이다. 그렇다면 욕망을 끈으로 하여 종교에 대해 인간이 맺는 관계의 이중성과 종교가 인간에게 나타나는 모습으로서의 해방과 억압이라는 양면성은 또한 어떠한 관계를 지니는가? 이처럼 첫 물음에 대한 대답에 대해 다시 묻게 되면 인간과 종교의 관계는 더욱 복잡해지고 아울러 '종교적 인간'의 정체는 더욱 모호해지게 된다. 그리고 이러한 와중에 복잡성과 모호성을 빌미로 종교는 그야말로 '치외법권'으로 등극하거나 길모퉁이에 '쓰러진 묘비' 신세로 전락하거나 또는 그 사이를 배회하게 된다.

그런데 인간과 종교 사이의 이러한 복잡다단한 관계는 결국 우리로 하여금 인간관으로, 즉 인간의 자기 이해라는 문제로 되돌아오지 않을 수 없게 한다. 종교의 그러한 양면성이라는 것이 인간이 종교에 대해서 지니는 욕망의 이중성과 불가분리의 관계에 있기 때문이다. 따라서 우리는 인간의 주제 파악에서. 즉 인간과 종교의 관계에 앞서 이에 얽힌 인간의 욕망에 대한 현실적인 성찰에서 우리의 논의를 시작하고자 한다. 그리고 이와 같이 인간의 생존적 본능과 이의 정신적-문화적 확장으로서의 욕망이라는 계기에서 종교의 의미 및 그 안에서 벌어지는 긴장과 모순을 드러낼 수 있으리라 기대된다. 말하자면 우리는 이제 인간의 본능과 욕망이라는 불가피한 요소를 정직하게 인정하는 데에서 실마리를 풀고자 한다. 그래야만 인간과 종교의 관계에 대해서도 '좋은 게 좋은 것'이라는 탁상공론을 넘어설 수 있고 나아가 '종교적 인간'의 욕망에 갇힌 종교가 이를 벗어날 뿐 아니라 윤리도 넘어서 신앙으로 승화하기 위한 길을 모색할 수 있기 때문이다.

I. 인간의 욕망

1. 돈으로 응집되어 버린 우리들의 욕망

우리 사회에 언젠가 이런 격언이 유행한 적이 있었다: '가난은 죄가 아니다, 단지 불편할 따름이다.' 그러나 수년전 서점가에 꽤 떴던 책들 중에 이와는 매우 다른 분위기를 지닌 『부자 아빠 가난한 아빠』라는 책이 있었다. "부자들이 들려주는 돈과 투자의 비밀"이라는 매혹적인 부제가 붙어 있는데 이미 폭로된 비밀이 무슨 힘을 쓸까마는 '돈 이야기라면 어쨌든 읽고 보자'는 심리 때문인지 꽤 오랫동안 베스트셀러 목록에 올랐었다. 이에 의하면 가난한 아빠는 '돈을 좋아하는 것은 모든 악의 근원'이라고 하면서 '공부 열심히 해서 좋은 직장을 구해야 하며, 돈은 안전하게 사용하고 위험을 피하라'고 가르치는 반면에, 부자 아빠는 '돈이 부족한 것은 모든 악의 근원'이라고 하면서 '공부 열심히 해서 좋은 회사를 차리고, 투자하기 위해서 위험을 관리하는 법을 배우라'고 가르친다는 것이다. 너도나도 뛰어드는 주식시장의 열풍을 보면, 이른바 '금융 지능'이라는 새로운 개념을 등장시키면서 돈의 지배를 받기보다는 돈을 지배할 수 있는 능력을 강조하는 이와 같은 지론이 각광을 받는 것은 당연한 일이다. 가난한 사람들은 돈 때문에 허덕이고 중산층은 돈을 위하여 몸 바친다면 부자란 돈을 부리는 금융 지능을 지닌 사람들이라는 것이다.

도대체 돈이 무엇이기에 이토록 뭇 사람들의 위상까지 결정짓는가? 돈이란 본디 우리가 소유하고 사용하는 모든 재화에 대한 상징적 언어이며 동시에 이를 유통시키는 도구이다. 그런데 이제 그러한 언어적 상징성은 그 어떤 것과도 비교할 수 없는 무게를 지닌 실재성을 뒤집어쓴 채 인간의 삶에 자리 잡고 있다. 교환과 유통을 위한 수단적 가치라는 것은 낡은 교과서의 개념일 뿐 이제는 거부할 수 없는 삶의 궁극적인 목적으로 격상되었다.

엘룰(Jacques Ellul)이 시사하듯이 돈은 이미 신(神)과 동격적인 위상에서 양자택일의 비중을 지닌 것으로 받아들여지고 있는 현실임을 더 이상 부정하기 어렵기 때문이다. 비록 엘룰은 그의 저서에서 '돈의 권세로부터 해방되는 길은 십자가의 희생제물이 되어 거저 주는 삶을 실천하는 길'[19]이라고 하지만 이러한 지론이야말로 돈의 권세가 '십자가의 희생'으로 대표되는 종교적 순교와 견줄만한 무게를 지닌다는 점을 오히려 강변하는 듯하다. 더 나아가서 그 지론은 과연 언어의 유희를 넘어서는 자기 비움이 현실적으로 가능한가에 대해서 솔직할 것을 요구하고 있는 것으로 보인다.

그런데 이러한 요구에 부응해서인지는 분명하지 않으나 또 다른 한편으로는 실로 적지 않은 사람들이 '무소유(無所有)'를 부르짖고 있다. 게다가 이러한 주제와 분위기를 담은 서적들이 서점가에서 베스트셀러 목록에 심심치 않게 올라 있는 현실은 참으로 오묘하다고 하지 않을 수 없다. 지구화와 신자유주의로 특징지워지는 이 무한경쟁 시대에 살아남기 위한 수단으로서라도 경제적 욕망 현실화라는 과제는 거부할 수 없는 대세이었을 터이나 이러한 분위기에 정면으로 거슬러 법정스님의 '무소유론'으로부터 도올의 '21세기적 노자론'에 이르는 부류의 서적들이 수위를 차지했었던 사실은 의아스럽다 못해 자못 신비롭기까지 하다. 그 덕분인지 한 때 장안에는 '베스트셀러 작가가 되기 위해서는 머리를 깎아야 한다'는 말이 돌아다니기도 했었다. 그러나 여기서 우리는 무릇 돈으로 표시되는 욕망에 관한 우리의 이중적인 태도를 여지없이 노출시킨다는 점을 간과해서는 안 될 것이다. 왜냐하면 이러한 사회적 현상에는 사실상 자기사면(自己赦免)을 통한 대리만족의 요소가 더 크게 작용하고 있는 것으로 보이기 때문이다. 말하자면 나 자신은 무소유가 아니라 '무한소유(無限所有)'를 추구하고 있지만 그러한 추구에 도사리고 있는 찝찝함을 털어 내고 허망함을 메우기 위해 욕망에 길들여진 노예 상태로부터의 해방을 위한 복음을 무소유의 언어들에게서 빌려오고, 더 나아가서 무소유의 정신을 실천하지는 못하더라도 최소한 흠모한다는 마음으로 자기 최면적일지언정 스스로에게 면죄의 세례를 베풀고자 하는 것으로 보이기 때문이다.

그럼에도 불구하고 일상의 현실은 가치상실에 기인한 허무주의와 오로지 돈을 통한 소유와 소비의 무한한 행진을 즐기려는 쾌락주의라는 서로 판이한 분위기의 정서를 교묘하게 엮는 광기(狂氣)를 점점 더 노골화하고 있다. 다시 말하면 '이루어질 수 없는 욕망'에 대한 허무주의가 '즐길 수 있는 동안 즐기자'는 쾌락주의와 결탁하여 문명의 진보라는 이름으로 결국 탈도덕화를 부추긴다. 더욱이 이러한 경향에 힘입어 욕망의 대상을 상품화해 가는 시장경제의 금전적 문화는 소비의 극대화를 통해 욕망의 성취에 다가갈 수 있다고 유혹한다. 그리고 이토록 즐거운 유혹에 몸을 내맡기는 것이 경제 제일주의가 지배하는 이 시대의 덕목으로 부추겨지고 있음도 숨길 수 없다.

그러나 제아무리 많은 돈과 막강한 권력을 지니고 있다고 하더라도 여전히 이룰 수 없는 욕망을 포기하지 못하게 하는 유사(類似) 현실을 살아가야 하는 인간이야말로 차라리 가련하다. 오늘날 새로운 관심으로 부상하고 있는 가상현실과도 달리 이 유사현실은 욕망을 이룰 수 없음에도 불구하고 계속해서 확대 재생산해내는 구조를 특성으로 한다. 그러한 유사 현실에서 아마도 다다익선의 원리가 적용될 수 있는 가장 우선적인 사례를 꼽으라면 대부분의 사람들은 주저 없이 돈을 말할 것이다. 흔히 '돈은 많으면 많을수록 좋다'는 것을 의심 없이 신봉하기 때문이다. 그러나 과연 그렇기만 할까? 비록 돈이란 '신이 내린 최고의 선물 중의 하나'라는 예찬론을 굳이 거부할 이유는 없다고 하더라도, 그리고 그러한 만큼이나 생산과 소비로 이루어진 생활의 편리를 위해 지대한 공헌을 하고 있음에도 불구하고, 원시적인 자급자족을 거쳐 물물교환의 단계에서까지도 상상할 수 없었던 경제 위기나 금융 위기와 같은 문제들이 야기되고 있다는 사실을 외면하지 않는다면 '다다익선의 원리'가 무조건 적용되지는 않는다는 것을 부인할 수 없게 된다. 말하자면 '돈의 생리'라는 것이 있어서 이를 간파하지 않으면 수단으로 고안되었던 돈이 목적으로 도치될 뿐 아니라 앞서 지적했듯이 이를 넘어서 급기야 '신의 자리'에까지 격상되는 유사 현실이 벌어질 수밖에 없다. 그러나 과연 돈이란 무엇인가? 많은 선행이 돈을 통해서 다소 손쉽게 이루어지기도 하고 또 다른 한편으로는 거의 모든 범죄의 동기에 돈에 대한 욕망이 얽혀 있음도 부정할 수 없는 사실이다. 그러기에 우리는 다음과 같이 묻지 않을 수 없다: 돈은 인간에게 축복인가, 저주인가?

2. 욕망의 뿌리는 죽음에의 발악

위의 물음에 대한 단도직입적인 대답이 불가능하다면 사실상 더 깊이 도사리고 있는 물음으로 거슬러 가지 않으면 안 될 터인즉, 그것은 도대체 인간의 욕망은 어디에서 왔는가라는 물음일 것이다. 보험금을 타내기 위해서 딸을 살해하고 아들의 손가락을 자른 아버지들, 또는 자신의 발목을 자른 사람이나 재산 분배 문제로 부모를 죽인 아들 등으로부터 정치 권력의 속성을 활용하여 수천 억 원을 삼켜 버린 전직 대통령들에 이르기까지 돈 때문에 벌어진 패륜과 부패는 과연 인간들의 욕망을 추한 것으로 드러내는데 주저함 없게 한다. 그러나 이런 극단적인 경우만이 아니라 우리들의 평범한 일상생활도 이미 그러한 욕망에서 별로 벗어나 있지 않다.

그런데 과연 원초적 생존을 위한 생명력의 표출이었을 '본능'이 그 본래적 자연성을 포기 당한 채 인위적으로 증폭됨으로써 이토록 추하게 '욕망'으로 전락하게 된 이유는 도대체 무엇인가? 여기서 인간의 성욕 및 이에 의한 성행위를 종족보존본능에 의거한 생물의 교접으로만 간주할 수 없다는 상식에서 한 실마리를 찾을 수 있겠다. 즉, 인간은 '본능'이라는 주어진 운명의 굴레를 벗어나 무한할 것도 같은 자유를 누리려는 '욕망'으로 정신적인 진화를 겪어 왔다는 점이 고려되지 않으면 안 될 것이라는 말이다. 물론 여기서 진화란 만족되지 못한 자연적 본능으로부터 욕망을 출현시키는 인위적 환상화를 가리킨다. 이처럼 인간은 '어찌할 수 없을 것 같은 운명'을 넘어서 '무엇이나 할 수 있을 것 같은 자유'를 비록 환상적으로나마 갈망하는 정신의 속성을 본질적인 특성으로 지니고 있다. 그리고 이러한 맥락에서 본다면, 인간이 돈이나 힘을 추구하는 것은 그 자체를 수단으로 하여 무엇을 할 수 있는 능력, 즉 더 많은 자유를 얻고자 함이다. 말하자면 돈과 힘에의 욕망이란 곧 자유에의 열망인 것이다. 그런데 더 많은 자유를 얻으려는 바로 그 열망이 인간을 도리어 옥죄니 자유를 향하려는 욕망에 속박되는 자가당착을 피할 길이 없게 된다. 이것이 바로 인간의 욕망이 지닐 수밖에 없는 자유와 속박 사이의 모순이며 곧 인간의 숙명이기도 하다.

  그렇다면 그러한 숙명적 모순은 왜 초래되었을까? 한마디로 말한다면 그것은 욕망 자체의 무한성 때문이다. 맹수조차도 일단 배가 부르면 지나가는 작은 짐승을 거들떠보지도 않을 정도로 본능은 자연적으로 주어진 한계에서 만족되지만 이러한 생물적 '본능'으로부터 자유에로의 환상화를 거쳐 형성된 인간의 '욕망'은 도대체 만족의 한도를 알지 못한다. 왜 그럴까? 여러 가지로 추적할 수 있겠지만 그 이유를 거슬러 가자면 결국 죽음에 대해 지니는 불안과 공포로부터의 도피라는 궁극적인 뿌리에까지 이를 수밖에 없지 않을까 한다. 모든 생명체는 죽지만 자신의 죽음을 삶 안에서 유한성으로 의식하고 체험하면서 살아가는 피조물인 인간에게서 무한성에로의 욕망이 구가되는 것은 불가피하기 때문이다. 결국 욕망의 뿌리가 죽음에 대한 발악이라면 욕망은 그 자체로서 이미 '종교적'이라고 하지 않을 수 없다. 그리고 바로 이런 이유로 인간은 일찍부터 스스로를 '종교적 인간'으로 불렀던 것이 아닐까 한다. 그런데 '유한한 인간의 무한한 욕망'이라는 모순에도 불구하고 그러한 욕망의 무한성은 급기야 신이 되고자 하는 모습으로 나타날 것인즉 권력이나 재산에서의 끝없는 추구가 바로 이에 연유한다고 하겠다.[4] 이처럼 '살려는 본능'이 '죽음에서 벗어나려는 욕망'으로 증폭되었는데 어디에서도 그러한 욕망이 성취될 가능성을 발견할 수 없지만 바로 그러하기에 이 욕망은 결국 영원히 멈출 수 없는, 아니 결코 멈추어서는 안 되는 지경에 이른 것이다.

II. 종교에 연관된 인간의 욕망

1. '종교적 인간'에서 인간과 종교의 이중적 관계

그래서인지 종교가 욕망을 다스리고 넘어서기를 가르침에도 불구하고 오히려 종교 안에서 이러한 가르침을 거스르는 사태들이 더욱 빈번하게 일어나고 있는 것 같다. 우리 사회 안에서 인구에 회자되는 사례로 살펴본다면, 그 규모에서도 세계적으로 명성을 떨친 모 교회에서는 담임목회자의 측근이 자신의 개인 사업을 위해 교회의 공금을 유용했다는 의혹이 제기되면서 파문을 일으켰던가하면, 남에게 넘겨주기가 아까워서인지 공교롭게도, 그리고 유달리, 대형 교회들에서 담임목회자들이 그들의 아들들에 그 직책과 직위를 물려주는 진풍경이 벌어져 왔다. 교회의 공금 사용은 이를 문제 삼은 사람들을 교회로부터 축출하는 방식으로 전개되었던 것으로 보이며, 담임목회직의 자식상속이라는 문제는 이를 '세습'으로 간주하고 이를 공개적으로 문제화하려는 단체와 이러한 기획을 '내정간섭'으로 보고 이를 저지하려는 집단 사이의 충돌로 인하여 급기야 공권력의 투입까지 초래했던 것으로 기억한다.

어찌 이러한 사례들뿐일까만 이에 대한 자세한 이야기는 생략하더라도 이 대목에서 이러한 사건들과 연관된 소위 '성직자'나 '평신도'라는 표현이 지닌 곡해 가능성을 새삼스레 들추어볼만 하다. 왜냐하면 이러한 표현들은 의도하지 않았었더라도 이미 인간의 종교적 욕망을 담고 있으면서 동시에 이를 더욱 부추기고 있기 때문이다. 우선 '성직자'라는 말을 살펴보자. 이를 위해서 그 말을 이루는 세 글자들이 어떻게 얽히는가를 살피는 것도 흥미롭겠다. 즉, '성직자'라는 용어의 표현으로 보자면 다음과 같이 묻지 않을 수 없는데, '성(聖)'은 '직(職)'을 수식하는가, 아니면 '자(者)'를 수식하는가, 이도저도 아니라면 도대체 무엇인가?

먼저 '성(聖)'이 '직(職)'을 수식하는 경우 '거룩한 벼슬'로 풀이되는데 언뜻 그럴 듯하게 들릴 수도 있다. 그러나 인간이 수행하는 직책이 거룩하다는 것은 결코 적절하지 않은 망발일 뿐이다.[5] 그럼에도 불구하고 적지 않은 사람들이 '비록 성직자는 사람일 뿐이라도 그가 수행하고 있는 직책만큼은 거룩한 것이니 이를 하느님의 대리직분으로 알고 따라야 한다'는 신조를 뭇사람들에게 강요하니 이로부터 야기된 종교적 비극이 역사를 점철했음을 부인하기 어렵다. 또한 '성(聖)'이 '자(者)'를 수식하는 경우는 더욱 심각한 오류를 야기하는데, '거룩한 놈'이라는 해괴망측한 해석을 자아내거늘 도대체 인간이 어찌 거룩할 수 있는가? 그런데 실로 성직자들 중 상당수가 이러한 착각으로 본의 아니게 위선을 떨게 되고 대부분의 평신도들이 자신들은 몰라도 성직자들 만큼은 거룩해야 한다고 대리 보상적으로 요구하니 성직자들의 위선을 더욱 부추기지 않을 수 없게 한다. 그리고 이러다 보니 엄연히 인간일 뿐인 성직자가 어느덧 인간이지 못하게 되는 비인간화의 비극이 벌어진다.[6] 게다가 실제로는 '거룩한 벼슬'과 '거룩한 놈'이 한데 뒤엉키니 이 둘은 결과적으로 같은 오류를 더 크게 빚어낼 뿐이다. 말하자면 요즘 사회를 떠들썩하게 했던 소위 '세습'이라는 문제를 포함한 교회의 각종 폐습들이 결국 이러한 오류에 기인한 바 없지 않다. 그렇다면 어찌해야 하는가?

여기에서 마지막 것이 하나의 대안이 될 수 있겠다. 즉, '성직자'라는 표현에서 '성'은 더 이상 수식어가 아니되 목적어나 주어로 읽힐 수 있겠다. 그러나 '거룩함'은 대상화될 수도 없을 뿐더러 그리 되어서도 안 되는 것이니 목적어라기보다는 차라리 재귀동사적 주어로 읽혀져야 할 것이다.

즉, '성직자'는 '거룩함이 명하는 일을 하는 사람' 또는 '거룩함에 사로잡힌 바의 일을 행하는 사람'이라고 풀어야 하겠다. 말하자면 '성직자'라는 말에서 '성'이 뜻하는 거룩함이란 사람이나 일을 수식하는 형용사가 아니라 그러한 사람으로 하여금 일하게 하는 동사적 사건인 것이다.[7] 더 나아가 일반 신자를 지칭한다는 '성도(聖徒)'라는 표현에 대해서도 동일한 분석과 비판이 적용된다. 문자 그대로 풀자면 '거룩한 무리'라고 하겠지만 어떤 인간 무리가 거룩할 수 있다는 말인가? 그러니 우리들의 욕망이 뒤얽힌 착각을 더 이상 후손들에게 계승하거나 세습하지 말지어다. 아울러 소위 '평신도(平信徒)'라는 표현도 마찬가지다. 하느님 앞에서 도대체 누구는 '평'하고 누구는 '평'하지 않다는 말인가?

그렇다면 인간은 도대체 왜 종교에서조차 소위 '성직자'와 소위 '평신도'가 공히 피차간에 위계질서적인 방식으로라도 전제 군주 체제의 안온함을 결탁하듯이 도모하는가?[8] 다시 되돌아가는 듯이 보이지만 이 대목에서 종교와 관련하여 인간이 지니는 욕망에 대해 좀 더 진솔하게 되씹어야 한다. 즉, 앞서도 살핀 대로, 아니 우리의 상식으로 보더라도, 종교는 인간에게 욕망을 버리라고 가르치지만 만일 인간이 욕망을 버린다면 종교도 사라질 것이나 인간은 결코 욕망을 버릴 수 없기 때문에 종교는 결코 사라지지 않을 것이라는 통찰을 제시해주는 욕망과 종교의 관계 말이다. 말하자면 종교는 인간에게 욕망을 초월할 것을 말하는데 인간은 종교를 통해서 욕망을 추구하고자 하니 이런 모순이야말로 인간과 종교의 관계에서의 이중성의 핵심인 것이다. 결국 인간과 종교의 관계가 지니는 이중성이란 욕망의 추구와 초월이라는 대조적 방식의 공존이라는 현실에 얽혀 있다고 하겠다. 그렇다면 인간과 종교의 관계에서의 이중성은 구체적으로 어떤 모습으로 나타나는가? 연관된 한 대목을 새겨보자.

로마 황제 티베리우스의 잠언집에는 "신들이 모욕을 당하거든 자기네들이 알아서

처리하도록 하라"는 말이 있다. 턱없이 종교에 밝은 우리들의 귀에는 불경스러운 독설로 들릴지도 모를 말이다. 그러나 만약 이 메시지 하나만이라도 잘 지켜졌더라면 아마도 역사에 등장한 모든 종교들이 구원한 사람보다 더 많은 사람이 치욕과 살육으로부터 구원받을 수 있었을지도 모른다. 그러나 불행하게도 인류 역사를 훑어보면 신들이 모욕을 당할 때 그 신들을 대변한다고 자처하는 인간들은 줄뿔나게 나섰다.… 순교와 배교의 경직된 도식은 계속되었고 이는 참혹한 희극과 우스꽝스러운 비극을 양산했다.… 몸의 일부가 붙어서 태어나는 샴 쌍둥이처럼 종교는 태생에서부터 사랑과 마음이 한데 붙어 있는 이상한 존재였는지도 모른다. 자신같음만이 옳다는 신념과 남다름을 사랑한다는 행위는 아무래도 어설픈 동행일 수밖에 없었다.[9]

이처럼 종교는 자기만이 옳다는 진리에 대한 신념과 도저히 함께 할 수도 없을 것 같은 남을, 심지어 원수를 사랑하라는 당위 사이에서 이미 양면성의 갈등을 겪을 수밖에 없는 구조를 지닌다. 그런데 자기가 받아들인 진리에 대한 신념이 욕망 추구와 상응하고 타자 사랑의 행위가 욕망 초월과 이어진다면 신념과 행위 사이의 이러한 갈등은 사실상 인간과 종교 사이를 잇는 욕망 자체의 생리에 의한 것이라고 하겠다. 인간과 종교의 관계에서 욕망으로 인한 이러한 이중성은 '진리가 너희를 자유하게 하리라'(요8:32)는 선언에도 불구하고 같음의 논리에 뿌리를 둔 진리와 다름의 생리를 향하는 자유 사이의 현실적 괴리에서도 여실히 확인된다.[10] 그리고 이러한 괴리는 결국 그리스도교 가르침의 핵심이라는 신앙, 소망, 사랑에서 특히 신앙과 사랑 사이의 모순에서 절정에 이른다.

2. 욕망에 의한 신앙과 사랑 사이의 모순

그렇다면 그토록 소중한 신앙과 사랑이 현실에서 어찌하여 서로 모순된다는 것인가? 이 대목에서 소위 신의 희구적 투사를 갈파한 포이어바흐가

파헤친 '종교의 모순'을 자세히 살펴보는 것이 의미있겠다. 그에 의하면 종교, 특히 기독교가 강조하는 신앙과 사랑이 종교적 욕망으로 인하여 사실상 서로 모순될 수밖에 없고, 따라서 신앙의 당파성과 사랑의 비당파성 사이의 모순이 종교 안에 함께 얽혀 결국 인간과 종교의 관계의 이중성을 드러낸다. 다시 말하면, 신과 인간이 본질적으로 구별된다는 것에서 신앙이 정초된다면 양자 사이의 연관성은 사랑으로 나타난다. 아니 거꾸로 신앙은 신과 인간을 분리시키고 사랑은 인간과 신을 동일시한다고 하는 것이 더욱 적절할 것이다. 이러한 신-인 관계가 종교의 뼈대라면 "종교는 신앙을 통해 인간의 도덕, 이성과의 모순에 빠지는 반면 사랑을 통해 다시 이 모순과 대립한다."[10] 왜냐하면 신앙은 신을 인간과는 다른 특수한, 심지어 배타적인 존재자로 개별화하지만 사랑은 신을 인간과 어우러지는 존재로 일반화하기 때문이다. 따라서 신앙은 그렇게 특수하고도 개별적인 신에 대한 복종을 강조하는 율법이 되는 반면, 사랑은 그러한 것으로부터의 자유를 가리킨다. 그렇다면 구체적으로 신앙과 사랑이 종교 안에서 각각 어떠한 역할을 수행하길래 상호모순으로까지 치달아 가는가?

먼저 신앙이 지니는 문제에 대해서 살펴보자. 철학적 사유나 과학적인 이론도 그 체계를 제한하기는 하지만 그 제한이 사물의 본성에 근거한 반면에 신앙은 본질적으로 자기의 결정을 이익과 행복욕에 내맡긴다는 점에서 더욱 제한적이다. 그럼에도 불구하고 이러한 제한은 인간에게 오히려 특수한 우월감을 가져다주는데 여기서 신이란 신앙인이 비신앙인에 대해 가지는 그러한 구별과 우월감이 인격화된 것일 뿐이라는 것이다. 신이 인간에게 착각적이나마 우월감을 제공해 주는 것이 아니라 착각적인 우월감이 인격화함으로써 신이 된 것이라는 말이다. 그렇지만 바로 그렇기 때문에, 신앙인은 자신의 명예를 자신에게 직접 부여하지 않고 "오로지 자신의 주에게 명예를 주기 위하여 자신에게는 모든 공적을 부인한다. 그러나 그것은 단지 그가 주에게 돌리는 공적이 자신에게 도움이 되기 때문이다. 왜냐하면 그는 주의 명예 속에서 자기의 명예감정을 만족시키기 때문이다. [따라서] 신앙은 교만이다."[12]

그런데 신앙의 이와 같은 교만성은 도덕과의 관계에서 이중적인 성향으로 나타난다. 먼저 한편으로는 신앙이 스스로를 도덕과 동일화한다:

> 신앙은 제한되어 있고 선입견에 사로잡혀 있어서 모든 불신앙을 도덕적 성향과 결부시킨다. 신앙에서 보면 신앙을 가지지 않은 사람은 완고와 악의 때문에 믿지 않는 것이다.… 신앙은 신앙인들에게는 선량하지만 비신앙인에게는 사악하다.… 신앙을 가진 사람은 축복을 받고 신의 마음에 들고 영원한 행복에 참여하지만 신앙을 가지지 않은 사람은 저주받고 신에게서 쫓겨나고 인간에게 비난받는다.[13]

그런가하면, 다른 한편으로 신앙은 도덕과의 모순도 불사한다:

> 신앙은 영생의 행복을 신앙 자체에 의존시킬 뿐 평범한 인간적 의무를 다하는 것에 의존시키지는 않는다.… 그러므로 내적으로 도덕이 신앙에 종속되는 것과 마찬가지로 외적, 실천적으로도 도덕은 신앙에 희생될 수 있고 또 그렇게 되지 않으면 안 된다. 신앙이 도덕과 구별되어, 또는 오히려 신앙이 도덕과의 모순 속에서 나타나게 되는 행위가 존재하는 것은 필연적이다.[14]

그러나 사실상 도덕에 대한 신앙의 이중성은 신앙 자체의 당파성에 기인한다:

> 신앙은 인간의 자연적인 유대를 폐기한다. 즉, 일반적이고 자연적인 통일 대신에 특수한 통일을 설정한다. [따라서] 신앙은 본질적으로 당파적이다. 그리스도에게 찬성하지 않는 자는 그리스도를 반대하는 자이다. 신앙은 단지 적 또는 친구를 알고 있을 뿐 비당파성을 알지 못한다. 신앙은 오로지 자신에게 마음을 빼앗기고 있다. 신앙은 본질적으로 불관용이다.[15]

신앙의 이와 같은 당파적 불관용에 대한 포이어바흐의 비판은 다음과 같은 고전 인용에서 절정에 이른다:

> 지옥은 행복한 신앙인의 기쁨을 감미롭게 한다. 선택된 사람들은 배신자의 고뇌를 바라보기 위해서 나타날 것이다. 그리고 그들은 배신자의 고뇌를 보더라도 고통에 시달리지 않는다. 반대로 그들은 배신자의 형언할 수 없는 고뇌를 봄으로써 자신들이 구원받은 것을 기쁨에 넘쳐 신에게 감사드린다.[16]

실로 신앙이 이러하다면 사랑과 모순 관계를 이룰 수밖에 없다는 것은 재론의 여지가 없다. 그러한 모순은 어떻게 나타나는가? 포이어바흐는 '사랑은 신앙의 반대'라고까지 말한다: "사랑은 죄 안에서도 덕을 인식하고 오류 안에서도 진리를 인식한다."[17] 그러나 "신앙에 따르면, 그리스도교도로부터 발생한 선은 인간이 행한 것이 아니라 그리스도교나 신앙이 행한 것이지만, 그리스도교의 사악은 그리스도교가 행한 것이 아니라 인간이 행한 것"[18]이라는 것이다.

그럼에도 불구하고 그리스도교가 신앙과 사랑을 양자택일의 관계로만 간주한 것은 아니었다. 만일 그랬다면 전혀 종교가 아니거나 사악한 악마교가 되었을 것이기 때문이다:

> 그리스도교는 사랑으로부터 나오는 행위와 사랑을 수반하지 않는 신앙으로부터 나오는 행위를 동시에 시인한다.… [그러나] 사랑은 단지 그리스도교의 공교적인(exoterisch) 가르침에 불과하며 신앙은 그리스도교의 비교적인(esoterisch) 가르침이다. 즉, 사랑은 단지 그리스도교의 도덕에 불과하지만 신앙은 그리스도교의 종교이다.… 신앙은 신의 독립성에 집착하며 사랑은 신의 독립성을 폐기한다.[19]

신앙과 사랑의 이러한 모순은 급기야 사랑을 제한하고 왜곡시킴으로써

결국 다음과 같은 비극을 초래했다:

> 성서는 신앙을 통해서 벌하고 사랑을 통해서 은혜를 베푼다. 그러나 성서는 단지 신앙을 근거로 한 사랑을 알 뿐이다. 따라서 여기에 이미 저주받은 사랑, 신뢰할 수 없는 사랑, 자신이 냉혹하지 않다는 어떠한 보증도 주지 않는 사랑이 있다.[20]

결국 욕망 추구로서의 신앙과 욕망 초월로서의 사랑은 영원히 만날 수 없는 평행선의 관계일 수밖에 없다는 종교의 현실을 개탄하는 포이어바흐는 이와 같은 비판을 통해 종교에 얽힌 인간의 욕망의 정체를 적나라하게 드러낸다는 점에서 우리가 이제 관심하려는 인간과 종교의 관계에 대해 윤리가 지닐 수 있는 의미에 대한 논의에 시사하는 바가 적지 않을 것이다. 신앙과 사랑 사이의 모순이란 일반적으로 말한다면 종교와 윤리 사이의 긴장 또는 갈등의 현실적 증거로서의 의미를 지니기 때문이다.

III. 종교를 벗어나고 윤리를 넘어서는 신앙으로

1. 종교와 윤리 사이의 긴장과 그 의미: 가치의 계보적 전개 과정에서

앞서 우리는 종교에 대하여 인간은 자기보존본능이라는 원초적 욕망과 연관하여 추구와 초월의 이중성을 지니고 있음을 살폈다. 그러나 역사의 실상에서 이것은 한쪽 면일 뿐이다. 종교는 인간에 대하여 욕망충족체계로서의 의미 뿐 아니라 동시에 반인간적 억압과 비인간적 고통의 원천으로 작용하는 야누스의 얼굴을 지니고 있기 때문이다. 그런데 그러한 종교의 양면성은 사실상 종교에 대해 그 태동 동기인 인간의 욕망이 지니고 있는 이중적인 관계에 뿌리를 두고 있는 것으로 보인다. 왜냐하면 한편으로는 죽음으로 정점을 이루는 삶의 온갖 불안과 절망, 고통 등으로부터 벗어나려는 욕망에서 종교가 희구되었지만,[20] 다른 한편으로는 모든 종교들이 대체로 인간에게 욕망을 버림으로써 해방될 수 있다고 가르치는 만큼 인간의 욕망에 대해 종교는 이중적으로 얽혀 있기 때문이다. 더욱이 앞서 살핀 바와 같이 종교 안에서도 신앙과 사랑 사이의 모순을 겪을 수밖에 없다면, 욕망을 끈으로 하는 인간과 종교 사이의 얽힘에 대해 우리는 어떻게 그 실마리를 풀 수 있겠는가? 이 대목에서 종교와 윤리의 관계를 주목할 필요가 있겠다. 그리고 신앙과 사랑 사이의 모순에 대한 비판은 그러한 과제의 필요성을 더욱 부각시켜 준다.

그러나 여기서 이 의제를 다룰 수 있는 많은 방법들을 망라할 수는 없다. 다만 '종교적 인간의 원초적 종교성'이라 할 만한 종교적 욕망을 근간으로 한다면 종교와 윤리의 관계를 가치론적 계보학의 차원에서 살펴보는 것이 의미 있을 것이다. 종교와 윤리는 물론 각각 소중한 가치체계이다. 그런데 굳이 양자의 관계를 역사적으로 살피자면 본디 인간이 살아가면서 겪는 온갖 형태의 고통으로 체험되는 죽음의 그림자들에 의한 한계성과 씨름하기 위해 태동한 종교가 그 고유성과 독특성이 지니는 당파성을 넘어 보편성을 확보하기 위한 노력의 과정에서 도덕과 윤리가 등장하게 된 것으로 볼 수도 있겠다. 좀 더 구체적으로 살펴보자.

사람은 죽음이 아니었다면 아마도 그 너머 지속되는 초월적인 것을 굳이 추구할 이유가 없었을지도 모른다. 그러나 죽음을 겪으면서 사람들은 죽음 저편의 영원하고 무한한 그 무엇을 그린다. 그리고 그런 그 무엇은 우리에게 죽음으로 체험되는 한계를 넘어서는 '힘'으로 등장한다. 이제 그러한 힘에 대한 갈구를 원초적인 의미에서 '종교'라고 한다면 앞서도 말한 대로 바로 이러한 이유로 인간은 일찍이 '종교적 인간'이라고 불렸다.[22] 원시사회나 현대사회를 막론하고 비록 모습을 달리할지언정 종교가 예외 없이 원초적으로 자리 잡고 있다는 사실은 바로 이를 입증한다. 말하자면 비교종교학의 차원에서 하등종교이든 고등종교이든, 또한 원시종교이든 현대종교이든, 역사의 모든 구체적인 종교들은 힘에 대한 숭배(dynamolatry)를 특징으로 하는 역현성(力顯性)을 공통요소로 지니고 있다.[23] 그런데 그러한 힘은 한편으로는 우리로 하여금 가까이 다가가도록 하는 매력을 지니고 있어서 '이끌림의 신비(mysterium fascinans)'를 지니지만, 다른 한편으로는 그 힘의 뜻을 거스르기라도 하면 벌을 받을까 하는 '두려움의 신비(mysterium tremendum)'도 지니고 있다.[24] 이러한 이끌림과 두려움이라는 상반된 성질을 한데 엮어 '거룩함'[聖]이라고 한다면 원초적인 힘에 대한 인간의 체험은 바로 이 '거룩함에 대한 외경(畏敬)'에서 시작했다고 하겠다.

그런데 죽음을 겪으면서 체험하게 된 거룩함이라는 것은 인간이 작위적으로 의도하거나 조작할 수 있는 것은 아니었다. 그 막강한 힘은 홀연히 나타났다가 사라짐으로써 외경심을 일으키기 때문이다. 말하자면 거룩함이란 이처럼 일상의 영역을 넘어서는 비일상성을 특성으로 함으로써 예측불가성으로 자리한다. 그런데 죽음 너머의 힘을 구함으로써 초월의 평안을 줄 것으로 기대되었던 거룩함의 체험이 바로 이러한 비일상성에 의한 예측불가성으로 인하여 여전히 불안의 요소를 지니게 된다면 그러한 거룩함에 대한 원초적이고 심지어 원시적인 체험에만 머무를 수는 없었다. 여기서 바로 비일상적일 수밖에 없는 거룩함에 대한 일상화를 시도하게 된다. 말하자면 거룩함 체험을 반복하고 재현할 수 있게 함으로써 예측가능성을 확보하고 이로써 예측불가성에 의한 불안과 공포를 극복하고자 하게 되는 것이다. 그리고 그 첫 단계로 그러한 거룩함을 어떤 방식으로든지 형상화하려는 시도로서 '아름다움'[美]을 추구하게 된다. 말하자면 힘의 홀연한 나타남으로서의 거룩함이 일상적일 수 없었으니 이를 일상 속에서 필요에 따라 일으키고자 아름다움이라는 가치로 거룩함을 향한 상승을 도모하게 되었고 여기서 예술이 나타나게 된 것이다. 따라서 음악이나 미술 등 '아름다움에 대한 동경(憧憬)'으로서의 예술은 결국 거룩함의 일상화를 위한 수단적인 의미를 지니고 시작되었다고 해도 무리가 아닐 것이다. 시대를 막론하고 많은 종교의 풍악과 예전, 건축이나 장식 등에서 볼 수 있듯이 음악이나 미술 등의 예술적 영역이 가장 기본적인 표현 방식으로 채택되었다는 것은 이를 말해 준다. 이제 인간의 삶에서 힘과의 만남으로서의 종교가 가장 원초적인 체험이라면 이에 대한 일상적 상징화의 가장 기본적인 방식으로서의 예술도 또한 종교와 불가분리의 관계에 있게 된 것이다. 물론 이 때 종교란 제도화 이전의 원초적 차원일진대 이 경우에도 동서고금을 막론하고 예술적 표출을 취하지 않은 종교가 없다는 것이 이를 말해 준다.

그런데 음악이나 미술 등과 같은 예술의 형식은 아름다움을 향한 상징적인 표현에 의존했는데 상징이라는 것이 다의적이고 포괄적인 만큼 아무래도 모호성을 지닐 수밖에 없었다. 다시 말하면 예술적 상징화라는 것이 그 넓이와 깊이에서 그만한 가치를 지니지만 바로 그러한 이유로 다의적 모호성에 의한 임의성이라는 한계를 지닐 수밖에 없었다. 그러나 거룩함에 대한 일상화로서의 아름다움이 시공적으로 제한된 범위에서만 임의적으로 공감되고 만다면 이는 오히려 거룩함으로 체험되는 힘의 협소화를 초래하는 자가당착이 될 뿐이었다. 따라서 이러한 문제를 극복하기 위하여 그러한 다의적 모호성을 지닌 상징화로부터 다소 소통가능성이 높은 언어화로의 요구가 일어나게 되었다. 물론 예술적 상징도 넓은 의미에서는 언어라고 할 수 있겠지만 힘의 축소화라는 모순을 넘어서기 위해서는 공감 가능성을 확대할 수 있는 틀로서 문자언어를 요구하게 되었던 것이다. 여기서 예술의 상징성을 어느 정도 여전히 간직하면서도 공감의 영역을 넓히기 위해 등장한 문자 언어가 바로 신화다.[25] 물론 고금동서를 막론하고 신화라는 것이 신의 의인화인가 인간의 신격화인가라는 논란의 여지를 지니고 있기는 하지만 '착함[善]에 대한 공경(恭敬)'이라는 방식으로 거룩함과 아름다움의 궤적을 따르려는 노력들을 공통적으로 지니고 있음은 부정할 수 없다. 말하자면 신화는 그 다양한 전개에도 불구하고 대체로 권선징악과 같은 도덕적 주제를 취했는데 원시종교/예술의 단계로부터 문화적 진전을 이룬 종교들이 신화적인 형태의 교훈적인 경전들을 갖게 된 것도 이러한 맥락에서 이해될 수 있을 것이다.

그러나 기왕 소통가능성 확대를 통한 힘의 위상 정립에의 요구가 신화로 이어졌다면 아직도 상징성의 흔적을 떨치지 못한 신화에만 머무르고 만족할 수는 없는 일이었다. 그 문자적 표출에도 불구하고 신화가 간직한 상징성이 모호하면서도 지엽적이어서 힘의 산재성을 드러내고 전달하기에는 여전히 걸림돌일 수밖에 없었기 때문이다. 따라서 궁극적 힘의 위상을 위해 보편성과 명료성을 함께 아우르려는 노력이 일어나게 되었다. 바로 여기서 상징으로부터 개념으로의 전환이 '신화(mythos)로부터 이성(logos)으로의 전환'이라는 사상사를 통해 드디어 '참됨에 대한 존경(尊敬)'을 핵심으로 하는 학문을 엮어내게 되었다. 구체적으로는 제학문의 근본학으로서 철학이라는 형태로 결집되었으며 역사적인 종교들에서는 교학이나 신학이라는 형태로 원초적 종교성을 학문적 보편성으로 담아내려는 시도들이 전개되었다고 하겠다.

지금까지 살펴본바 종교[聖]-예술[美]-신화[善]-학문[眞]으로 이어지는 일련의 과정은 인간이 자신의 한계를 넘어서는 힘을 추구하고 이를 영속적인 가치로 승화시키는 이른바 욕망의 문화화 과정이라고 하겠다.[26] 물론 여기서 욕망의 문화화라는 것이 욕망의 추구와 초월 사이의 긴장과 관련하여 어떤 의미를 지니는지에 대해서는 별도의 논의가 필요하다. 그러나 이러한 일련의 역사에서 종교의 원초적 신비성, 예술의 형상적 상징성, 신화의 인격적 윤리성, 그리고 학문의 체계적 합리성이라는 핵심적 본성이 각각 그 영역과 단계에서 나름대로 가치와 역할을 지니고 있거니와 이러한 가치들 사이에 계보적 연관성과 동시에 그만한 이유에 의한 전환이 일으키는 긴장이 없을 수 없다는 점에 주목할 필요가 있다.[27] 가장 크게는 전개 과정 상 가장 거리가 먼 것으로 보이는 종교의 신비성과 학문의 합리성 사이를 말할 수 있겠으나 종교의 신비성과 예술의 상징성 사이, 예술의 상징성과 신화의 도덕성 사이, 신화의 도덕성과 학문의 합리성 사이[28]의 간격과 이에 의한 긴장도 간과할 수 없는 일이다. 우리가 관심하는 종교와 윤리의 관계도 거슬러보자면 종교의 신비성과 신화의 도덕성 사이의 그것으로 새겨봄직 하겠거니와 신비성과 윤리성 사이의 연관 가능성과 함께 양자 사이의 긴장에 주목해야 할 것이다.[29] 물론 현실에서 종교와 윤리의 관계가 오로지 그러한 핵심적 본성들의 관계로만 치환되기에는 더욱 복잡한 양상을 지닐 수밖에 없지만 이와 같은 원론적인 차원에서의 분석이 오히려 현실의 문제 해결을 위한 실마리를 제공해 줄 수 있지 않을까 기대해 봄직 하기 때문이다.

  그렇다면 진리에 대한 확신과 원수 사랑 사이의 긴장, 또는 신앙과 사랑 사이의 모순이라는 것이 종교에 얽힌 인간의 욕망 때문이라고 할 때 이러한 인간과 종교의 관계에 대해 윤리는 무엇을 말할 수 있는가? 앞서 말한 계보 과정의 견지에서 다시 묻는다면 도덕성은 신비성에 대해 어떤 의미를 지닐 수 있는가? 유태-기독교 전통이 공유하는 구약성서가 소개하는 모리아산 설화에 대한 키에르케고르의 해석은 이러한 물음과 관련하여 우리에게 중요한 점을 시사해 주는 것으로 보인다. 이 설화에 의하면 백세에 어렵사리 얻은 아들 이삭을 제물로 바치라는 야훼의 명령을 받고 아브라함은 깊은 고뇌와 번민에 빠진다. 그러나 야훼에 대한 굳은 신앙으로 그는 아들을 데리고 모리아산으로 올라간다. 그리고는 아들을 잡아 제물로 바치기 위해 칼로 찌르려고 한다. 종교적인 이유로 아버지가 아들을 죽이려 하는 것이다. 키에르케고르의 분석을 빌리면 '종교적 목적을 위해 윤리적 차원의 판단을 중지하는 것'이다. 물론 이 설화는 그러한 순간 야훼의 소리가 그에게 들려옴으로써 이삭은 죽음을 면하고 아브라함은 믿음의 조상이 된다는 이야기로 맺어진다. 이런 방식으로 이 설화는 종교와 윤리가 정면으로 충돌할 수도 있는 가능성을 시사하는 극단적인 내용을 담고 있다. 그렇다면 과연 도덕성은 신비성에 대해 어떠한 의미를 지닐 수 있는가?[30] 소위

'사이비'나 '이단'들이 행하는 반윤리적 작태들도 여전히 '종교적 목적을 위한 윤리적 판단 중지'를 내세워 정당화될 수 있는가? 아니라면 그 허용 범위는 어디까지인가? 그리고 소위 '정통'이라고 하는 곳에서는 과연 이러한 물음으로부터 자유로울 수 있는가?

2. 탈종교화-초윤리화: '종교적 인간'에서 '신앙하는 인간'으로

이러한 마당에 다시 묻는다면, 종교에 대해 인간이 지니는 욕망 추구와 초월의 이중성, 또는 인간에게 다가오는 종교의 해방과 억압의 양면성에 대해 윤리는 어떤 의미를 지니는가? 아니 그러한 이중성이나 양면성이 도대체 왜 초래되었는가? 단도직입적으로 말한다면 그 근거는 인간 자체의 대조적 구조에서 찾을 수 있을 것이다. 즉, 일찍부터 인간들이 스스로를 일컬어 묘사했던 표현들이 시사하는 바에서 그 실마리를 찾을 수 있다고 본다. 예를 들면, '이성적 동물'[31]이나 '생각하는 갈대'[32] 등이 가리키는 사람의 '오묘한 역설'이 바로 그것이다.

그런데 일찍이 인간의 자기이해에 이토록 입체적인 통찰들이 제시되었음에도 불구하고 실제의 역사에서는 이성과 동물성 사이, 그리고 생각과 갈대 사이를 분리하여 조변석개할 수밖에 없는 다름의 요소들인 동물성과 갈대를 억누르고서라도 영원불변의 같음을 통해 안정을 제공해 줄 것으로 기대되는 이성과 생각으로 통일시키고자 했던 평면적인 동일성의 논리가 지배적이었다. 그리고 그러한 논리에 비추어 '오묘한 역설'은 '해소되어야 할 모순'으로 밖에 읽힐 수 없었다. 그리고 이런 구도에서 종교에 대해 인간은 욕망의 추구와 초월이라는 대조적 긴장을 갈등으로 겪을 수밖에 없었으며, 종교도 인간에 대해 해방과 억압이라는 야누스의 얼굴을 지울 수가 없었던 것이다.

그러나 인간은 그 삶에서 이성과 동물성을 모순인 것처럼 갈라낼 수 없다. 삶이라는 것이 이미 죽음과 역설적으로 얽히도록 생겨먹었기 때문이다. 물론 여기서 모순이란 같음을 지키기 위해 다름을 버리는 방식이라면, 역설은 같을 수 없는 다름들이 서로 관계하는 방법이다. 그런데 도저히 만날 수도 없을 것 같은 다름들이 서로 어떻게 관계하는가? 몸과 떨어진 마음으로서의 이성에게는 다름이 분명히 불편하다. 이성은 생리상 다름을 견디지 못하기 때문이다. 따라서 다름은 극복되고 지양되어야 할 모순으로밖에 볼 수 없고 내내 이에 대해 불편해하면서 가슴앓이를 한다. 그러나 몸은 이미 늘 다름과 마주하면서 다름을 받아들이고는 결국 다름과 뒤엉킨다. 아니 그렇게 하지 않고서는 몸은 몸으로서 지탱할 수도 없다. 결국 다름들이 다름으로 서로 만나는 방법을 몸은 이미 체득하고 있었으니 이를 역설이라 불렀다. 그리고 그런 방식으로 몸은 몸 스스로를 영위해 왔다. 몸에게서 종국적인 다름이 죽음이라면 몸은 사실상 끊임없이 다름을 받아들여가면서 죽음을 살아오고 있는 것이다. 이것이 곧 삶의 논리이며 몸의 생리인 것이다. 아니 이미 삶과 죽음의 얽힘이라는 것이 역설이 아닌가? 그러기에 인간이란 바로 그러한 역설의 사건으로서 동사인 것이다. 그리고 이처럼 모순으로부터 역설로의 승화를 통해서 이제 인간은 종교에 대해 지니는 욕망의 추구와 초월 사이의 긴장을 해소할 방도를 구하며 또한 종교가 인간에 대해 지니는 해방과 억압의 갈등을 해결할 길을 모색하게 된다.

그렇다면 구체적으로 어떻게 그렇게 할 수 있는가? 이를 위해서 이제 영원한 평안을 향한 인간의 원초적 욕망을 충족시키기 위해 옹립된 '종교적 진리'의 동일성이라는 허상을 깨부수는 윤리적 성찰을 모색해야 할 것이다. 왜냐하면 그러한 허상은 종교로 하여금 진리의 이름으로 자유를 억압하는 모순에 봉착하게 하기 때문이다.[33] 종교가 종교 자체를 위하여, 아니 인간의 욕망 충족을 구실로, 그저 종교에만 머물고 만다면 윤리보다 못할 수밖에 없는 이유가 바로 여기에 있다. 양명수는 이 점에 대해 다음과 같이 설파한다:

하나님은 선악 위에 계신 분이요, 기독교인은 도덕에서 말하는 선악 너머에 있을 줄 알아야 한다. 그러나 우리가 염두에 두어야 할 것은, 성서의 하나님이 사랑이시기 때문에 선악 위에 있다는 점이다. 단순히 전능해서가 아니다. 그런데 전능한 하나님에게 기울어져 있는 기독교인은 전능함이 도덕 위에 있는 속성을 이어받아 도덕에 무감각해진다. 다시 말하면 상당히 비윤리적인 행위에 빠질 수 있다는 말이다. 몰상식하고 비윤리적인 행위를 하면서도 종교의 이름으로 한다. 사랑은 윤리 이상이지 윤리 이하가 아니다. … 그러나 감정에 치우친 부흥회식의 신앙은 … 전능에만 치우쳐 힘을 숭배하고 결과적으로 윤리 이하에 쉽게 빠진다. 비양심적인 행위를 하면서도 하나님의 뜻이라고 한다. 자기 욕심을 투사해서 관철하면서 전능한 하나님을 끌어오기 때문에 그들의 마음속에는 결국 힘을 향한 욕망을 하나님의 이름으로 키우고 있는 셈이다.[34]

따라서 종교가 인간에 대해 지녀야 할 본래적인 뜻을 이루기 위해서는 힘을 향한 욕망을 충족시키려 함으로써 심지어 비윤리로 떨어지기까지 하는 '종교'를 벗어날 뿐 아니라 바울이 갈파하는 대로 인의를 위한 선행의 '윤리'도 넘어서야(롬 5:1-11) 한다. 다시 말하면 윤리를 충족시킴으로써 종교를 수행할 수 있다는 도덕주의적 착각과 독선의 오류를 넘어서야 한다. 그리고 그러기 위해서라도 궁극적으로 자기를 비우는 '신앙'으로까지 나아가야(빌 2:5-8) 한다. 여기서 '욕망과 종교의 고리'를 끊어낼 실마리를 더듬게 될 터인즉, 이른 바 '종교적 인간(homo religiosus)'으로부터 '신앙하는 인간(homo fidei)'으로의 전환이 바로 그것이다.[35] 물론 이 때 전환이란 정태화한 신념 체계를 가리키는 명사로서의 '종교'로부터 죽음과 얽힌 삶을 살아가는 동사로서의 '신앙'으로 이행한다는 것을 뜻한다. 말하자면 영원불변의 동일적 진리에 대한 확신이라는 종교적 이데올로기를 벗어나서 의심과 회의, 불안과 모험 등을 포함하는 신앙적 결단의 차원으로 승화해야 한다. 욕망 충족의 논리에 뿌리를 둔 종교의 눈에는 의심과 회의, 모험에 의한 불안 등이 바로 그 종교에 대해 모순적으로밖에 보이지 않겠지만, 이제 신앙은 그러한 어두움의 계기들을 바로 그 신앙 자체의 역동성을 위한 필수적인 요소로 받아들일 만큼 역설적인 사건인 것이다.[36] 말하자면 "기독교는 무능과 전능이 교차하는 하나님을 믿도록 되어 있다."[37] 그리고 바로 이런 이유로 신앙은 인간의 의지와 행위에 의한 윤리도 넘어서는 은총으로 새겨진다.[38]

그러나 이처럼 종교로부터 신앙으로 범주를 개별화하자고 해서 인간의 개체주의적 자기동일성이나 이에 뿌리를 두는 무정부적 상대주의를 주장하는 것은 결코 아니다. 오히려 자기 안의 다름을 보지 못한 채 타자를 배제하는 것은 이미 반인륜적 자가당착이며 이름에만 머무르는 '종교적 유명론'의 오류에 빠질 수밖에 없다는 점을 지적할 따름이다. 이러한 오류는 결국 있지도 않고 있을 수도 없으며 있어서도 안 되는 '하나'라는 허상을 오로지 이름이라는 구호를 통해서 붙잡으려는 자기중심적 욕망의 소치일 뿐이다. 다시 말하면 이제 자기를 이루는 같음과 자기 안에 있는 다름 사이의 긴장에 대한 진솔한 통찰에 바탕하여 종교로부터 신앙으로 전환함으로써만 인간과 종교 사이의 이중성의 모순을 넘어서 자기의 신앙과 타자의 신앙 사이의 긴장을 적절하게 대면할 수 있을 것이다. 윤리가 종교에게 한마디 할 수 있다면 이러한 이야기가 포함되어야 하지 않을까 한다. 그리고 이를 통해서 종교를 벗어날 뿐 아니라 윤리도 싸안고 넘어서야 할 것이다. 왜냐하면 앞서 살핀 가치의 전개 과정이 가리키듯이 종교가 윤리로 치환될 수는 없다고 하더라도[39] '거룩하지 않은 착함'[獨善]이나 '참되지 않은 착함'[僞善]이 역겨움을 주는 것 이상으로 '참되지도 않을 뿐더러 착하지도 않은 거룩함'은 - 세상에 이러한 거룩함이 얼마나 많이 날뛰고 있는가? - 아픔과 괴로움을 주기 때문이다. 그리고 종교를 윤리로 환원시키는 도덕주의적 독선이야말로 비윤리라는 자가당착에 빠질 수밖에 없겠기 때문이다.

1) 멀치아 엘리아데, 이은봉 옮김 『성과 속』 한길 그레이트 북스, 1998.
2) 누차 강조하지만 '종교적 인간'이란 구체적인 인간이 특정 종교를 갖는가의 여부와는 무관한 인간의 원초적 종교성을 가리킨다. 말하자면 인간의 유한성에 대한 체험이 그려내는 무한한 힘에 대한 본능적인 동경과 희구의 성향으로서 원초적인 의미에서 초월성은 여기에 뿌리를 둔다고 하겠다.
3) 자끄 엘룰, 양명수 옮김 『하나님이냐 돈이냐』 대장간, 1991.
4) 인간의 한계를 벗어나려는 욕망으로서의 초월성이 인류의 문명과 문화를 이루어왔다는 점을 부정하는 것은 아니다. 여기서는 다만 그러한 욕망의 이면이라고도 할 수 있는 자기신격화의 욕구가 오히려 인간을 파멸로 이끌 가능성에 대해 숙고하고자 하는 것일 뿐이다.
5) 루돌프 오토, 길희성 옮김 『성스러움의 의미』 분도출판사, 1995.
6) 그러나 '비인간(非人間)' 만이 문제가 아니다. 인간임에도 불구하고 아닌 체 한다 하여 인간과 비슷한 것으로 보이는 '비인간(比人間)' 이 있는가 하면, 주제 파악이 안되어서 하늘 높은 줄 모르고 방방 뜨는 '비인간(飛人間)' 도 있고, 또한 이와는 대조적으로 사람들 눈치만 보는 비굴한 '비인간(卑人間)' 도 있다. 게다가 한 술 더 떠서 사람인지 신인지 스스로도 혼동스러운 나머지 자의적 몰아지경에서 헤매는 '비인간(秘人間)' 도 있으나 이 '비(秘)' 는 신에게 속하는 것이어서 신비(神秘)라 하거늘 착각하고 있는 족속들이 적지 않음에 어찌 애통하지 않을 수 있겠는가?
7) 루돌프 오토, 길희성 옮김 『성스러움의 의미』 분도출판사, 1995. 그러나 덧붙이자면 같은 음운의 오묘한 고리를 묶을 수 있을진대, 거룩함(聖)이 거룩함에만 머무르기보다는 일(職)에 대해서는 열심(誠)을 지시할 것이요 사람(者)에 대해서는 되돌아 봄(省)을 명령할 것이라는 점도 아울러 새겨둘 만하다.

8) 좋은 사례들은 대형교회의 세습에 대한 교인들의 열광적인 지지 안에 담긴 결탁의 구조에서 찾을 수 있겠다. 또한 양명수가 지적하듯이 부흥회를 통한 성령 운동의 경우에서도 이를 확인할 수 있다. 그는 "부흥회를 통한 성령 운동에는 하나님의 무능을 받아들일 여지가 거의 없다. 거기에는 전능한 하나님만 지배한다.… 그러면 아주 신비적인 신앙이 되거나 아주 세속적인 신앙이 된다"고 비판한다. 양명수, 「부흥회에 대한 신학적 고찰」, 손규태 교수 정년퇴임기념논문집 발간위원회, 『공공성의 윤리와 평화』, 한국신학연구소, 2005.
9) 김영민, 『탈식민성과 우리 인문학의 글쓰기』, 민음사, 1997.
10) 정재현, "자유가 너희를 진리하게 하리라: 모순으로부터 역설로의 전환을 통한 참된 종교를 위하여," 한국조직신학회, 『조직신학논총』 제10집 한들출판사, 2004.
11) 루드비히 포이어바흐, 김쾌상 옮김 『기독교의 본질』, 까치, 1992.
12) 같은 책, 379.
13) 같은 책, 381-382.
14) 같은 책, 390-391. 그는 이어서 다음과 같이 확언한다: "신앙이 인간에게 결코 실제로 도덕관념을 주입하지 않는다는 것만은 확실하다. 만일 신앙이 인간을 개선하고 도덕관념을 귀결시킨다면 그것이 단지 도덕이 가지고 있는 확신으로부터 나온 것에 지나지 않는다".
15) 같은 책, 384. 신앙의 당파성은 신을 향한 배타성으로 나타난다: "인간의 선한 행위의 동기는 사랑 그 자체도, 사랑의 대상도 아니다. 그렇다! 그는 선을 선 자체를 위해 행하는 것도 아니며 인간을 위해 행하는 것도 아니며 오직 신을 위해 행한다."
16) 롬바르디아의 페트루스, 『명제집 4권』 제 4권 제 50편 제 4장; 위의 책.
17) 포이어바흐, 김쾌상 옮김 『기독교의 본질』; "신앙이 지옥을 발명한 것이지 사랑이

나 이성이 지옥을 발명한 것은 아니다".
18) 도이어바흐, 김쾌상 옮김 『기독교의 본질』. 포이어바흐는 상당한 지면(387-389)을 할애하여 신약성서의 복음서와 바울의 서신들 안에서 신앙의 배타성에 입각한 축복과 저주의 경계를 확고히 하려는 선언들을 발췌하여 열거했다.
19) 같은 책, 392-393.
20) 같은 책, 395.
21) 리꾀르도 같은 맥락에서 다음과 같이 말한다: "나는 벌에 대한 두려움과 보호받으려는 욕망으로 이루어진 인간 삶의 가장 오래된 구조, 그것을 종교라고 본다." 폴 리꾀르, 양명수 옮김 『해석의 갈등』 아카넷, 2001.
22) 엘리아데도 "종교적 인간이 존재하고자 하는 갈망, 실재에 참여하려는 갈망, 힘으로 충만해 있고자 하는 갈망을 갖고 있음을 이해하기란 어렵지 않다"고 말한다. 멀치아 엘리아데, 위의 책, 50.
23) 요아킴 바흐, 김승혜 편저 「종교의 보편적 요소들」『종교학의 이해: 종교 연구 방법론을 중심으로』 분도출판사, 1986. 바흐는 다음과 같이 설명한다: "최근에 종교의 비교 연구의 결과로 '힘' 이라는 개념이야말로 여러 민족과 사회에 퍼져 있는 종교들의 중심 개념임이 밝혀졌다. 이 힘이라는 개념은 종교 체험과 일상 생활이 만나는 접촉점, 곧 '초월의 내재성' 을 제시하였다고 볼 수 있다. 힘의 드러남이 현상 세계 안에서 어떻게, 언제, 어디서 일어나는가에 대해서는 종교에 따라서 각기 다른 개념들을 지니고 있지만, 이 힘이 체험될 수 있는 형태로 드러난다는 사실을 인정한다는 점에서는 보편성을 띤다."
24) 루돌프 오토, 위의 책, 4장, 6장 참조.
25) 멀치아 엘리아데, 위의 책, 1-2장 참조.

26) 폴 리쾨르, 위의 책. 리쾨르는 악의 고백에 얽힌 상징 분석을 통해 원초적 종교성의 단계에서 나타나는 흠, 죄, 허물과 같은 1차 상징이 타락 신화나 추방 신화처럼 이야기로 나아가는 신화의 단계로 이어지고 결국 영지주의나 원죄론과 같은 교리 제정으로 이어지는 과정을 살핀다. 이도 역시 가치의 계보적 전개를 논하는 우리의 분석과 맥을 같이 하는 것으로 보인다.

27) 오토도 같은 맥락에서 다음과 같이 말한다: "이 '거룩함'은 단순한 '완전함', '아름다움', '숭고함', 아니 '선함' 마저도 아니다", 위의 책.

28) 예를 들면, 고대의 아리스토텔레스는 도덕성의 근거로서 합리성을 구축하고자 한 데 비해 현대의 레비나스는 윤리성의 근거를 오히려 종교성에서 찾고자 했다는 점에서 흥미로운 차이를 보인다.

29) 무릇 모든 피조물이 없음으로부터 온 것이라면 유한할 수밖에 없으되 인간은 자신의 한계를 넘으려는 부단한 몸부림으로 영속하는 가치를 추구함으로써 문화를 일구어 왔다. 그리고 그러한 과정 안에서 인간의 보다 나은 삶을 위한 초월적 열망들의 정신적인 표출이라고 할 수 있는 종교와 윤리가 아울러 엮여져 왔다는 것은 주지의 사실이다. 따라서 이들은 인간을 위한 바람직한 가치체계들이니 적어도 기본적으로는 같이 가는 것처럼 보이기도 한다. 그러나 좀 더 자세히 살펴보면 이야기가 그리 간단하지는 않다. '착하게 살면 그만이지 굳이 무언가를 믿어야 할 이유가 있는가?' 라는 상식적인 시비에 대해 종교는 그 '착함'이라는 것이 자기중심성을 지니고 있다든지, 완전한 지고지선일 수 없다든지, 또는 그렇다손 치더라도 죽음을 넘어설 수 없다든지 하는 이유로 여전히 종교의 필요성을 강변하려고 한다. 그런가 하면 초월의 상실 정도가 아니라 초월의 무의미를 비아냥거리는 이 시대에 종교란 기껏해야 '귀신 씨나락 까먹는 소리'일 뿐이며 실상 '진리를 사수한다는 신앙의

이름으로 반인륜적 작태를 자행할 가능성에서 벗어나지 못한다'고 비판된다. 같은 이야기를 다른 각도에서 본다면 다음과 같이 물을 수도 있다: 자유와 당위 사이의 긴장과 씨름할 수밖에 없는 윤리에 대해 신앙을 통한 초월적 결단을 도모하는 종교는 어떠한 의미를 지니는가? 또한 거꾸로 신앙과 사랑 사이의 모순을 겪을 수도 있는 종교에 대해 의지와 행위를 묶어내려는 윤리는 무엇을 말할 수 있는가? 간략히 읊조린 이런 문제들은 종교와 윤리의 관계가 그저 단순히 좋은 사이라고 하기에는 훨씬 복잡하며 앞서 본 것처럼 갈등과 충돌을 겪기도 한다는 점을 드러낸다. 굳이 논변할 필요도 없이 인류의 역사가 이를 증명하고도 남는다. 그렇다면 모두 인간의 삶을 위해 추구되는 가치들임에도 불구하고 도대체 왜 그럴 수밖에 없을까?

30) 이 물음이 '신비적 차원은 윤리에 대해 어떤 의미를 지니는가?'라는 물음을 포함하는 것은 물론이다.

31) 물론 '인간은 이성적인 동물이다'라는 명제는 전혀 새삼스러운 것은 아니다. 하지만 문제는 이 구절에 등장하는 '이성'과 '동물'의 관계다. '이성'은 누구에게나 동일할 것 같은 보편성이라는 성질을 지닌 것으로 여겨지면서 유구한 역사 안에서 모든 것을 판별하는 기준과 근거로 군림해 왔지만, '동물성'이라는 것은 이성과는 상반되는 감정 뿐 아니라 육체까지도 아울러야 하는 것이어서 그 동안 별로 좋은 대접을 받지 못해 왔었기 때문이다. 그러나 그런다고 해서 억눌려질 감정이 아니었고 다스려질 욕망이 아니었다. 솔직히 돌이켜 보건대 인간이라는 것이 얼마나 이성적으로 생각하고 판단하며 행동하는가? 우리들의 일상을 보더라도 막상 이성적이라고 할 수 있는 것은 사실상 생각했던 것보다 매우 미미하다. 더욱이 그것마저도 이성과는 매우 다른 감정적이고 감성적인 것에 의해 에워싸여 채색되고 변형되며 육체 안에서 육체를 거쳐 굴절되기까지 하는 것이 부정할 수 없는 현실이다. 바로 이

런 이유로 이성을 드높이 모셔왔지만 그것이 인간을 굴절에 의한 왜곡으로부터 해방시키기는커녕 오히려 인간의 감정과 육체를 억압함으로써 인간성을 파괴하는 방향으로 움직여 왔던 것 또한 재론의 여지가 없다. 진리의 보편타당성이라는 신화와 객관성이라는 허상에 콩깍지가 씌어 이를 방해할 듯한 '동물성'을 억누르고 '이성'만을 옹립해왔던 역사가 도리어 인간성 말살의 궤도로 질주해 왔던 것이다. 말하자면 '이성적 동물'이라는 위대한 선포에도 불구하고 동물성을 억누르다가 아예 잊어버리고 이성만 붙들고 늘어졌던 것이다. 이성의 항구성이 동물성의 가련함을 씻어 줄 것이라고 기대했었지만 해결은 고사하고 오히려 동물성의 다름을 이성의 같음에 가두어 옥죄었으니 그렇게 될 수밖에 없었던 것이다. 덧붙여서 이 표현은 아리스토텔레스에게 저작권이 돌려져야 마땅하지만, 나아가 이성과 동물성의 긴장관계 안에 이성과 동물성 각각의 양면적 긴장이 도사리고 있다는 점도 주목할 가치가 있다. 이 점에 대해서는 최상욱의 『진리와 해석: 서구 정신의 본질과 니체의 비판』 다산글방, 2002을 참조하라.

32) '천사와 짐승의 중간자'를 말한 파스칼의 표현인데, 이 때 중간자란 이것도 저것도 아닌 가운데를 말하는 것이 아니라 이것과 저것을 모두 싸안고 있는 격동적인 조건을 일컫는다. B. 파스칼, 최현, 이정림 옮김 『팡세』 범우사, 2002.

33) 각주 11)을 참조하라.

34) 양명수, 위의 논문.

35) '신앙하는 인간'에 관해서: 윌프레드 캔트웰 스미스, 길희성 옮김 『종교의 의미와 목적』 분도출판사, 1997.

36) Paul Tillich, *Dynamics of Faith* (New York: Harper & Row, Publishers, 1957).

37) 양명수, 위의 논문. 그는 이러한 신앙의 역설을 또한 다음과 같이 표현한다: "나를 비우고 하나님이 하시게 할 때 인간의 주체성은 가장 뚜렷해진다."

38) 폴 리꾀르, 위의 책, 5장 참조. 선한 행위로 의롭게 된다는 생각에 대한 바울의 비판도 같은 맥락에서 이해될 수 있다. 다만 이 논문에서는 욕망으로 얽힌 종교를 벗어나는 신앙에 초점을 맞추었으며 윤리를 넘어서는 신앙이라는 화두는 다른 기회에 다루기로 한다.

39) 주 28) 참조.

발제 6.

사형제도 폐지의 당위성에 대한 기독교 윤리학적 논점 모색하기

정 종 훈 (연세대학교 교목, 연합신학대학원 교수)

1. 사형제도의 폐지는 세계적인 추세이자 시대적인 요청이다

1764년 이탈리아의 법률가 체사레 베카리아(Cesare Beccaria)가 그의 저서 '범죄와 형벌'에서 사형제도의 폐지를 주장한 이래로 사형제도와 관련한 논쟁이 많은 국가에서 꾸준하게 진행되었고,[1] 현재 사형제도를 폐지한 국가는 모두 108개국, 사형제도가 남아 있는 국가는 87개국, 사형제도가 있지만 지난 10년 이상 사형을 집행하지 않은 국가는 20개국이라고 한다.[2] 세계교회협의회(WCC)는 1990년 3월 25일에서 30일까지 제네바에서 개최된 중앙위원회에서 사형제도의 무조건적인 폐지를 결의하는 성명서를 만장일치로 채택하고, 회원교회들에 대해 영향을 끼친 바가 있다.[3]

그동안 한국 교회는 사형제도 폐지에 대해 최종적으로 합의한 적은 없지만, 최근 10년간의 상황에 비추어볼 때 사형제도 폐지는 한국 교회의 대세이자 시대적인 요청이라 할 수 있다. 예수교장로회 통합교단은 1993년 제78차 총회에서 이미 사형제도 폐지를 결의한 바 있고, 한국기독교교회협의회(KNCC)는 1993년 이래 사형제도 폐지운동을 일관되게 전개해오고 있으며, KNCC와 한국기독교총연합회(한기총)의 주요 인사들은 2001년 4월 27일 사형제도 폐지를 위해 "사형폐지 한국기독교연합회"를 발족함으로써 사형제도 폐지운동을 함께 추진해 왔다.

우리나라 국가인권위원회는 2005년 4월 6일에 "사형제폐지 권고안"을 결의했고, 현재 여야 국회의원 175명은 "사형제폐지특별법안"을 발의했으며, 그것은 폐지 여부의 논의를 위해 국회 법제사법위원회에 계류 중에 있다. 그러나 2005년 8월 19일 한기총 산하 신학연구위원회가 개최한 세미나에서 발표자들은 사형제도 폐지에 대해서 한 목소리로 반대했고, 당일 한기총 대표회장 최성규 목사와 신학연구위원장 이종윤 목사는 세미나의 내용을 종합 정리해서 성명서의 형태로 발표했다:[4] "사형제도는 존치되어야 하며, 오심이나 오용이 없도록 법적 안전장치를 충분히 하여 법과 질서가 유지되는 공의와 공평이 강물같이 흐르는(암 5:24) 사회를 건설하여 억울한 사람이 없는 복지국가 건설에 함께 힘쓸 것을 촉구한다." 이와 같은 한기총의 입장 선회는 외부로부터 정치적인 입김이 작용했다는 말이 있다. 만일 그것이 사실이라면, 이는 교회와 세상의 역할이 전도된 경우이다. 교회가 세상의 빛과 세상의 소금이 아니라, 세상이 교회의 빛과 교회의 소금이 되어 입장을 선도한 셈이 되기 때문이다.

지금은 한국 교회가 사형제도의 폐지에 대한 성서적, 신학적 근거를 명확히 함으로써 세상을 선도하는 교회의 자기정체성을 회복해야 할 때이다. 필자는 사형제도가 폐지되어야 하는 당위성을 기독교윤리학적인 논점에서 모색하고자 한다. 이는 신앙을 삶으로 표출하도록 도전할 뿐 아니라 신앙적 삶의 방향을 제시해야 하는 기독교 윤리학의 당연한 과제라 할 것이다.

2. 인간에 대한 기독교 윤리학적 이해의 논점

기독교 윤리학은 윤리의 주체인 인간이 어떤 존재인가에 관심을 갖는다. 기독교 윤리학은 하나님의 형상으로 지음받은 인간을 하나님과 인격적으로 교감하는 존귀한 존재이자 무엇이든 할 수 있는 능력의 존재로 이해한다. 그러나 기독교 윤리학은 에덴동산에서 타락한 인간을 하나님의 뜻에 반역한 죄인이자 죽을 수밖에 없는 파멸의 존재로 이해한다. 이 점에 대해 바울은 의인은 하나도 없고(롬 3:10), 모든 사람은 죄를 범하였으며(롬 3:23), 죄의 삯은 사망이라 선언한 바 있다(롬 6:23). 그러므로 기독교 윤리학은 인간을 하나님의 형상으로서의 무한한 가능성과 죄인으로서의 절망적인 불가능성 사이에 있는 존재로 이해하고, 죄인의 현실로부터 하나님의 형상성을 회복하는 변화의 길을 도전하고자 한다.[5] 우리는 기독교 윤리학의 인간에 대한 이와 같은 이해에서 사형제도가 폐지되어야 하는 당위성을 몇 가지 측면에서 발견한다.

첫째로, 사형을 받을 정도의 흉악한 범죄자라고 할지라도, 그/녀는 하나님의 형상으로 지음받은 고귀한 존재이고, 하나님의 은혜 없이 살 수 없는 죄인이며, 지금은 파멸받아 마땅한 존재이지만 회개함으로써 무한한 가능성의 존재로 변화될 수 있는 존재이기 때문이다. 예수께서는 십자가에 달리심으로 죄인인 인간의 죄 값을 보상하셨고, 죄인인 인간에게 살만한 가치와 새로운 삶의 가능성을 죽는 순간까지 부여하셨다: "그런즉 누구든지 그리스도 안에 있으면 새로운 피조물이라. 이전 것은 지나갔으니 보라 새 것이 되었도다"(고후 5: 17). 인간은 율법의 의로 사는 존재가 아니라 은혜로 사는 존재이고, 흉악범도 하나님의 형상이기 때문에, 우리는 흉악범에게 주어질 수 있는 은혜의 길과 그/녀의 생명의 존엄성을 사형제도로 차단해서는 안 되는 것이다.

둘째로, 사형을 최초 구형하는 검사와 사형을 최종 판결하는 판사가 아무리 많은 교육을 받고, 아무리 양심적으로 바른 구형과 바른 판결을 하려고 한다 할지라도, 그들은 인간의 죄성에서 자유로운 존재가 아니기 때문이다. 역사는 사형판결의 오판과 오용의 가능성이 언제나 있었음을 보여주고 있다.[6] 검사나 판사의 이성적 한계와 악한 정권의 강요로 인해서 사형판결이 자의적으로 이루어진 적도 비일비재했다. 어떤 경우에는 사형집행 후에 진범이 잡히기도 했고, 어떤 경우에는 독재자를 반대하는 지식인이나 민중이 정권안보 차원에서 사형당하기도 했다. 그러나 사형판결의 오판과 오용에 의해 죽임을 당한 인간의 생명은 어떤 경우에도 돌이킬 수 없다. 그러므로 존재하는 한 오판과 오용의 가능성을 피할 수 없는 사형제도는 하나밖에 없는 생명을 돌이킬 수 없는 죽음의 상황으로 몰고 갈 수 있기 때문에 폐지되어야 하는 것이다.

셋째로, 우리는 흉악범에 대해 사형을 주장하기 전에 우리 자신의 부끄러운 실존을 먼저 보아야 하기 때문이다. 예수께서는 우리에게 "어찌하여 형제의 눈 속에 있는 티는 보고 네 눈 속에 있는 들보는 깨닫지 못하느냐?"(마태 7: 3) 질문하신다. 그리고 "너희 중에 죄 없는 자가 먼저 돌로 치라"(요 8: 7) 준엄하게 말씀하신다. 예수 그리스도 앞에서 우리는 사형을 요구하는 현재의 우리도 하나님 앞에서는 죽을 수밖에 없는 죄인이라는 사실과 미래의 우리도 흉악범 못지않은 범죄자가 될 수 있음을 겸허하게 인정해야 한다. 그러므로 인간이 부여할 수 있는 최고형을 사형에서 종신형으로 대체하는 것은 인간의 한계를 인정하는 솔직한 모습이라 할 수 있다. 그러나 사형제도 폐지운동을 하시는 분들 가운데 전략적으로 감형이 없는 종신형을 주장하는 분들이 있는데, 감형이 없는 종신형은 변화의 가능성과 희망을 완전히 부정함으로써 인권을 침해하는 또 다른 형벌임을 인식해야 할 것이다.[7]

3. 생명에 대한 기독교 윤리학적 이해의 논점

기독교 윤리학자 마르틴 호네커(Martin Honecker)는 생명이란 하나님께서 인간에게 부여하신 선물(Gabe)이자, 인간이 살아야 할 과제(Aufgabe)라고 주장한다.[8] 함석헌 선생은 생명이란 살 生자에 명령할 命자로 구성된 한 자어로서 무조건 살라는 명령 가운데 주어진 것이라고 이해한다. 기독교 윤리학적인 관점에서 볼 때 모든 인간은 생명의 권리, 즉 살 수 있는 권리를 하나님으로부터 보증받고 있고, 살아야 할 의무를 하나님으로부터 부여받고 있으며, 다른 인간의 생명을 살려야 할 책임을 지니고 있다. 하나님께서는 "생명이 있는 피를 흘리게 하는 자는 내가 반드시 보복하겠다. 사람이 같은 사람의 피를 흘리게 하면 그에게도 보복하겠다. 사람은 하나님의 형상대로 지음을 받았으니, 누구든지 사람을 죽인 자는 죽임을 당할 것이다" (창 9:5-6)라고 선언하심으로써 인간생명의 살상을 금지하셨고, 예수께서는 "온 천하를 얻고도 제 목숨을 잃으면 무엇이 유익하겠느냐"(마 16:26)고 말씀하심으로써 인간 생명의 우선성을 강조하셨다. 우리는 기독교윤리학의 생명에 대한 이러한 이해가 사형제도의 폐지를 주장한다고 보고 있다.

첫째로, 흉악범의 생명이라 할지라도 하나님께서 부과하신 생명이며, 그/녀는 생명을 보증하시는 하나님께 의지해서 자신의 살 권리를 주장할 수 있기 때문이다. 모든 인간 생명의 주인은 하나님이시다. 이 세상에 저절로 생겨난 인간의 생명은 없다. 하나님의 계획과 의지 가운데 하나밖에 없는 유일한 생명으로 세상에 존재하는 것이다. 그러므로 인간의 생명에 대한 최종적인 판단의 권한은 생명의 주인이신 하나님에게만 속해 있다. 어떤 인간도 인간의 생명을 임의로 판단할 수 없다. 자신의 생명이라 할지라도 하나님 앞에서 판단할 수 없는 것이 인간의 생명인데, 그 누가 다른 사람의 생명을 판단할 수 있다는 말인가? 인간이 다른 인간의 생명을 최종적으로 판단하는 것은 하나님에 대한 월권이다. 그러므로 우리는 누가 살인했다는 사실이 우리가 그를 사형해도 된다는 근거로 삼을 수는 없는 것이다.

둘째로, 하나님의 형상에 기초하고 있는 인권에 있어서 생명권은 가장 중요한 조항이기 때문이다: "모든 사람은 생명권과 신체의 자유와 안전을 누릴 권리가 있다"(세계인권선언 제3조). 생명을 상실한 인간에게 자유권, 평등권, 평화권 등 인권의 다른 항목들이 무슨 의미가 있겠는가?[9] 하나님께서는 아담에게 선악과를 따먹을 시 정녕 죽으리라고 말씀하셨지만 선악과를 따먹은 아담의 생명이 930세까지 살 수 있는 기회를 은혜로 베푸셨고, 동생 아벨을 죽인 가인까지도 그의 생명이 보존되도록 보호의 표를 각인시키셨으며, 예수께서는 모세의 율법에 의거할 때 돌에 맞아 죽어야 했을 간음한 여인을 정죄하지 않으시고 다시 살 기회를 제공하셨다. 따라서 우리는 극악무도한 흉악범이라도 이 세상에서 살 권리가 있음을 인정해야 하고, 우리는 그를 살려야 할 책임이 있음을 알아야 한다. 흉악범의 생명이든 선량한 시민의 생명이든 생명이라는 점에서 그 둘 사이에는 질적인 차이가 없다. 비록 공공질서를 유지하려는 국가라 할지라도 인간의 생명을 보호한다는 미명 아래 다른 인간의 생명을 빼앗는다면, 이는 자기모순이다. 그러므로 우리는 생명을 최종적으로 판단하시는 하나님의 자리를 하나님께 돌려드리기 위해서라도 사형제도를 폐지해야 할 것이고, 바로 그 점에서 사형제도 폐지의 문제는 사법상의 과제인 동시에 신앙의 과제라고 할 것이다.

4. 개인과 사회에 대한 기독교윤리학적 이해의 논점

라인홀드 니이버(Reinhold Niebuhr)는 그의 저서 "도덕적 인간과 비도덕적 사회"에서 개인의 도덕적 사회적 행위와 국가적 인종적 경제적 사회집단의 도덕적 사회적 행위 사이에는 차이가 있음을 밝힌 바 있다.[10] 개인은 자신의 행위를 결정할 때 자신의 관심보다 다른 사람의 관심을 먼저 생각하고, 자신의 유익보다 다른 사람의 유익을 선호할 수 있다는 점에서 도덕적이다. 그러나 사회 집단은 집단을 구성하는 개인보다 충동을 견제하는 이성을 결여하고 있고, 자기를 초월하는 능력과 다른 사람의 유익을 이해하는 능력이 미약하다는 점에서 비도덕적이다. 니이버의 이같은 인식은 기독교 윤리학에서 개인 윤리와 사회 윤리의 측면으로 진전되고 있다. 상호의존적 존재로서의 인간이 다른 사람들과 함께 사회를 만들었지만, 시간이 경과하면서 인간에 의해 만들어진 사회가 인간 구성원들을 규정하기 때문이다. 그러므로 비도덕적인 사회 현실 속에 있는 기독교 윤리는 개인 윤리적이고 사회 윤리적인 책임을 요청하기 위해서 사형제도의 폐지를 주장한다.

첫째로, 흉악범의 존재 이유는 흉악범 자신에게만 있는 것이 아니라 사회적 환경이라는 구조적이고 복합적인 이유에도 있기 때문이다. 원래부터 흉악범으로 이 세상에 태어난 사람은 없다. 삶의 환경의 열악함으로, 지나친 가난으로, 편견과 불평등한 대우로, 사회적인 악한 풍조 등으로 인해 흉악범이 만들어진다. 흉악범을 만드는 사회적인 환경의 책임은 사회를 구성하는 모든 인간에게 있다. 그러나 사형제도는 흉악범의 책임을 흉악범에게만 돌림으로써 사회 구성원 각자의 책임과 국가의 책임을 회피하게 한다. 흉악범에 대한 사회 구성원 각자의 책임과 국가의 책임이 회피되는 한 우리의 국가와 사회는 개선될 수 없다. 그러므로 우리는 흉악범의 죄를 공동으로 책임지고, 잘못된 사회적 환경에 희생당한 흉악범을 포용하기 위해서라도 사형제도를 폐지해야 한다.

둘째로, 개별적인 사형이 집행되었다고 해서 흉악범의 수가 사회적으로나 국가적으로 줄어들었다는 증거가 없기 때문이다. 오히려 사형을 폐지한 국가들의 경우에는 흉악범의 수가 줄어들었다는 증거가 있다. 물론 여러 통계들을 보면, 누가 어떤 방식으로 어떤 의도를 가지고 통계를 내느냐에 따라서 얼마든지 사형제도의 존치나 폐지를 주장할 여지가 있다. 때문에 사형제도의 존폐 여부를 흉악범의 수의 증감여부로 판단하려는 것은 객관적이고 신뢰할 수 있는 통계 방법이 나오지 않는 한 무리가 있다.[11] 그러나 2, 3백여 년 전 프랑스에서 소매치기를 근절하기 위해 공공장소에서 공개처형을 했지만, 바로 이 공개처형의 날이 소매치기들의 대목이었던 것을 감안한다면, 사형제도가 흉악한 행위를 억제하는 효과가 있다고 말할 수 없다.[12] 그러므로 흉악범의 수를 억제한다는 미명 아래 사형제도를 주장하기보다는 오히려 사형제도를 폐지함으로써 인간의 존엄성을 강화하는 사회적인 분위기 형성이 더 중요한 것이다.

5. 폭력에 대한 기독교 윤리학적 이해의 논점

폭력과 평화에 대해 기독교 윤리는 전통적으로 세 가지 입장을 견지하고 있다. 이를 사형제도와 관련해서 해명하면, 첫째는 거룩한 전쟁(Holy war)의 입장이다. 하나님께서 사형을 명하시니 인간은 사형을 실행해야 한다는 것이다. 여기서 인간은 다른 질문을 할 필요가 없다. 전능하신 하나님께서 명령하셨으니 무조건 순종하기만 하면 된다. 둘째는 정당 전쟁(Just war)의 입장이다. 어떤 사람이 다른 사람의 피를 흘렸다면, 그/녀의 피도 흘려야 하는 것이 정당하다는 것이다(창 9:6). 그러나 눈에는 눈, 이에는 이의 보복원리로서 대개 보복의 악순환을 초래한다(출 21:22-25). 셋째는 평화주의(Pacifism)의 입장이다. 살인한 원수라 할지라도 그/녀를 사랑하고 그/녀의 생명을 인정해야 한다는 것이다. 예수께서는 살인하지 말라, 네 이웃을 네 몸처럼 사랑하라, 원수까지라도 사랑하라, 오른 뺨을 치는 자에게 왼뺨을 갖다 대라 등등 평화의 원리를 가르치셨고, 친히 삶으로 보여주셨기 때문이다. 기독교가 로마제국의 공인을 받기 전 초대교회의 전통과 초대교부들의 입장은 대부분 사형을 반대하는 입장이었다.[13] 그러나 로마제국이 기독교를 공인한 이래로 교회는 세속 권력과 결탁하면서 평화주의의 입장을 포기하고 사형제도를 용인하고 말았다.[14] 그러므로 교회는 이제라도 예수 그리스도의 산상수훈에서 비롯된 평화주의의 전통을 회복하고, 로마제국 이후의 교회전통보다 초대교회의 전통을 우선시함으로써 사형제도를 폐지하는 일에 앞장서야 할 것이다.

첫째로, 인간을 하나님의 형상으로 창조하시고 죄인임에도 불구하고 은혜를 베푸시는 하나님께서 인간의 생명을 보증하시기 때문이다. 오늘 이 시대에 어떤 기독교 윤리학자도 거룩한 전쟁의 입장을 지지하지 않는다. 물론 전투적인 보수주의자들과 근본주의자들이 거룩한 전쟁을 운운하며 전쟁과 살인을 허용하거나 스스로 자행하고 있지만, 그것은 하나님의 이름을 망령되이 일컫는 것이다. 전쟁과 살인을 원하시는 하나님은 더 이상 하나님일 수 없기 때문이다. 평화를 주장하는 종교로 인해 평화가 없는 인류 역사의 아이러니는 거룩한 전쟁의 입장에서 비롯된다고 볼 수 있다.[15] 그러므로 거룩한 전쟁과 맥을 같이 하면서 '하나님의 명령'을 운운하는 사형제도는 폐지되어야 하는 것이다.

둘째로, 눈에는 눈, 이에는 이의 보복 원리는 문제를 해결하기보다 더 어렵게 하기 때문이다. 우리는 다음과 같은 질문을 할 수 있다: 흉악범의 생명을 거두면, 피해자의 생명을 존중하는 것이 될까? 이미 죽은 생명에 또 다른 생명을 죽이는 오류의 연속이 되는 것은 아닐까? 흉악범의 생명을 거두면, 피해자 유가족의 분노와 한이 해소되고, 그들의 마음에 진정한 평화가 도래할까? 만에 하나 피해자 유가족의 마음에 평화와 만족감이 생긴다 하더라도, 흉악범의 유가족은 무시해도 좋은 것일까? 우리는 죽임의 악순환의 고리, 분노와 폭력의 악순환의 고리를 끊어야 한다. 사랑의 원자탄 손양원 목사께서 두 아들을 죽인 폭도를 사랑으로 품어 살린 것을 기억할 필요가 있다. 필자는 군복무를 하고 있을 때, 아들을 구타하다가 죽인 소대장을 용서하고 형이 집행되지 않도록 청원한 어느 기독교인 부모님의 이야기를 듣고 감동받은 적이 있다. 바로 이것이 예수 그리스도의 십자가에 의지해서 사는 우리 기독교인의 모습과 입장이 되어야 하지 않을까?

6. 성서에 대한 기독교 윤리학적 이해의 논점

기독교인에게 있어서 성서는 신앙의 출발이자 삶의 지침이다. 우리는 성서 없이 기독교 신앙을 이해할 수 없다. 그러나 성서는 기록되던 당시의 시대를 반영할 뿐 아니라, 인간적 오류도 담고 있고, 자기모순적인 내용도 담고 있다. 그러므로 성서의 문자적 적용은 아전인수일 수 있고, 생명과 관련해서는 위험할 수도 있다: "성서는 오늘의 문제를 해결하기 위해 즉각적이고도 직접적으로 주어진 문제 해결책(problem salver)이나 규범집이 아니다. 역사적 상황을 무시하고 무시간적으로(timeless) 그리고 증거법전식(proof-text)으로 성서를 사용하는 것은 잘못된 것이다. 이러한 방식은 그것이 아무리 간편하고 명확한 것이라 할지라도 성서를 오용하는 것이다."[16] 기독교 윤리는 성서가 모든 시대에 적용할 수 있는 보편 윤리를 제공할 수 없기 때문에, 오늘 이 시대가 제기한 문제들을 성서의 근본 정신, 하나님 사랑과 이웃 사랑의 관점에서 조명하고 판단하며 실천하게 하는 과제를 감당하고 있다: "성서의 표면적인 언급보다는 이면에 내재되어 있는 가치를 찾아내는 데에 주력하라."[17] 하나님께서는 악인의 죽는 것을 기뻐하시지 않으시며(겔 18:23), 죽을 죄인이라도 회개하고 돌아오는 것을 기뻐하신다(눅 15: 11-32). 성서에 기록되어 있는 몇몇 구절을 문자적으로 적용하고자 사형제도를 주장하는 것은 나무 몇 그루를 숲 전체라고 주장하는 오류와 같다.

첫째로, 구약성서에서 말하는 사형에 해당되는 죄를 오늘 이 시대에 그대로 적용할 수 없기 때문이다. 구약성서를 보면 유괴하는 자(출 20:15), 부모를 구타하는 자(출 21:1; 레 20:9), 간음하는 자(레 20:10-15), 동물과 수간하는 자(출 22:19), 동성연애하는 자(레 20:13), 하나님의 이름을 모욕하는 자(레 24:16), 안식일을 범하는 자(출31:14-15), 혼백을 불러내거나 마법을 쓰는 자

(레 20:27), 무당인 자(출 22:18), 거짓으로 예언하는 자(신 13:5) 등에 대해 사형에 처하도록 규정하고 있다. 그러나 오늘 이 시대 어떤 국가도 이러한 사람들에 대해 실제 사형하지는 않는다. 성서의 어떤 내용은 성서에 언급되어 있으니 실행해야 한다고 하고, 어떤 것은 지나친 것이니 실행하지 않아도 된다고 하는 상황 자체가 성서의 문자적인 적용이 오류일 수밖에 없음을 드러내는 것이다.

둘째로, 신약성서에서 예수께서는 현장에서 간음한 여인에 대해 돌로 쳐서 사형하기보다는 그녀의 간음을 최종적으로 정죄하지 않으셨고, 다시는 동일한 죄를 반복하지 말 것을 당부하시며 새로운 삶의 기회를 제공하셨기 때문이다: "나도 너를 정죄하지 아니하노니 가서 다시는 죄를 범치 말라."(요 8:11) 뿐만 아니라 예수께서는 "일흔 번씩 일곱 번이라도 용서하라"(마 18:22)고 가르치셨고, 당신 스스로는 자신을 죽이는 자들을 위해 용서를 간구하기까지 하셨다(눅 23:34). 우리는 사형제도를 주장하는 사람들이 사형제도를 지지할 수 있는 몇몇 구절들에 대해서는 집착하면서도, 왜 사형제도를 폐지할 수 있는 성서의 근본정신과 그 근거가 되는 많은 구절들에 대해서는 침묵하고 외면하는지 이해하기가 어렵다.

7. 예수 그리스도, 기독교 윤리학적 모델로서의 논점

기독교인들이 신앙하는 예수 그리스도는 인간을 위해 자신을 죽이신 분이시다. 예수 그리스도는 막힌 담을 허무시고 진정한 화해를 도모하신 분이시다. 예수 그리스도는 죄인의 현실에도 불구하고 죄인을 용서하신 분이시다. 예수께서는 우리에게 "이제 나는 너희에게 새 계명을 준다. 서로 사랑하여라. 내가 너희를 사랑한 것과 같이, 너희도 서로 사랑하여라. 너희가 서로 사랑하면, 모든 사람이 그것으로써 너희가 나의 제자인 줄을 알게 될 것이다"(요 13:34-35)라고 말씀하셨다. 이같은 맥락에서 기독교 윤리는 예수 닮기와 예수 살기를 기독교인의 삶을 위한 중요한 전거로 삼고 있다.18) 특히 디트리히 본회퍼(Dietrich Bonhoeffer)는 예수 그리스도를 따르는 제자직의 윤리(Nachfolge)를 주장했다.19) 신약성서 서신들에 나타난 사도 바울의 가르침은 예수 살기의 측면을 명확히 인식하고 있다: "나는 그리스도와 함께 십자가에 못박혔습니다. 이제 사는 것은 내가 아닙니다. 그리스도께서 내 안에서 사시는 것입니다"(갈 2:20). "우리는 살아도 주님을 위하여 살고, 죽어도 주님을 위하여 죽습니다. 그러므로 우리는 살든지 죽든지 주님의 것입니다"(롬 14:8). 그 사도 바울은 우리에게 "내가 그리스도를 본받는 사람인 것과 같이, 여러분은 나를 본받는 사람이 되십시오"(고전 11:1)라고 권면함으로써 예수 닮기를 강조하고 있다. 이제 예수 그리스도를 자기 삶의 모델로 삼아 작은 예수로 살아야 하는 기독교인은 죄인을 용납하시고 죄인을 위해 스스로를 죽이신 예수 그리스도를 기억하면서 사형제도의 폐지를 주장해야 할 것이다.

첫째로, 예수 그리스도께서 사형을 용인하지 않으셨기 때문이다. 앞에서 언급한 바 있는 현장에서 간음하다 잡힌 여인은 당대의 관습법에 의하면 돌에 맞아 죽어 마땅했다. 그러나 예수께서는 그 여인에 대한 죽임을 허용하지 않으셨다. 그리고 새로운 기회를 제공하셨다. 또한 예수께서는 당신을 조롱하고 죽이는 자들을 향해 "아버지, 저 사람들을 용서하여 주십시오. 저 사람들은 자기네가 무슨 일을 하는지 알지 못합니다"(눅 23:34)라고 간구하심으로써 악한 행위에 악으로 응답하지 않으셨다. 오히려 악한 행위자들을 포용하셨고, 새로운 삶의 지평을 열어주셨다. 그러므로 예수 그리스도를 주님이라고 고백하는 기독교인은 주님의 이러한 모습이 사형제도를 폐지하려는 주님의 뜻이라고 이해하고, 주님께서 행하신 것처럼 흉악범이라 할지라도 그/녀에게 새로운 삶의 기회를 제공하는 일에 앞장서야 할 것이다.

둘째로, 용서를 받고 새로운 존재로 살고 있는 기독교인은 스스로를 희생활지언정 다른 사람을 희생시킬 수 없고, 그/녀가 흉악범이라 할지라도 정죄할 수 없기 때문이다. 모든 기독교인은 자신을 죽을 수밖에 없는 죄인이라고 고백한다. 그리고 주님의 십자가의 공로를 기억하면서 주님의 은혜에 깊은 감사를 드린다. 주님의 십자가와 은혜가 기독교인 자신으로 하여금 새로운 피조물로 살게 하는 근거가 된다. 주님의 십자가와 은혜 때문에 지금을 살고 있는 기독교인이 흉악범을 죽어야 할 존재로 주장한다면, 자신의 과거와 현재를 망각한 소치이다.[20] 흉악범이라 할지라도 일반적인 기독교인과 마찬가지로 십자가와 은혜의 경험을 절실히 요청하고 있다. 그러므로 기독교인은 흉악범으로 인해서 야기된 사회적인 긴장과 갈등, 증오와 폭력을 가속화하기보다는 예수 그리스도의 길을 채택함으로써 진정한 용서와 평화를 만드는 화해의 사도로 우뚝 서야 할 것이다.

8. 이제 한국 교회는 사형제도 폐지를 위한 선봉에 서야 한다

현재 대한민국 국민의 2/3 이상은 사형제도가 존치해야 한다는 법감정 위에 있다고 한다. 그러나 국민의 법감정이란 것은 시대적인 상황에 따라 변화한다. 유영철과 같은 흉악한 범죄자를 보게 되면 사형제도의 존치를 강조하게 되고, 회개한 어느 사형수가 장기를 기증한 후에 사형을 당했다는 감동적인 이야기를 듣게 되면 사형제도의 폐지를 강조하게 된다. 그러나 진리는 어떤 경우에도 다수결로 결정되지 않는다. 때문에 교회는 상황에 따라 변하는 다수의 법 감정을 교회 입장의 근거로 삼아서는 안 된다.

최근 10년 이상 사형제도에 대한 입장에 있어서만은 진보든 보수든 폐지의 입장을 견지해 왔던 것이 한국 교회였다. 사법부와 정치권까지도 사형제도의 폐지를 공식적으로 결의하기 위해 논의 중에 있다. 바로 이러한 상황에서 한기총의 신학연구위원회가 사형제도의 폐지를 공식적으로 반대하고 나온 것은 이해하기가 쉽지 않다. 이에 대해 KNCC 인권위원회와 사형

폐지위원회는 2005년 8월 25일에 공동으로 "한기총 신학연구위원회가 사형폐지를 반대하는 입장을 표명한 것은 반(反)성서적인 궤변일 뿐이다"라는 입장을 명확히 했다.

    요즈음 사형제도의 존치와 폐지의 문제로 인해서 한기총 진영과 KNCC 진영이 분열의 양상을 띠는 것은 비기독교인 국민들을 혼란하게 할 뿐만 아니라, 생명을 증진시켜야 할 기독교에 대한 일반 국민들의 실망감을 가져오고 있다. 이제라도 한국 교회 전체는 하나님의 선하시고 기뻐하시고 온전하신 뜻을 바로 분별하면서 사형제도의 폐지를 위해 노력해야 한다. 바로 그것만이 아직 사형제도의 존치국가로 머물러 있는 오늘의 대한민국을 선도하는 한국 교회의 예언자적인 사명이 될 것이다.

1) Cesare Beccaria, Dei dellitti e delle pene, 이수성/한인섭 옮김, 『범죄와 형벌』 서울 2000.
2) 유석성, 『사형과 인간의 존엄』 서울 2004.
3) Arthur Kaufmann, Schuld und Strafe, 1.
4) 한기총신학연구세미나자료집, 『사형제도에 대한 한국 교회의 입장』 2005. 8. 19.
5) Martin Honecker, Einfuhrung in die theologische Ethik, Berlin/New York 1990.
6) 성서 안에도 예외가 아니었음을 보여주고 있다: 열왕기상 21장에는 아합 왕의 부인 이세벨의 모함으로 인해 사형 판결을 받고 돌에 맞아 죽은 나봇의 이야기가 나온다. 아합 왕이 나봇의 포도원을 탐한 것이 나봇에 대한 위증과 억울한 죽음을 가져왔다. 사도행전 21장을 보면 초대교회의 집사였던 스데반의 순교가 기록되어 있다. 스데반 역시 관습법과 유대인들의 선동으로 인해 죽임을 당한 경우이다. 예수 그리스도의 십자가 사형은 어떠한가? 그 분이 죄가 있어 십자가에서 사형을 당했는가? 당대의 기득권자들에 대한 도전이 사형으로 이끌었던 것이 아닌가? 사형제도가 존재하는 한 이같은 억울한 죽음의 현실은 언제나 존재할 것이다.
7) 이종윤, "사형제도에 대한 한국 교회의 입장", 한기총신학연구세미나자료집, 『사형제도에 대한 한국 교회의 입장』 2005. 8. 19. : "사형을 무기징역으로 감형한다고 해서, 그것이 예수 그리스도를 통하여 죄된 인간에게 베풀어주신 하나님의 사랑, 곧 기독교의 정신을 구현하는 것이라고 볼 수 없다. 무기징역은... 사형보다 위화력이 강한, 역설적으로 말하면 보다 더 악랄한 형벌이라고 할 수 있다." 이종윤 목사의 이와 같은 주장은 감형이 없는 종신형에 해당한 비판일 수 있지만, 일반적인 종신형에까지 해당될 수는 없다. 어떤 종신형이라 할지라도 감형의 기회가 있고, 그것은 회개의

기회와 새로운 희망이 되기 때문이다.
8) Martin Honecker, *Grundriβ der Sozialethik*, (Berlin/New York 1995).
9) http://www.amnesty.or.kr/dp2.php. 국제 암네스티 한국 지부는 사형이 폐지되어야 하는 10가지 근거를 제시하면서 생명권이 초석이라는 점을 보여주고 있다: 1. 사형은 생명권을 침해한다. 세계인권선언에서는 인간의 살 권리를 인정한다. 2. 사형은 잔인하고 비인간적인 처벌이다. 세계인권선언에는 누구든지 잔인하고 비인간적이며 모욕적인 대우나 처벌을 받아서는 안 된다고 말한다. 하지만 어느 정부도 사형을 집행할 경우 이를 보장할 수 없다. 3. 사형은 범죄예방 효과가 없다. 어떠한 연구도 사형제도와 범죄의 관계를 발견하지 못하였다. 즉, 사형제도의 보유가 범죄율의 감소에 영향을 준다는 상관관계를 찾아볼 수 없다. 효과가 있다는 주장을 하는 국가는 더 큰 효과를 위해 공개처형도 할 수 있다는 말인가? 4. 사형은 계획적인 살인으로 사회를 더욱 폭력적으로 만든다. 국가는 사형을 집행함으로써, 국가가 범죄자를 대상으로 살인을 행하는 것이다. 5. 사형은 차별적으로 적용된다. 세계적으로 사형은 대부분 사회적 약자에 적용된다. 많은 사례에서 볼 수 있듯이, 영향력이 있는 사람들은 범죄를 저지르고도 그들이 가진 재력 또는 사회적 영향력을 이용하여 빠져나갈 길을 마련해 놓는다. 6. 사형은 인간이 변할 수 있다는 가능성을 거부하는 것이다. 7. 사형은 사회적 안정에 있어서 뿐만 아니라, 피해자에게도 평화를 주지 못한다. 사형을 집행함으로써 무죄로 판명된 피해자를 다시 살릴 수 없으며, 피해자는 긴 소송의 과정에서 더욱 상처받고 피해를 입는다. 8. 사형은 인간이 만든 제도의 위험성을 부정한다. 오판의 위험성은 항상 존재한다. 9. 사형은 집단처벌이다. 사형이 집행된 것이 알려지면, 사형에 반대하는 모든 사람들이 고통을 받게 되며, 사형집행자와 피해자 가족들 역시 높은 수위의 충격과 끔찍스러움을 경험한다. 10. 사형은 인간이

가지는 종교적이고 인도주의적인 가치에 반한다.
10) Reinhold Niebuhr, Moral Man and Immoral Society, 남정우 옮김, 『도덕적 인간과 비도덕적 사회』 서울 2003.
11) 1982년부터 2002년까지 텍사스 주에서는 239명의 사형수를 처형하였고, 캘리포니아 주에서는 10명을, 뉴욕에서는 한 명도 처형하지 않았는데, 각 주의 살인률의 차이는 별로 없이 모두 전국적 경향을 따르고 있다는 논의가 있다. Vgl. Ted Goetzel, "Capital Punishment and Homicide: Sociological Realities and Ecomnometric Illusion", in: http://www.csicop.org/si/2004-07/capital-punishment.html.
12) 유석성, 『사형과 인간의 존엄』.
13) 사형은 사랑의 계명을 위배하는 것이라고 이해했기 때문에, 사형을 반대했던 대표적인 인물은 터툴리아누스(Tertullianus), 펠릭스(Minicius Felix), 히폴리투스(Hippolytus), 락탄티우스(Lactantius) 등이다. 그 중 락탄티우스(c. 240-320)는 4세기 초 기독교 비난에 대한 철학적 반론을 위해 저술한 『신의 교훈』(Divinae institutiones)에서 사형에 대해 이렇게 말하고 있다: "하나님이 우리에게 사람을 죽이지 말라고 한 것은 국가법으로 요구되는 것은 아니지만 단지 약탈 행위 등으로 인한 범죄자를 죽이지 말라는 것뿐만 아니라 우리 마음속에 머물고 있는 사람을 죽이려는 마음까지도 금하는 것을 의미한다. 그렇기 때문에 법관뿐만 아니라 아무도 범죄 때문에 사형에 처하도록 고소해서는 안 된다. 왜냐하면 사람을 무기로 죽이든 혹은 말로써 살인하던 동일한 사건이기 때문이다. 그러므로 이런 살인은 금지되어야 한다. 사람을 죽이지 말라는 계명에 예외가 있어서는 안 된다. 사람을 죽이는 것은 부당한 것이며 이 생명은 하나님의 뜻에 따라 불가침인 것이다."(Divinae

Institutiones, VI)

14) 대표적인 교부 어거스틴(Augustine of Hippo)과 중세 최고의 신학자 아퀴나스 (Thomas Aquanas, 1225-1274)는 사형제도의 지지자였다. 아퀴나스는 사형과 관련해서 다음과 같이 말했다: "만일 어떤 사람이 공동체에 위헤로운 자이고, 죄 때문에 부패한 사람이라면, 전체 공동체의 공동의 선과 생명을 보전하기 위해 죽임을 당해야 하는 것이 마땅하다."(Summa Theologiae, II-11)

15) Vgl. Hans Kung, Projekt Weltethos, 안명옥 옮김, 『세계윤리구상』 왜관 1992.

16) 한기채, 『성서 이야기윤리』 서울 2003.

17) 한기채, 『성서 이야기윤리』.

18) Vgl. Reinhard Schinzer, *Ethik ohne Gesetz*, (Gottingen 1986).

19) Vgl. Dietrich Bonhoeffer, Nachfolge, 허혁 옮김, 『나를 따르라: 제자의 길』, 서울 1985.

20) 한기총의 이종윤 목사는 예수 그리스도의 대속의 사랑에 대해 제도적인 측면을 제거하고 인격적인 측면만을 강조하고 있다. 이는 신앙과 삶을 이분법적으로 나누어 이해한 결과라 할 수 있다: "기독교의 사랑은 값없는 사랑이 아니라, 예수 그리스도의 대속의 죽음, 대신 심판 당하는 엄청난 값을 치룬 값비싼 사랑이다. 이러한 우리 주 예수 그리스도의 사랑에 아무도 제외되지 않는다. 그러나 예수 그리스도를 통하여 모든 인간에게 주어지는 대속의 사랑은 제도적으로 주어지는 것이 아니라, 인격적으로 주어진다."(이종윤, "사형제도에 대한 한국 교회의 입장")

한국기독교 윤리학회 임원

회장 _ 양명수(이화여대)

부회장 _ 한기채(중앙성결교회)

총무 _ 오주연(연세대)

서기 _ 유경동(감신대)

회계 _ 이인경(계명대)

출판연구부장 _ 김은혜(장신대)